本书受西安外国语大学资助出版基金资助出版
本书为西安外国语大学"影视创意生产与跨文化传播研究团队"的科研成果

中国"听"的传统及其当代价值研究

蒋 晶 ◎ 著

中国社会科学出版社

图书在版编目(CIP)数据

中国"听"的传统及其当代价值研究/蒋晶著. —北京：中国社会科学出版社，2019.11
ISBN 978-7-5203-5389-2

Ⅰ.①中… Ⅱ.①蒋… Ⅲ.①中华文化—研究 Ⅳ.①K203

中国版本图书馆 CIP 数据核字(2019)第 244467 号

出 版 人	赵剑英
责任编辑	史慕鸿
责任校对	夏慧萍
责任印制	戴　宽

出　　版	中国社会科学出版社
社　　址	北京鼓楼西大街甲 158 号
邮　　编	100720
网　　址	http://www.csspw.cn
发 行 部	010-84083685
门 市 部	010-84029450
经　　销	新华书店及其他书店
印　　刷	北京明恒达印务有限公司
装　　订	廊坊市广阳区广增装订厂
版　　次	2019 年 11 月第 1 版
印　　次	2019 年 11 月第 1 次印刷

开　　本	710×1000　1/16
印　　张	15.75
插　　页	2
字　　数	205 千字
定　　价	88.00 元

凡购买中国社会科学出版社图书，如有质量问题请与本社营销中心联系调换
电话：010-84083683
版权所有　侵权必究

目　录

导　论 …………………………………………………………（1）
　　一　缘起 ……………………………………………………（2）
　　二　研究对象与已有成果的分类盘点 ……………………（4）
　　三　本书重要概念阐释 ……………………………………（19）
　　四　本书的研究思路、方法及意义 ………………………（23）

第一章　综论：听之道的历史展开 …………………………（27）
　第一节　"听"字释义 ………………………………………（28）
　第二节　先秦——早熟奠基期 ……………………………（30）
　　一　中国听觉文化的觉醒 …………………………………（31）
　　二　"不听"的社会伦理观 ………………………………（43）
　　三　孟子"同听"说及其意义 ……………………………（46）
　　四　"听之以心"与"听之以气" …………………………（50）
　第三节　汉唐——丰富分流期 ……………………………（60）
　　一　唯正之听　乐观其深 …………………………………（61）
　　二　听于无声　听则不闻 …………………………………（64）
　　三　多重耳感　多元文化 …………………………………（66）
　　四　闻其悲声　听悲而美 …………………………………（68）

1

第四节　宋明——内转沉淀期 ………………………………(73)
　　一　正心与内转 …………………………………………(73)
　　二　听淡说 ………………………………………………(77)
　　三　听情说 ………………………………………………(79)

第五节　近代——转型新生期 ………………………………(82)
　　一　新的时代"听新声" …………………………………(82)
　　二　新音乐带来的听觉解放 ……………………………(83)

第二章　分论：听之道的具体分析 …………………………(86)

第一节　《文子》：听之道的确立 ……………………………(86)
　　一　《文子》"听"的观念系统 …………………………(86)
　　二　《文子》虚实并举的听之道 ………………………(90)

第二节　儒家的圣人观与听之道 ……………………………(97)
　　一　"圣人"与"圣""听"之渊源 ………………………(98)
　　二　儒家的圣人观念与听的文化 ………………………(100)

第三节　道家的圣人观与听之道 ……………………………(102)
　　一　道家的圣人观念 ……………………………………(102)
　　二　道家的"听适"养生 ………………………………(106)

第四节　"实听"与"虚听"的哲学分析 ……………………(111)
　　一　儒家的"实听" ……………………………………(111)
　　二　道家的"虚听" ……………………………………(113)

第三章　听之道的现代回响 …………………………………(117)

第一节　听——通向心灵的耳朵 ……………………………(117)
　　一　视听之思 ……………………………………………(117)
　　二　若盲若聋　与天地同 ………………………………(120)
　　三　以"聪"代"明"的盲人音乐家 …………………(124)

目录

第二节　民间艺师之听 …………………………………… (128)
　　一　何家营鼓乐社采访手记 …………………………… (128)
　　二　重识传统：老何的鼓乐与他的耳音观念 ………… (136)

第三节　道教观人之听 …………………………………… (150)
　　一　八仙宫听乐 ………………………………………… (150)
　　二　"可听"与"不可听" ………………………………… (159)

第四节　学院专家之听 …………………………………… (164)
　　一　自然、生命、声音 …………………………………… (164)
　　二　听与口传文化 ……………………………………… (167)

第四章　现代听之道的综合分析
——走向现代的听觉文化 ……………………………… (177)

第一节　技术进步与听觉回归 …………………………… (178)
　　一　听觉转向与回归 …………………………………… (179)
　　二　声音记忆 …………………………………………… (186)

第二节　现代听道的重建 ………………………………… (189)
　　一　听觉退化：从音乐传播说起 ……………………… (189)
　　二　作为大众文化的音乐 ……………………………… (192)

第三节　现代听道重建的意义 …………………………… (197)
　　一　诗意的倾听 ………………………………………… (197)
　　二　音乐与时间 ………………………………………… (201)

结　论 ……………………………………………………… (203)

　　一　中国听之道的历史特点 …………………………… (203)
　　二　既是"听乐"，也是"听心"，"声与心通" ………… (204)
　　三　《文子》为我们提供了中国传统的听的哲学，
　　　　并由此引申出圣人观念的问题 …………………… (204)

四　儒道两家不同的圣人观念 …………………………（205）
　五　古琴中所体现出来的自况、他况和无声现象丰富了
　　　中国文化中听的哲学 ……………………………（205）
　六　民间文化中特有的听觉现象成为我们关注的另一方
　　　宝地,为本书的写作提供了不同的线索和思路 ………（206）
　七　听觉文化重建的价值意义 …………………………（206）

参考文献 ……………………………………………………（208）
附录　文渊阁《四库全书》论"听"文字辑录 ………………（223）
后　记 ………………………………………………………（245）

导 论

钱穆先生说，中国人生乃为音乐之人生，故好言风声风气，又言声气……人生亦宇宙之化声[①]。"声"不仅可以构建人本、人生，亦能够引出中国文化极其深厚的"听"的传统，而这一传统可以追溯到先秦时期。战国后期道家文献《文子》中，提出了有重要意义的完整的"听道"，既是对先秦"听"的思想和行为的总结，也影响了后世丰富的"听"的文化。本书以此为切入点，进行有关"听之道"的专题研究。

本书共由六部分内容构成。导论部分主要包括了缘起、研究对象、相关研究综述、重要概念的厘清和阐释，以及所运用的研究方法和意义。

第一章首先从"听"的字源释义开始讲起，对听之道的历史展开进行了综论。围绕"听"的问题，将中国传统文化分为四个不同的分期：先秦早熟奠基期—汉唐丰富分流期—宋明内转沉淀期—近代转型新生期，概述中国"听之道"演化的历史特点。第二章以《文子》中"听之道"的确立，进一步分析其"听"的观念系统，延伸思考儒道两家的圣人观念及其所涉及的"实听"与"虚听"的哲学问题。第三章借鉴人类学的方法，通过田野考察寻找散落在当代民间的听觉文化踪迹和现代遗存（民间艺师、道教观人、盲艺人、学

[①] 钱穆：《现代中国学术论衡》，生活·读书·新知三联书店2005年版，第306页。

院专家),探讨听的问题对中国古代以及现代文化和文明构建的重要意义。第四章结合目前中、西方的现有研究成果,重点讨论当代社会人们所遭遇的听觉文化危机以及数字传媒时代面临的听觉文化困境。基于现代人听觉退化和迷失的境况,呼吁听觉文化的重建对于人类审美认知、大众文化的崛起、文化声景的生成、生态文明建设,以及现代价值探索都有积极意义。

综合以上研究得出结论:中国文化中有着极其发达的"听"的学问,儒、道、释皆如此,上至古人,下至今人,我们需要聆听的不仅是物理的声音,还包括他人的心声,生存的价值和意义。归根到底,"听"是一种不可或缺的文化维度,从哲学上说,听是人的本体生命的明证。虽然虚静恬淡乃万物之本,但学会倾听,让心灵安放,才是中国文化中"听"的诗意生存。

一　缘起

拟定以"中国'听'的传统及其当代价值研究"作为本书题目,一方面,战国文献《文子》中提出了完整的"听"的哲学,但国内目前未有专著对其进行充分讨论,这就为本研究的开展留下了学术空间;另一方面,笔者在近几年的理论学习和教学实践中认识到"听"的问题对音乐文化乃至中国文化所产生的重要价值。所谓"听之道",就是听的哲学、听的思想、听的行为和方式,非常值得我们思考和研究,古人留下了许多极富中国智慧的关于"听"的思想文献,对于我们今天的听觉文化建设和研究,有重要的意义。本书主要以儒、道两家思想为讨论对象,基本不涉及佛家。如何从音乐思想史角度阐发"听"的价值和声音意义,区别一般学科的听觉文化和现象研究,既是本书涉及的一个方面,也是力求突破的一个难点。

正如哲学家 M. 海德格尔说的"语言是存在的家",我们中国人则更多地通过"听"证明自己是在世的。听之道,是人类以"听"

的姿态进入世界的方式,从哲学意义上说,为什么我们是"在世"的?它如何被证明?在我看来,其证明可以是"言",可以是"思",当然也可以"听"。"听"成为人类文化栖居的方式之一。

中国传统文化中存在着异常丰富的与"听"有关的文献,如《文子·道德》篇中有这样的一段文字,完整地表达了古人"听"的哲学和智慧:

> 学问不精,听道不深。凡听者,将以达智也,将以成行也,将以致功名也,不精不明,不深不达。故上学以神听,中学以心听,下学以耳听;以耳听者,学在皮肤,以心听者,学在肌肉,以神听者,学在骨髓。故听之不深,即知之不明;知之不明,即不能尽精;不能尽其精,即行之不成。[1]

《文子》虽主要是道家文献,却也杂糅了儒、墨等思想,故我们不妨引儒家言论。孔子的学生子夏说:"君子学以致其道。"(《论语·子张》)这当然也为孔子所同意,学习是达到或掌握"道"的途径,领悟听之道,亦必学以致之。而此"学",对文子来说却有三个等次:"上学"是指最好的学习、最好的学问,与"中学"、"下学"有等次差别。"神听",至纯至诚精深明达,与"心听"、"耳听"不同,在思考和感觉上有不同的程度,故曰有皮肤(表面)、肌肉(内里)、骨髓(实质)深浅之别,从生理到心理再到精神层面的推进。此三层次的论说,与《老子·四十一章》"上士闻道,勤而行之;中士闻道,若存若亡;下士闻道,大笑之。不笑不足以为道"有异曲同工之妙,也有三个层次的结构,而儒家经典《礼记·学记》说:"君子之于学也,藏焉,修焉,息焉,游焉。夫然,故安

---

[1] (战国)文子著,李定生、徐慧君校释:《文子校释》,上海古籍出版社2004年版,第185页。

其学而亲其师，乐其友而信其道。"以此观之，则更表明上等学问之于听，也应该是"藏"、"修"、"息"、"游"，此四字用意深矣！岂不闻孔子有"游于艺"的教诲？听之于人，不外此种中国文化的意识。

无可怀疑的是，如罗艺峰教授所说：中国传统中存在着完整而精致的"听的哲学"，如果我们知道中国人对"听"的重视曾经达到何等深重的程度，自先秦以来历代关于"听治"、"听道"等的论述曾经引起远超出音乐领域的影响，那么在这样一种文化条件下，一般中国思想史学界对音乐思想研究的缺如或忽视，的确是很不合理，也非常奇怪①。尹振环说："至今还未看到听德、听术的专文专著，更不要谈它在中国思想史、中国哲学史上的席位。所以，它还是一个被遗忘的课题。"②

二 研究对象与已有成果的分类盘点

"音乐不只是技术、艺术或审美，音乐更是文化。"③ 本书把"听之道"置于中国传统文化的视阈中，中国音乐文化当然是整体的中国文化的有机构成，诚如音乐人类学家所论："音乐是由构成其文化的人们的价值观、态度和信念形成的人类行为过程的结果。""音乐不仅是声音，人类行为是产生声音的先决条件。音乐不可能脱离人的控制和行为孤立存在"④，说明了音乐与人类文化之间的密切关系。从中国音乐史上看，中国音乐本质上更是"文化的"而不仅是所谓

---

① 罗艺峰：《中国音乐思想史五讲》，上海音乐学院出版社2013年版，第65页。
② 尹振环：《我国最早的听德、听术、听制》，《周秦社会与文化研究——纪念中国先秦史学会成立二十周年学术研讨会论文集》，陕西师范大学出版社2003年版。
③ 李松：《"后集成"时代的音乐文化与思维》，《对中国少数民族音乐文化传承的反思——"第三届全国高等音乐艺术院校少数民族音乐文化传承与学术研讨会"主题发言》，《中国音乐学》2013年第1期。
④ Alan P. Merriam，*The Anthropology of Music*，Northwestern University Press，1964，p.3.

"艺术的",它与中国文化的方方面面发生了深入的联系,因此,"听的哲学"——听之道,也就与中国文化的各个层面发生了必然的联系。职是之故,了解中国的"听的哲学"和"听的传统",完全可能与我们的五官感觉和艺术生活以及艺术生活之外的世界发生关系。

一般来说,人类了解外部世界的信息,主要是"视"和"听"两个信道,符号化的视觉语言和稍纵即逝的听觉信息共同作用使我们完成了对事物的基本判断,这是我们进行思考的客观基础。而音乐作为一种声音的艺术、有声的思想、人类的音响文化,它的接收方式与"听"有着天然的联系,毋庸置疑,音乐是一种"听"的艺术。本书首先阐述与"听"字有关的概念、范畴,例如"听气"、"听讼"、"听德"等,已远超出了音乐的阈限;其次,音乐中的"听"是笔者要研究的主要对象,但古人往往把"音乐中的听"和"非音乐的听"联动起来予以观察言说,也超出了音乐的文化范围,当然,纯粹音乐中的"听"是本书研究的重点。总之,本书思考研究的是中国传统文化中的听之道,即听的哲学、听的思想、听的行为和方式,一切与听有关的问题。

通过查阅关于本研究的文献,目前已不仅仅局限于音乐学领域,在文学、传播学、人类学、历史学、建筑学、心理学等学科中已有相关成果,以下分类述之。

(一)著作中关于《文子》的研究,主要的参考书目如下:中华书局 2000 年出版的新编诸子集成丛书中王利器撰著的《文子疏义》;上海古籍出版社 2004 年出版的中华要籍集释丛书中李定生、徐慧君两人校释的《文子校释》;巴蜀书社 2005 年出版的儒释道博士论文丛书中的葛刚岩博士的《文子成书及其思想》;赵雅丽撰,北京燕山出版社 2005 年出版的《〈文子〉思想及竹简〈文子〉复原研究》等。

(二)在现当代听觉文化研究领域,西方对于声音问题的关注,肇始于20世纪70年代加拿大的教育家、作曲家、文化学家谢弗《为世界调音》[1]一书，书中提出了"声音景观"的概念，系统阐述了"音景"的构成、形成、感知、分类和演进。谢弗的理念及其创办的"世界音景计划"田野实践，在西方的建筑园林、都市规划、声学等领域都体现了自然为上的价值和环境保护的思想，对我们今天的研究仍有重要的价值。此外，比较有代表性的著作如法国电影艺术家、作曲家米歇尔·希翁的《声音》[2]一书，书中梳理了与声音相关的如影视声音、音乐、声学等不同学科的发展和现状，提醒并激发大众关注和探索声音领域的奥秘和趣味。法国著名学术与政治人物贾克·阿达利所著《噪音：音乐的政治经济学》[3]，强调了音乐与社会政治、经济的密切而错综复杂的互动关系，而整部音乐史即是噪音如何被含纳、转化、调谐、传播的历史。美国的自由撰稿人加列特·基泽尔编著的《噪音书》[4]告诉世界，噪音已经成为压力、疾病和暴力斗争的显著诱因，我们需要改变聆听世界的方式，重新衡量世界发出的音量。

目前，越来越多的学科加入了对声音景观和噪音问题的探讨。笔者在对1995—2015年的维普期刊、中国知网以及超星发现系统中分别以"听乐"、"听音"、"听觉艺术"、"听觉文化"为关键词进行论文和论著搜索，所得到的结果如下：涉及"听乐"的相关论文、随笔、札记等发文量有4479条，发文量的高峰集中在2009年至2011年。涉及"听音"的相关论文有6403篇，发文高峰集中在2010年至2014年，这六千多篇论文中，包含听音学单词、听音训练对汉语单音节听感清晰度的影响、听音与医学、听音与词汇训练等

---

[1] Raymond Murray Schafer, *The Soundscape*, New York: Destiny Books, 1993.
[2] [法] 米歇尔·希翁：《声音》，张艾弓译，北京大学出版社2013年版。
[3] [法] 贾克·阿达利：《噪音：音乐的政治经济学》，宋素凤、翁桂堂译，上海人民出版社2000年版。
[4] [美] 加列特·基泽尔：《噪音书》，赵卓译，重庆大学出版社2014年版。

音乐学之外涉及其他多学科的数篇文章；以"听觉艺术"为关键词进行搜索的结果有9026条，发文量高峰集中在2010年至2013年，其中包含声学、建筑学、环境学、影视艺术学、美术学和音乐学等多种学科的论文；以"听觉文化"为关键词进行搜索，共有3201篇，尤其在2010年成果颇丰，说明国内对"听觉文化"的研究已经开始觉醒，这三千多篇论文研究领域主要集中在心理学、传播学、哲学、文化研究、戏剧、教育学、美学、美术学等多个学科，其中比较集中，且在听觉文化方面有一定研究成果的主要有：北京语言大学中文系教授，黑龙江大学文化哲学研究中心博士后路文彬的专著《视觉时代的听觉细雨——20世纪中国文学伦理问题研究》（安徽教育出版社2007年版），对中国古人的听觉传统进行了初步分析，就文学作品中的听觉现象予以关注。《视觉文化与中国文学的现代性失聪》（安徽教育出版社2008年版）一书中，作者认为，目前整个世界文化显然已经进入了一个高度视觉化的时代，而视觉强调理念，如"观点"、"看法"、"见解"等这些理性语汇皆与视觉有关，视觉固有的好奇、急切、贪欲等本质特征，以及其必须以距离为前提的观看方式，都决定了它所滋生的文化无可避免地要带有某种急功近利、冷漠自私、易于攻击等品性特点，过于关注视觉文化将最终导致人际关系的疏离。可以说，我们如今产生的林林总总的文化病症几乎都与这种文化的过度视觉化息息相关，而其最主要的问题所在就是越发偏离了听觉文化所蕴含的认知与伦理范式，造成整个文化价值观"重智商、轻情商"的片面抉择，并由此将理性逐步发展成为简单的得失算计，而不再是一种兼顾情理诉求的高尚智慧。听觉本身则直接关乎着情感，注重对话与交流，含有谦卑、体恤、内敛等高贵品质，对于人际关系永远是建设性的。中国古典文化恰恰属于听觉文化，但在接受了西方现代性视觉文化模式之后，便开始走上了一条自我迷失的道路。在《论中国文化的听觉审美特质》（《中国文化研究》2006年秋之卷)一文中,作者深入讨论了听觉文化在文学中的体现及其相互关系,视觉中心主义和听觉的较量,作为官能的"听"在中国绘画中的作用等。杨震《当代听觉文化的现状与问题》(《学术论坛》2011年第11期)认为"听"是属于文化的维度,如何在当前听觉萎缩的大环境中倾听自我、聆听天籁是我们急需思考的问题。中山大学(现已至中国人民大学)王敦副教授为他的教育部人文社会科学项目"西风东渐下的中国都市听觉文化:从晚清到现代"和广东省社科项目"现代听觉文化在中国的兴起"先后发表了一系列阶段性成果,如《流动在文化空间里的听觉:历史性和社会性》(《文艺研究》2011年5月)、《听觉的文化意义解读:过去和现在》(《中国图书评论》2012年5月)、《听觉文化研究:为文化研究添加"音轨"》(《学术研究》2012年第2期)、《声音的风景:国外文化研究的新视野》(《文艺争鸣》2011年第1期)、《听觉文化研究:文化和审美研究的一个新角度》(摘要)等,产生了比较成熟的听觉文化研究理论成果,为后学者奠定了相当的理论基础。中国传媒大学姜燕教授从影视声音艺术的角度分析了声音景观的理论。此外,以傅修延教授为首的江西师范大学叙事学研究中心目前也已展开对声音和听觉问题的持续研究,在文学界产生了一些学术成果,如傅修延《论音景》(《外国文学研究》2015年第5期)、《黑暗中的声音:作为叙述者的电影解说员》(刘勇)、《包法利夫人的听觉叙事》(刘亚律)、《从声音到叙述声音》(刘碧珍)、《聆察生活:〈达洛卫夫人〉中的听觉叙事与音景》(陈静)等;中国社科院文学所陈文斌《听觉转向:当代文化符号危机的感官之争》,中国人民大学文学院耿幼壮《召唤与召命》,以及长期从事音乐符号学研究的陆正兰《论音乐—空间文本——一个跨媒介符号学分析》[①]为代表的四川大学文

[①] 以上论文均出自《听觉与文化学术研讨会论文集》,江西师范大学叙事学研究中心,2015年12月。

学与新闻学院的符号学—传媒学研究所部分成员对声音的研究,从叙事学、符号学、文艺理论、音乐、电影、数字传媒、文化历史等学科和角度对听觉文化展开论述,为我们提供了更广阔的思路和研究视角。

回到音乐学学科范围内,上海音乐学院洛秦教授《从声响走向音响——中国古代钟的音乐听觉审美意识探寻》以中国最具代表性的乐器之一"钟"的发展为例,探讨中国古人听觉审美与乐器之间的内在渊源。通过分析现有文献,发现国内大部分研究者主要依据西方听觉文化的理论展开阐释,再具体结合国内有关听觉现象进行分析,"国内目前就听觉文化的理论阐发和对中国传统听觉经验的话语探索均处于空白状态。有关狭义听觉艺术的研究仍然局限在音乐学院里的音乐学、音乐史学科体系里。都市文化研究和流行文化研究虽然已经注意到音乐问题,然而仍然徘徊在听觉文化的外围"①。通过文献检索和细读,发现与音乐学相关的论文多讨论音乐教育中的听觉问题,声乐、钢琴、视唱练耳课程中听觉的培养,听觉与音乐心理学的问题,审美听觉机制等,多集中在实践课程层面的讨论,而与中国音乐思想史相关的"听"的文献非常罕见。这就使笔者不得不跳出音乐学领域,在其他学科中寻找更多的资源。

(三)涉及中国传统文化中的听觉问题,目前海内外直接以"听"作为讨论对象的文献仅有以下可数的几篇:张丰乾《"听"的哲学——以"圣""智"为线索》[2],文中主要讨论了见闻与听、圣、智之间的关系及其作用;杜维明《听的艺术》及《听觉功夫》[3],杜先生认为文化的传承应通过听的途径更好地继承,然而具备相应的听觉功夫

---

① 王敦:《听觉文化研究:文化和审美研究的一个新角度》(摘要),"美学与文化生态建设"国际论坛,2010年9月1—2日。
② 原载李志刚、冯达文主编《思想文化的传承与创新》,巴蜀书社2002年版,第191—212页,2007年4月修订。
③ 杜维明:《一阳来复》,上海文艺出版社1997年版,第409—413页。

必不可少。从希腊人、犹太人到中国人无一例外有对听的重视,儒家也历来重视听的观念和实践;牛龙菲《听之以心》(《乐道——中国古典音乐哲学论稿》之四)(《星海音乐学院学报》2003年第1期),从音乐哲学角度讨论了道、心、气几个范畴,及其在听的行为和观念上是如何超越的;付林鹏《"耳听为圣"与先秦乐官的听风习俗》(《民俗研究》2013年第2期),讲述上古时期的乐官因精于听声,通过听四方之风而确定时令,所以被尊为圣人。到了西周,乐官听风职能日渐衰微,逐步发展成为听声职能,更多表现在艺术和政治活动中;尹振环在他的《我国最早的听德、听术、听制》(《周秦社会与文化研究——纪念中国先秦史学会成立二十周年学术研讨会论文集》)一文中明确提出:"可惜至今还未看到听德、听术的专文专著,更不要谈它在中国思想史、中国哲学史上的席位。所以,它还是一个被遗忘的课题。"罗艺峰著《中国音乐思想史五讲》第五讲"儒、道、释三家音乐思想的基本性格——以《路史》、《文子》、净土宗为中心",有集中讨论《文子》"听"的内容。从2006年至今,在音乐学领域内,并未有以"听"为专题或以"听"为研究对象的专著问世,这方面尚属空白。

在中国传统中,听的文化和艺术本来是十分丰富的宝藏,"耳"的观念,在中国古代思想中也有非常丰富的意蕴。《世说新语·贤媛》:"发白齿落,属乎形骸。至于眼耳,关于神明。"[①] 在古人看来,耳目作为接受外部信息的重要器官,是能够通神的,由于声音的非实体性,故古人常常与视如无形的神巫的非实体性联系思考。古人还认为,成为圣人的必备条件即"聪"——听觉十分发达、能够是非明辨,《说文》:"圣(聖),通也,从耳。"段玉裁注:"圣(聖)从耳者,谓其耳顺。《风俗通》曰:'圣者,声也,言闻声以知情。'"

---

① (南朝宋)刘义庆撰,徐震堮著:《世说新语校笺》,中华书局1984年版,第378—379页。

这里的"情"字意义丰富，不仅是指"人情"，更多的是指"情况"，知情即了解世界和社会、明辨各种状况。而在古文字系统中，声、听、圣三字同源，本为一字。于是，就有了与"圣"和各种不同文化行为"听"的内容和状态的文献资料的进一步分类整理，这些材料也是我们思考听觉文化与圣人理想、圣贤人格追求、圣王政治历史的重要方面，这对于我们今天厘清、认识中国传统文脉和文化肌理有重要意义。

1. 关于"圣人观"的相关文献

我们之所以要在此引征关于圣人观的文献，乃是因为中国文化有强烈的圣人情结，儒、道都有这样的诉求，而圣人往往与耳聪目明有联系，与听有关。目前，中国知网收录的关于研究圣人的相关文献有11篇。白欲晓《圣、圣王与圣人——儒家"崇圣"信仰的渊源与流变》[《安徽大学学报》（哲学社会科学版）2012年第5期]，从词源学的角度对"圣"字的解读到圣人、圣王角色、职能的分析，引出本书重点：儒家的"圣王"与"圣人"。在王权政治下，对"圣王"的神性肯定与德性要求、道与势的冲突与调适，构成了儒家崇圣信仰的内在紧张。随着"圣王"理想的现实失落，儒家的"崇圣"的信仰就落到了"圣人"身上。魏仕庆《〈易传·系辞〉中的圣人与君子——兼论〈易传·系辞〉的学派归属》（《船山学刊》2008年第4期）通过考察《易传·系辞》中圣人与君子的人格形象，发掘并比照其人格内涵，验证了《易传·系辞》是儒家典籍的历史定论。刘延苗《郭象的圣人观》（《长安大学学报》2008年第2期），通过比较，作者认为郭象的圣人观融合了儒道二家对理想人格的看法。王顺达《论原始儒家的"圣人"理想》（《西南师范大学学报》2002年第5期）明确提出圣人观念是儒家思想中一个重要的范畴。儒家的圣人观念与巫文化时期的巫存在着渊源关系；圣人由巫演化而来，先秦儒家诸子的政治实践过程就是其对圣人理想的构建过程。河北大学王政燃的硕士学位论文《孟子圣人观思想研究》，讨论了先秦儒家圣人是实现天下无道到天下有道建构的主体，是政治权威和思想权威的统一。作为儒家代表的孟子，认为圣人在于自身修养的完成，孟子通过对理想人格"圣人"的重新塑造，来解决当时礼崩乐坏等社会问题。他的圣人观核心是从人的"恻隐之心"开始，即孔子所谓的"仁"，并借"天"之至上性，将此伦理价值推广到"家"、"国"、"天下"中去，从而实现其理想之王道。圣人境界是孟子道德人格至善至美的最高典范。《儒家圣人观念的承继与开新——论王弼圣人性、情新观念及其思想史意义》（《江海学刊》2003年第6期）一文作者武道房总结了王弼圣人应物有情的观点，对汉儒神化圣人的观念作了根本否定，在贵无论和认定名教源于自然的前提下，将儒家之圣人的性与情统一于自然之中。这种观点以隐晦曲折的途径，启开了宋儒"孔颜乐处"的圣人境界之说，儒学终于在现实的世界中，找到了至乐灵魂的所归之处。李咏吟《圣人观念与老子的审美价值理想》[《长春工业大学学报》（社会科学版）2008年第1期]讲到何为圣人观念，及其在上古思想中的重要地位。与儒家的圣人观不同，老子强调圣人不仁，以顺应自然为根本宗旨。这种圣人观，还可以与尼采的超人观念形成比较；这种圣人观念具有反社会非功利的理想主义倾向，对现代生活具有重要意义。方旭东《为圣人祛魅——王阳明圣人阐释的"非神话化"特征》（《中国哲学史》2000年第2期），针对广义的圣人观包括三方面问题：何谓圣人？人能否成圣？如何成圣？一一作答，并对王阳明之前及其后，中国古代学者较为关注的问题予以讨论，发现王阳明将圣人本质规定为纯德性方面，剔除了宋儒（如朱熹）所尤为强调的知性因素，在中国圣人观的逻辑发展中完成了"为圣人祛魅"的重要一环。乔捷《张载的圣人观》（《开封大学学报》2008年第3期）认为，圣人观念在张载的思想体系中占有重要地位，这与其为儒家沟通天人关系和反对佛老思想的学术使命密切相关。叶舒宪《中国圣人神话原型新考——兼论作为国教的玉宗教》(《武汉大学学报》2010年5月)讨论了中国传统中以玉为神圣的观念和思想，认为玉在史前宗教时代，就象征着永生，这个符号体系比文字书写传统深远得多，其文中主要观点是：在中国本土宗教和神话里，第一关键词不是神，而是圣。儒家建构的圣人崇拜，成为中国最大的神话，圣人以玉器为符号标志，由此线索入手，可以将儒家背后失落已久的传统还原出来。

以上文献，都有助于我们今天思考和研究圣人文化与听觉文化之间的关系。

2. 与"听德"有关的文献

杜维明先生作为新儒家学派的代表，对儒家文化及世界思潮的发展演化与相互关系有过相当的研究。在一次演讲中他说道："要打破道德滑坡的氛围，首先应从教育开始突围，恢复敬畏感。人要有敬畏感，还要有听德。现在很多人都在发出自己的声音，忙于倾诉、分享，根本不听别人的声音，听德应该进一步发展。"姚正安《论听德》(《雨花》杂志2012年第11期)认为懂得听、学会听、善于听，于己有益，于人有益，于事有益，"听德"不可不张。尹振环《我国最早的听德、听术、听制》(《周秦社会与文化研究——纪念中国先秦史学会成立二十周年学术研讨会论文集》)一文中提到，相传四千多年前，舜帝已设有"纳言"的官职，听言之制。……先秦不仅把"听"提高到道德的高度，总结出一套办法，而且也有某种"听制"。西方虽然也讲会听会说，但比我国落后很多年，也没有中国文化这么讲究。春秋前就已经有听闻之教：《尚书》《诗经》《易经》就有许多听言之教了。……甚至提出"要从六律五声八音中考察治乱，避免失误"。可见，春秋前的听德、听治主要是针对君王而言的，简单地说，是聪、是察、是愿王求闻己过。老子、孔子也有听闻之教，老子——多闻数穷（听多了反而无所适从)。……孔子则不同,孔子直接继承了三代以来的"听德",他说君子有九思,九思中有三思是"言、听、问"①。

3. 与"听风"有关的文献

付林鹏《"耳听为圣"与先秦乐官的听风习俗》(《民俗研究》2013年第2期)讲述上古时期乐官通过听四方之风在农业社会中发挥的巨大作用。同时,关于候气法的操作,付林鹏、曹胜高在《论〈乐纬〉解乐模式及其思想背景》中有所讲述,此文发表于《天津音乐学院学报》2010年第2期,认为气在律历的相互转化中起着关键作用,所谓"天地之气,合而生风",古之乐官正是通过自己敏锐的听力,感知风气的运行规律,从而完成律历的制定。上古乐官,正是通过善听的生理特质,以乐律为手段,使农业生产得到合理的安排。这些观点早在蔡仲德先生的中国音乐美学史研究中就已经得到说明,蔡先生认为,音官能"风土",即能"以音律省土风",通过吹律管测知风气是否和畅,协风是否到来,这就涉及天、人关系,肯定了人为的声律与自然的风、气可以相通,也就肯定了音乐与四时之风及决定四时之风的阴阳之气的联系,肯定了音乐与自然之间的联系。进而这种听风、听气的思想,还肯定了音乐在农事中的作用,当然他还指出了这些内容的某些神秘性。②

4. 与"听言"有关的文献

李永在《辞源》"听言"条释义中认为听、圣古通用,诵、颂古通用,听言即圣言,圣善之言;诵言即颂言,颂谀之言(于省吾:《泽螺居诗经新证》,中华书局1982年版);王琴琴《〈韩非子〉有关"言"的政治传播技巧研析》(《新闻界》2013年第11期)是上海市重点学科(传播学)建设基金项目,文中讨论到中国古代对于"言"

---

① 尹振环:《我国最早的听德、听术、听制》,《周秦社会与文化研究——纪念中国先秦史学会成立二十周年学术研讨会论文集》,陕西师范大学出版社2003年版,第15页。
② 蔡仲德:《中国音乐美学史》(修订版),人民音乐出版社2003年版,第34页。

的论述十分常见，并时常将其推及政治，在中国古代思想家那里，"言"是具有政治意义的。文章试图从传播思想史研究的视角，以《韩非子》中有关"言"的论说为研究对象，对蕴含其中的政治传播技巧进行探究。在《韩非子》的论述中，"言"成为沟通君主与臣下的重要媒介。一方面，君主要有听取臣下"言"的深藏不露的技巧并以臣子的"言"去衡量其政绩；另一方面，中国古代君主专制的政治环境以及社会中普遍存在的尊卑意识，臣下面对至高无上的君主，要想保住性命同时又使谏言之事得到君主的认同，是需要传播技巧的。《从"观眸子"到"火眼金睛"》一文，作者高腾云和万光军分析了相对于孔子的"听言观行"，孟子提出了"听言观眸子"来判断人，这一标准是独特的，是因为孟子思想体系中不能容纳"行"而进行的权变，也就是说，孟子注意到了视觉和听觉共同的作用。尹振环对韩非子"听言"之道的讨论，可与他的另两篇文章《我国最早的听德、听术、听制》以及《听言之道》结合来看。重庆大学时显群的博士学位论文《论先秦法家的"以法治国"思想——以"治"为视角》（2009 年）从法学专业的角度讲了"听言术"。《听言·诵言·谮言》这篇文章主要是杜朝晖对三个概念的梳理。郑州大学高卫星的博士学位论文《统治的规则与艺术——春秋战国时期的统治思想及其应用研究》（2004 年）从中国古代思想史的角度谈兼听之术。

5. 与"听乐"有关的文献

上海音乐学院音乐学系王小龙《听——音乐学习的基本方式》（《中国音乐教育》2005 年第 1 期）一文强调听的重要性以及需重新审视。传统的民间歌手、民间艺人大多是靠听，听的途径来自父母以及周边的生活环境，听，之所以成就了这些民间艺术家，是因为它暗含了人的身心发展规律和科学的学习方法，但如今这原本是被认为常识的学习途径竟然渐渐地被"遮蔽"了，代之而起的是音乐元素的分析，以及"识谱教学"、"视唱练耳"等"双基"环节，它们甚至成了音乐教学的主体。此文通过音乐教育经验说明听的重要性，旨在重新唤起音乐教育界对听的重视。李妮娜《听乐省风——先秦音乐的文化存在形式》[《内蒙古师范大学学报》（哲学社会科学版）2010年第2期]一文认为先秦音乐存在的文化形态除了审美娱乐功能之外，最主要的功能是实用功能。音乐的实用功能通过听乐省风表现出来，运用于先秦社会生活中的各个领域，在经济领域表现为听乐省风以指导农业生产；在军事领域表现为听乐省风而知战事吉凶；在政治领域表现为听乐省风以知民议政。听乐省风在各领域的具体实践是先秦音乐特有的文化存在形式。沈建华（香港中文大学中国文化研究所）《卜辞中的"听"与"律"》（《东岳论丛》2005年第3期）一文认为，据卜辞，殷商时代能听候风八音的乐师被称为圣者，圣、声假借，听、圣字形义相近同源，故卜辞假借。"听"指乐师，为商王室职官，称为王听。在商代乐师"听"是一种神职，是能分辨四方风向、协调音律、制定律法的超自然的聪明圣人。商代对乐律知识的掌握已达到很高的水平，卜辞中的律并非全是律令之律，而是音律之律。君王通过六律听音，规范行为道德，又被视作制定历律的标准。张文君《论"听色彩"与"看声音"》指出按理说声音岂是可看的，而色彩又怎能是可听的呢？作者借这个话题谈音乐中不可或缺的想象，以及视唱练耳教、学中"唱"、"听"的互渗、互补、互辅性与大脑的联系。夏滟洲《人化的音乐之声——现代音乐可听性问题的研究之二》（西安音乐学院学报《交响》2000年第2期）、《西方现代音乐的可听性与美感问题研究》（《黄钟》2000年第4期）、《愉快地听——现代音乐可听性问题的文化学研究》（《黄钟》2005年第4期），上海音乐学院杨燕迪老师的专栏《听乐之道》（1998年），澳门理工学院艺术高等学校代百生《听赏的理论与教学——当代德国音乐教育观念与教学法研究之一》这五篇文章都涉及音乐欣赏中的一些问题。听赏是人们与音乐打交道和体验音乐的一种主要形式,尤其是代百生谈到德国音乐教育界从20世纪60年代开始提出各种学校音乐教育观念,"听赏"被提升为音乐课程的中心范畴。有关音乐听赏的理论包括阿多诺的"结构性聆听"、阿尔特的"聆听层次"、维努斯的"与音乐打交道的方式"、弗瑞休斯/军特等的"听觉交际"、安托尔茨的"听觉文化教育"、劳尔等的"听赏与理解"以及里希特的"通过听赏的教学阐释"等。学校音乐教学实践中,则出现了"通过看来听"、"音乐的教学阐释"等听赏教学设计。这些都值得我们重视。《听赏者和表演者的种族对音乐偏好的影响》[①],研究采用莱克特式量表和社会交往测量法,考察了黑人和白人中,大学生对不同种族表演者的音乐知觉和偏好,以及对不同种族的社会交往态度。结果表明,黑人听赏者对不同种族的音乐偏好具备显著性统计差异,这种趋势随年龄而增。

6. 与"听狱"相关的文献

曹刚华《北魏华林园听诉制度渊源考》(《民族研究》2010年第3期)重点考察了北魏的听讼制度。曲阜师范大学历史文化学院胡丹丹《"曾子问听狱之术"考》(《才智》2012年第6期),以孝行著称的曾子师从于孔子,但《孔丛子·刑论》篇中记载了"曾子问听狱之术"一事,因《孔丛子》多被疑为伪书,此事的真实性受到质疑,此文从三个方面考证此事的真伪,以求证明"曾子问听狱之术"是真实可信的。《〈五声听狱讼〉的新发展》(《司法》2010年第00期),系睡龙先生学术批判系列的五篇之一。周公深谙西周五声听狱讼的审讯方式,一曰辞听,二曰色听,三曰气听,四曰耳听,五曰目听,即通过人犯的言词、脸色、呼吸、听聆、目光这五"声",以判断其陈述之真伪,这个传统非常古老。

---

① [美]J. 麦克莱利(Jan McCrary):《听赏者和表演者的种族对音乐偏好的影响》,刘沛译,《沈阳音乐学院学报》(乐府新声)1996年第2期。

7. 与"听治"有关的文献

陈仁仁《"圣"义及其观念溯源》(《伦理学研究》2011年第6期),指出"圣"是中国传统文化中一个基本观念。顾颉刚先生认为"圣"字最初只是非常普通的知识意义上的"聪明",诸种崇高和神秘义都是后来加上去的。作者认为"圣"字初义当为"听治",引申为"善听"。"善听"之义也主要不是从知识听辨而是从德性意义上来引申展开的。在最早的文献中,"圣"义及其观念主要不是知识意义上的"聪明"而是德性意义上的宽容、通达(包括通神)、自制、顺从等涵义。稳定形态的"圣"的崇高、超越与神秘义及观念可能主要是春秋后的引申发展。文中考证"圣"字在甲骨文"听(聽)"、"闻(聞)"、"圣(聖)"三字同源,但意义还是有细微的差别,不能一概解为"听闻"之义。于智荣《〈史记〉"勿听治"别解》(《长春师范学院学报》2001年第6期)对《史记》"勿听治"一说进行了别样的解释。《史记》《汉书》所载帝王诏书中有对某某犯罪"勿听治"的说法,《汉语大词典》及专书辞典对其中的"听治"或解为"断狱治事",或解为"治理、处理",此文作者认为"勿听治"为"不准治罪","听"为"准许"之义,并作了详尽阐释。

8. 与"听政"有关的文献

此类文献较多,如朱子彦《垂帘听政制度述论》(《学术月刊》1998年第2期),认为垂帘听政作为中国古代社会女性参与皇权统治形式的一种,在封建社会两千余年中多次出现。女皇垂帘于御座后,政事大小靠"听"闻之处之。张明华《论北宋女性政治的蜕变》(《河南大学学报》2002年第1期),认为在中国妇女史上,宋朝上承妇女自由开放的唐朝,宋以后,理学思想加重了对妇女的约束,中国妇女阶层转为保守封闭。北宋一代,皇太后听政作为女性参与政治的一种特殊形式,从开拓进取、独立不羁的真宗刘皇后始,历经仁宗曹皇后、英宗高皇后、神宗向皇后,最后到哲宗孟皇后,走的是一条人格弱化、权力弱化的下降的路线。此文叙述并对这个政治蜕变过程进行了深入细致的分析。肖建新《论宋代的临朝听政》（《宋史研究论文集》第十辑——《中国宋史研究会第十届年会及唐末五代宋初西北史研讨会论文集》）、朱子彦《宋代垂帘听政制度初探》（《学术月刊》2001年第8期），对宋代女主临朝听政制度进行分析，有宋一代，女主临朝称制多达九人，为历朝所罕见。在宋代祖制家法与官僚体制的制约下，女主听政不仅没有酿成政治动乱，相反却成了巩固赵宋皇权统治的有力支柱。刘思怡、杨希义《唐大明宫含元殿与外朝听政》（《陕西师范大学学报》2009年第1期），讲述了含元殿作为规模宏大的国威之所，通过外朝听政隆重的礼仪，见证了唐王朝国力兴衰的历史。王薇的文章《御门听政与康熙之治》（《南开学报》2003年第1期），论述御门听政是清朝治国最重要的措施，它不仅是康熙勤政的标志，更是抗灾减灾、恢复农业经济和强化皇权统治的保证。这些文献对本书的研究具有参考价值。

苦心《试论"听闻正法"的重要性》（《法音》1993年第1期）一文，认为佛门中流传着人身难得、中国难生、佛法难闻的说法，这是有道理的，所谓佛法无边。本书暂不涉及佛教的听，在此不做过多陈述。在我看来，佛教当然有音乐思想，佛教是最重视"听的哲学"的宗教，佛经上开头总有"如是我闻"这句话，佛陀的真理是你听到的，甚至说"佛子从佛口中生"，因此佛教不唯以声闻为教体，以为音乐可以承载教理教义，还以声闻为教法，闻声悟道、美音演法是修正佛果的重要法门。在中国传统文化里，"听"和"闻"是不同的，听乐闻声，有高低之别，雅俗之分。这与释家很不相同。

三 本书重要概念阐释

（一）"听的传统"和"听之道"

所谓"听"之道，一是指听的哲学、听的观念或听的思想，既指哲学,也指观念;二是指听的对象的虚拟性,即听道,因为道无形质,无色无味,所以听的是虚拟的对象,道有虚拟性、玄妙性和规律性内涵。老子所谓"大音希声","希声"历来注家都解为无声①,老子讲的就是听道,既然无声,则无关于耳朵,无关于感性经验,而是一种哲学体悟,是哲学地听、思辨性地听,此处"听"可解释为接近,"听道"即接近"道"。显然,"听的传统"比"听之道"包含更广。一方面,因为儒、道两家都有自己的"道",这个"道"为听的传统提供哲学基础和观念基底,也提供可操作性思想概念,使我们传统里的听,更具深度,更具意味,更具精神性;另一方面,听的传统既包含了具体的听的方式方法,又包含了具体的听的对象和内容,如"季札观乐",这位吴国公子访鲁,观听虞、夏、商、周四代多国之乐,既有器乐,也有歌舞,甚至评论了乐曲抑扬顿挫的声音形态,不仅美其声,也参时政,问德行,显然他听的对象、听的内容、听的方式等,都有实体性、社会性和历史性,这大概也可以说是季札的听之道②。

所以,本书的研究对象,是既有"道"也有"器",既有"虚"也有"实",道器不二,虚实结合,并非完全两分,而这也正是中国文化突出特点。

(二)"实听"和"虚听"

这是本书拟创的最重要概念。"实听"和"虚听"的内涵表达了感觉对象和声音对象的区别,也突出地凝聚了儒、道两家听的思想行为的特点,虽然儒、道两家都有许多关于"听"的议论,留下了

---

① 王弼《老子注》:"有声者非大音也。"河上公注《老子》也说"无声曰希"。现代注家如蔡仲德也认为:"希也就是无。"故无可怀疑的是,此处"大音"即是"道",就是哲学的音乐。可参(魏)王弼注,楼宇烈校释《老子道德经注校释》,中华书局 2008 年版;[德]瓦格纳《王弼老子注研究》,杨立华译,江苏人民出版社 2008 年版;《老子道德经河上公章句》,中华书局 2006 年版;蔡仲德《中国音乐美学史》(修订版),人民音乐出版社 2003 年版。

② 杨伯峻:《春秋左传注》(修订本),中华书局 1990 年版,第 1161 页以下。

许多重要思想材料，但儒家更倾向实听，道家更倾向虚听。

"实听"与儒家学派的思想倾向密切相关。自周、孔以来，无不强调礼乐之治，古人所谓"文之以礼乐"，现代人所谓"礼乐共同体"①，都是实际的具体的东西。儒家论乐材料也最多，历代正史的"礼乐志"、"音乐志"、"历律志"，"十通"中的音乐史料，先秦诸子书中许多关于音乐的议论，《四库全书》和《续修四库全书》的音乐史料，"经部·乐类"的音乐专门著作，"集部"的文人涉乐文章和诗词歌赋，《古今图书集成·乐律典》等音乐史料，无不反映出儒家思想强调实听的特点②。孔子作为儒家学派的首领，以其实听的活动而深刻地影响了后世，其音乐事迹如：困陈、蔡而"弦歌不衰"，在齐闻《韶》三月不知肉味，"击磬于卫"、"取瑟而歌"、"学鼓琴于师襄子"、"《关雎》乐而不淫，哀而不伤"、"乐则《韶》《武》，放郑声"……都有实听的具体对象，有乐器、有歌舞、有音乐作品，这就必然地造成儒家论乐的思想最切近音乐本身，也最切近实际音乐生活，耳朵—音乐，对于儒家成圣的理想，意义也最重要。孟子论乐当然也是这样的，所谓"耳之于声也，有同听焉"有实际的声音对象存在（《孟子·告子上》），所谓"与民同乐"（《孟子·梁惠王下》），也有钟鼓管籥之音，也是实听的对象，强调实听的行为。而荀子论乐，讲声音动静与人情心性的关系，更举先王雅颂之声、繁省廉肉节奏为例来讨论，无论是"贵礼乐"还是"贱邪音"（《荀子》之《乐论》《礼论》等篇），都有声音实体的存在，故荀子也有实听的强调。所以不奇怪的是，后世儒生论乐，多有

---

① 汪晖：《现代中国思想的兴起》，生活·读书·新知三联书店2004年版。
② 史书中与音乐学有关史料：《史记》"乐书"、"律书"；《汉书》"律历志"、"礼乐志"；《后汉书》"律历志"；《晋书》"律历志"、"乐志"；《宋书》"律历志"、"乐志"；《魏书》"律志"、"乐志"；《隋书》"律历志"、"音乐志"；《旧唐书》"音乐志"；《新唐书》"礼乐志"；《旧五代史》"乐志"；《辽史》《宋史》《金史》"乐志"，《宋史》"律历志"；《元史》"礼乐志"；《明史》"乐志"。又可参读丘琼荪《历代乐志律志校释》，人民音乐出版社1999年版；修海林《中国古代音乐史料集》，世界图书出版公司2000年版。

实际的声音现象，有具体的听觉行为。实听，成了儒家音乐哲学的突出特点。

而道家学派因为有虚玄的哲学态度、高蹈的思想姿态、思辨的逻辑方法，因此就更多地与中国传统里的"虚听"发生关系。我们不难发现，道家思想家如老子、庄子，都有音乐言论，但也都喜欢讲虚听，前文提及老子的"大音希声"（《老子·四十一章》）当然是显例。但老子也知道"五音令人耳聋"的道理（《老子·十二章》），这个"五音"当然是可听的，只是他更喜欢强调不要过分，所谓"听之不足闻"而已；庄子有人籁、地籁、天籁之说（《庄子·齐物论》），人籁是排箫一类编管乐器，当然可听，但他强调自然之乐，即自然而然的非人为的"天籁"，这也是道的音乐，无声之乐，成玄英《疏》所谓"天籁深玄"，只能够虚听，只能够去想象和思悟。如同老子谈论了"五音"这样的实听对象一样，庄子也讲到了北门成与黄帝议论由听赏《咸池》之乐带来的思考（《庄子·天运篇》），有"始闻"、"复闻"、"卒闻"三个境界，当然也有可实听的对象；他还喜欢讲音乐寓言来讽刺儒家学派（《庄子》之《大宗师》《秋水》《山木》《让王》等篇），也都有实际的曲目或声音出现，都有实听的对象。但不奇怪的是，他更喜欢"自闻"，不喜欢"彼闻"，即是说"无听之以耳而听之以心，无听之以心而听之以气。耳止于听"（《庄子·人间世》），成玄英《疏》："耳根虚寂，不凝宫商，反听无声，凝神心符"，所谓"不着声尘"，庄子自己也说"听乎无声"（《天地》），成玄英解释为"绝声，不可以耳听"，这当然是没有声音对象的听，还是强调道家音乐哲学的虚听。对于庄子，"吾所谓聪者，非谓其闻彼也"，善听实际的声音或音乐不是重要的，反而要进入"心斋"、"坐忘"的状态，"丧我"、"自忘"、"自得"、"自取"（《骈拇》），离朱之善观，师旷之能听，在道家看来，他们的聪明却正是要丢掉的东西，所谓"堕肢体，黜聪明"、所谓"忘其肝胆，遗其耳目"(《大宗师》),若要近道,就必须要不被外在的声色所干扰。这便也是庄子听的哲学,也是其道术,杂家的《吕氏春秋·君守》其所谓"得道者必静,静者无知",这一思想也有道家色彩。需要说明的是,道家论乐并不如一般时俗所言是排斥音乐,也绝非不懂得音乐或一味地高谈哲学,他们只是喜欢以实际的声音对象来反衬无声的希声,以实听来说明虚听而已,反映出一种朴素辩证思维,没有对立面的存在,何谈辩证思维?实听与虚听、有声与无声,不正是对立而言的吗?因此这可能也是道家听的传统的重要特点。与孔子对儒家实听的影响一样,老、庄的虚听思想也对后世受到道家思想影响的人们的听觉文化发生了重要的影响,所有那些关于无声之乐、无声之听、无声之美的观点,几乎都脱不开道家思想的影子。

故而中国传统音乐美学,不仅强调有实体性的听,听声、听律、听情、听曲等,这必然联系到历史、社会和人生,有极强的现实性;也有极富中国哲学特点的虚拟性的听,神听、道听、无声之听,这是中国超越性哲学在音乐文化里的体现,值得注意。

四 本书的研究思路、方法及意义

(一)研究思路和方法

1. 运用音乐文献学的方法,将文渊阁版《四库全书》中涉及"听"的高频词进行统计和梳理,然后通过文本细读,从史学的角度出发,探索出不同历史分期(从先秦到近代)听觉文化的现象和特点,从而总结出其现象背后的思想转变动因。

2. 借鉴音乐人类学方法,进行实地的田野考察,从学界专家、民间艺人(包括盲艺人)、道观的高功等不同身份,代表不同群体的典型进行考察,联系自己的体会来谈听觉文化对其个人的不同影响。

3. 结合传播学的方法,探讨新媒体时代所面临的听觉文化困境以及音景恶化的问题,听觉文化对于大数据时代文化及文明构建的作用和意义，为应对当前的听觉危机，重建新的听觉文化体系探索出一条可行性途径。

4. 哲学思辨方法则涉及更深的听觉哲学问题、听觉文化重建对于当代人类心灵回归的重要意义问题等。从上古时期至今，听觉文化始终是构成我们文化和文明的重要方式，它可以成就我们的精神家园和灵魂栖所，这也正是听觉文化最重要的价值所在，身处视觉高度强化的时代，探索为目前人类听觉文化缺失和精神文化焦虑提供一种理论干预，也可以为构建视听和谐的现代文化提供一种思路。

需要说明的是，本书是关于"听"的专题研究，除了以史学文献为据的分析外，同时开展了一些田野工作，采访了相关专家、民间艺人和道士，以实证性的材料为本，围绕核心论点为理论分析做支撑。作为一个广义命题的研究方法，在实际操作过程中也不可能是单一的，运用了文献学、历史学、音乐美学、音乐人类学、民俗学、传播学等相关知识，形成全息视角和跨学科的综合研究。鉴于个人有限的学术能力，著作并未以通史或断代史的方式写作，而是以专题研究的形式展开，虽不能面面俱到，但力求在深度挖掘上有所成果。

（二）研究意义

1. 关于中国文化里"听"的问题的专题研究，对于探讨中国文化的深层文脉，分析中国传统的文化肌理，在中国文化数千年的历程中，"听"，包括听的方式、听的对象、听的行为、听的价值和意义等，如何深刻地影响了历史和音乐，相信这是一项极富意义和思想价值的中国文化研究。目前尚未见有这方面的专门著作，其内涵已经超出了中国音乐史、中国音乐美学史的范围，甚至也超出了一般艺术现象的范围，而涉及了古代政治文化、伦理文化、宗教文化和艺术文化。

2. 由《文子》的"听"的理论作为一个切入点，开展中国音乐思想史对道家听的哲学的探讨，兼及儒家，继而延伸至整个中国文化中的"听之道"，对于突破一般中国音乐史、中国音乐美学史研究，有着填补空白之意义。

3. 由听的研究，发现和认识中国人"听"的思想特点。上古的听，有神秘和宗教的意义，已经建立起"神听"的内涵；继之而有中国"听的理性"的发生，一方面与神听同在；另一方面发展出更多的听的方式和行为，在中国文化的轴心期（春秋战国），产生了丰富的听的行为和听的美学。而两汉时期，"耳目入心"的思想非常突出，听的伦理极为发达，在"三礼"等文献中展开为中国音乐的政治思想和伦理思想；而在唐宋转型期，听的目的开始由外在的"听的规范"（政治的、伦理的）向内转，与"心"建立起了密切的关系，同时道家思想的影响开始突出，听无、听气、听无声之乐的言说开始多了起来。中国文化里，"听"始终与政治、伦理、道德、情感和审美有密切的关联，"实体性的听"与"虚拟性的听"并列同在，耳目视听往往发生通感和统觉，它们都有着重要的文化功能。

4. 建立起中国人自己的现代听觉文化价值论。声音是领会人精神世界的首要文化工具，声音记忆可以唤起我们对一个时代的回忆和想象，成为一个时间或空间的典型标志，返回历史的现场，可以唤起声音中的地方记忆和国家形象。听觉文化的研究和重建对于人类审美认知、大众文化的崛起、文化景观的生成、生态文明建设以及精神文明层面都有重要作用。此外，听觉文化维度与人类心灵价值的回归有着密不可分的关系。"听道"，是人类以"听"的姿态进入世界的道路，为什么我们是"在世"的？其证明可以是"言"，可以是"思"，当然也可以是"听"，我们应当以听建立起人类的本体论；同时也是人类以"听"的行为思考世界的道理，为什么"生活"是这样的，你"听"见了什么？我们应当以听建立起人类听的认识论；"听道"观念是现代人听的文化的根本，其听的行为、听的对象、听的意识，听的内涵，都与人的安身立命有关，从而建立起听的价值论。当然也是人类以"听"的观念去对待音乐的道德，为什么"音乐"是美或不美的？从而建立起我们今天的听的审美论；可以这样说，听道，是今天审美文化建设的最根本的东西。

5. 探究听觉文化在当代音景退化和萎缩状态下的价值危机，重建中国文化中合理的听觉文化行为范式，对于文化艺术传播和现代文明建设有重要意义。娱耳是最低层次的意义，娱心是再高一级的意义，娱神是最高级的意义。娱耳与生理快感有关，娱心与审美愉悦有关，娱神则与精神的超越性有关。仅仅是能够"美听"，还不是听道高人，应该还有"智听"的关键环节。现代人在听方面的知识空白和认识疏浅，乃至心智闭塞，不正是听道缺失的结果吗？古人关于耳听只是下学的警语是不是我们今天要引起重视？神听在中国现代文化中的死亡，是不是要加以思考？耳听—心听—神听，是统一的听道，也是统一的行为，由耳入心，由心近神，由神得道，正是今天要建立的听的哲学[①]。

[①] 蒋晶：《〈文子〉音乐美学思想研究》，硕士学位论文，西安音乐学院，2006年。

第一章 综论：听之道的历史展开

有中国音乐学家提出了这样一种观点，值得研究者重视：

> 如果说，整个视觉艺术的美术史是一部关于视觉方式的历史，关于人类观看世界所采用的各种不同方法的历史，那么整个听觉艺术的音乐史就是一部关于听觉方式或听觉意识的历史，也即关于人类以她拥有的听觉生理机制来聆听世界所采用的各种不同方法的历史。关于过去的音乐（听觉）意识，是由于音乐历史的存在所构成的。而人类之所以能感知有这样一个过去，也正是由于存在着这样一种关于过去的音乐（听觉）意识。……从这一意义上来看，对于过去的音乐（听觉）意识的探求和寻找，便成了古代音乐文化研究的关键。然而，过去的音乐（听觉）意识在哪里？又往哪里去寻找？[①]

过去的音乐（听觉）意识去哪里寻找？此问正是本章所要探索的问题。早在20世纪80年代，上海音乐学院洛秦教授就已经探讨了中国古人听觉审美意识与乐器之间内在渊源，呼唤艺术中的听觉关怀。所谓声色犬马，琴棋书画，都是把歌声、乐声、琴声这类与

---

① 洛秦：《从声响走向音响——中国古代钟的音乐听觉审美意识探寻》，《音乐艺术》1988年第2期。

听觉有关的东西放在第一位的。《红楼梦》作为经典的文学作品,也曾明确提出:"知声,知音,知乐,有许多讲究。声音之原,不可不察。"① "夫声乐之入人也深,其化人也速"(《荀子·乐论》),中国人对"乐"的重视古已有之,荀子之言也说明了古人善于从听的维度去理解世界,听觉的灵敏才能产生"入人也深,化人也速"的感知。

第一节 "听"字释义

陈寅恪先生在《致沈兼士书》中曾经提出"凡解释一字,即是作一部文化史"的观点②,这与汉字原初即是象形的文字有关,字形里隐藏着许多远古的文化密码,所谓"隐形的文化史"。我们在此从"听"字的字源入手,寻求它同音乐在根源上有何天然的联系。

"听"字的繁体字是"聽",但联系其原初形态,可以发现听字义项极多:其一,用耳朵接受声音,甲骨文写作一耳多口的形态,表示倾听众人之声;其二,金文写作,表示听是明察、判别的能力;其三,篆字,表示听是与德有关的人的品质,又可以写作聼,聴,从耳德,即耳有所得。今均简化为"听"。"听"字的古文字由甲文、金文到篆文的字形变化,反映了听的思想的展开,其多种内涵意义,后来也都进入了古代文化的表意系统并更加丰富。

《孟子·梁惠王上》所谓:"抑为采色不足视于目与?声音不足听于耳与?"也就是说,耳朵的功能一指接受声音;二指听从、接受。《战国策·西周策》:"周君大悦曰:'子苟能,寡人请以国听。'"《国语·周语上》:"是以近无不听,远无不服。"三指探听。《战国策·东周策》:"秦欲知三国之情,公不如遂见秦王曰:'请为

---

① (清)曹雪芹、高鹗著,中国艺术研究院红楼梦研究院校注:《红楼梦》第九十三回,人民文学出版社1996年版,第1288页。

② 陈寅恪:《陈寅恪书信集》,生活·读书·新知三联书店2015年版,第172页。

王听东方之处。'"这里又指探听消息从事侦探的人。《荀子·议兵》："且仁人之用十里之国,则将有百里之听。"四指治理,处理。《荀子·王霸》："士大夫分职而听。"韩愈《送温处士赴河阳军序》："夫南面而听天下,其所托重而恃力者,惟相与将耳。"五指断决,判决。《礼记·王制》："司寇正刑明辟,以听狱讼。"六指听任,听凭。《庄子·徐无鬼》："匠石运斤成风,听而斲之。"《后汉书·度尚传》："中令军中,恣听射猎。"七通"厅"。厅堂。《世说新语·黜免》："大司马府听前,有一老槐,甚扶疏。"

通过梳理,可见"听"字含义丰富,主要归纳为以下几个方面。一、与神秘文化意识有关,如听风、听气、听律、听神等。二、与国事有关的行为,譬如听谏、听纳、听政、听治、听览、听审、听言等。三、与德性、律法有关的社会现象则有:听荧、听德、听狱、听堪、听罪、听察、听审和听讼等。四、还有一些与"听"相关的文化行为,例如听诊,即诊断病情的一种方法;听房,是流行于一些地区的闹新房的旧俗,也做"听窗"讲;听差,旧指在机关或富人家里做杂活的男仆;听朔,古代帝王和诸侯在每个月的初一上朝治事前行仪式之礼。《礼记·玉藻》中有记载:"玄端而朝日于东门之外,听朔于南门之外。"古时官吏赴衙门值班或官吏赴朝廷候补空缺称为"听鼓",等等。

这些材料证明,古代中国文化里,与耳朵有关的字词,反映出丰富的内涵,一方面,听觉行为与非音乐活动的高度关联,有非常浓厚的社会的和历史的意义,举凡人类活动的方方面面,都与听觉活动发生了深刻的联系,从而使今天的我们可以从耳朵和声音的角度去想象,古代中国社会为什么会是人际关系十分密切、人情色彩浓厚的一个人类文化活动圈?这恐怕也可以从一般听觉文化的交际性质和中国社会人际空间紧密的特点来思考,考虑到传统社会的聚族而居、族群意识非常浓厚的特点,荀子强调的所谓君臣上下、父

29

子兄弟同听的空间环境（《乐论》），目的不正是和敬和亲吗？和必紧密，敬必有礼，亲必有情，都离不开听觉活动。另一方面，这些单个字、词的意义不统一，也是历史形成的，从而展开为听的文化史，在不同历史时期和不同历史文献里，可以观察到其含义的演化，上古宗教意识、天道意识、神道意识和圣人意识，发展为道德意识和政治意识，都可以从听字的意涵变化来思考。而从乐官执掌狱事，还可以发现古汉语的规律和上古社会文化意识。按：上古汉语同音字往往同义或近义，"乐"—"狱"《集韵》《韵会》《正韵》皆标为"岳"，古亦同音，因此其事亦同。这样看来，上古时期有皋陶治狱的故事，就一点也不奇怪，这位舜帝的乐官也担任"大理"官职，司事典狱（《尚书·皋陶谟》），《广韵》："狱，皋陶所造"，他的名字还是鼓（皋鼓）的意思（《周礼·考工记》），所谓"凡乐官掌其政令，听其治讼"（明·韩邦奇《苑洛志乐》），也是说的乐官治狱的传统。此外，听字、声字等古字的多义现象，也提醒我们，阅读文献时要十分小心，不能望文生义，许多听字与声音无关或无关于音乐，这是我们必须要注意的。

第二节　先秦——早熟奠基期

中华文化是以先秦时期诸子百家学说为基础不断发展演化而形成的，这是中国文化的轴心时代。在这个多思的时代，儒、道、墨、法、杂等各家各派，提出了许多中国文化的元范畴，当然也提出了许多与听有关的元范畴，如"听风"、"听气"、"听和"、"听德"、"听政"、"听治"、"听狱"、"同听"、"不听"、"适听"等，这是后世人们言说听、实现听、判断听、追求听的初始起点，也是中国音乐思想的初始起点。在孔子前后，关于听的思想已经很发达，涉及面也非常广，而不止于听音乐，其内涵亦非常丰富。这是一个中国听觉文化的早熟奠基期。

一　中国听觉文化的觉醒

上古理性未开，初民迷信，面对听的对象——声音——的无色无味无体无质的特点，很容易便产生神秘的意识。而随着历史的演进，民智的开启，先知先觉者的思考和实践，听的理性便慢慢开始觉醒，进而有了听的观点、思想和完整的一套听的哲学，这是先秦听觉文化走过的一条听之道。

（一）听风、听气的神秘意识

春秋时期的《国语·晋语八》提出了"乐以开山川之风"和"风物以听之"的观点，《周语上》有"瞽告有协风至"、"瞽帅音官以省风土"的神秘仪式；而《左传》则明确了"舞所以节八音而行八风"，都把自然之风这样的虚无实体的、与阴阳之气、四时之风相联系的东西，当作听的对象，且常常与音乐联系起来言说。瞽瞍、音官，都是上古乐人，《诗·周颂·有瞽》："有瞽有瞽，在周之廷。"这恐怕是实际情况。"盲"、"瞽"且不仅是乐人，也是巫人，有神秘的功能，《说文》的解释反映了上古的文化意识："巫，祝也。女能事无形，以舞降神也。""舞，乐也。用足相背，从舛，无声。"这些舞人、巫人，都与无形无声的东西发生了关系。《周礼》中大批盲乐人其实也都有神职的性质，才可能"以祭，以享，以祀"，这也可以认为周承商制，因为在甲骨文的卜辞里，乐人也有神职性质。古文字中表示目无功能的字不少，"盲"（《说文》"目无眸子"）、"瞽"（《说文解字注》"目合而无见"）、"矇"（《字林》"目有眸无珠子"）、"瞍"（《集韵》"目暗"）、"眊"（《说文解字注》"蒙蒙目不明"）等，他们的音乐活动是"宣气"，可以为鬼神人祖服务。所谓"宣气"的"宣"，是疏通、宣散的意思，即疏通宣散淤积不通的阴气，以召唤于农事有利的阳气，也是协调宣畅自然节气与声音律气的关系以致

31

神祈福。瞽人所谓"以音律省土风"(《国语》韦昭注),太史伯所谓"虞幕能听协风"(《国语·郑语》),"乐能调阴阳,和节气……故乐以八风相成也"(孔颖达《春秋左传正义》),三国时韦昭注《国语·郑语》说,"虞幕,舜后虞思也……言能听知和风,因时顺气,以育成万物,使之乐生。"① 《吕氏春秋·谨听》说舜帝欲传天下给禹,也认为可以"断之于耳",这都涉及声音与神秘意识的联系,而这正是中国上古文化非常特别、非常古远的现象,《文子·上德》:"瞽无目而耳不可以蔽,精于听也。"《越绝书》:"内视者盲,反听者聋。"瞽、矇、盲、眊之人从事与"听"有关的乐事,这一类残疾人往往被古人认为有特别的神性功能。这一文化现象延续了很久,也影响深巨,《左传·襄公十八年》记载的师旷听风、省风而知"楚必无功"的故事,《周礼·春官宗伯》有"大师执同律以听军声而诏吉凶",《史记·律书》认为可以"闻声效胜负",《史记索引》所谓"律者所以通气,故知吉凶也",《左传》子产论乐和医和论病,都言及六气、五行、七音、八风,《左传·昭公二十一年》还提到"天子省风以作乐"等等,无不联系虚体无物的风、气来论说。古代《易》类图书论律气,也有"师出以律,律不应,故师败"这样的观点;进而有"听乐韵,度晷景,候钟律,权土灰,放阴阳"的方法,所谓冬至阳气应,夏至阴气应,且都与我们听到的乐韵、声音的清浊发生了关系(《五礼通考》卷七十二),这是古代的"葭灰候气"与听律、听风、听气的描述,现代人以为在科学与迷信之间,也难免神秘气息。这都可说是上古听觉文化里神秘意识或其遗传,问题在于古人还有一整套理论来给以解释,这不能不引起我们注意。

郝经《续后汉书》卷八十七:

---

① 古史传说中,虞幕、虞思,都是颛顼、舜帝时期的能够听风作乐的人物。可参读许维遹《吕氏春秋集释》,中华书局 2009 年版,新编诸子集成本。

> 故君子于乐以观德焉，非徒听其声音而已也。然而八音皆取于物，而不及人者，主道成德，皆本人心。心之邪正，皆兆乎气，气之盛衰，皆发乎声。感而为喜怒哀乐，形而为治乱安危，至于大动天地，幽格鬼神，兆开乎先，而莫之能御。故八音在物，听音在人，扣之击之，吹之鼓之，而后听之以耳，又听之以心。既听之以心，又听之以气。察邪正，辩阴阳，审胜负，知得失。穷万化之原，见天地之心，以施八政而合人声。故舜曰："予欲闻六律五声八音在治忽，以出纳五言"，汝听五言，则人声也，而责之以听。故乐以人声为本，声以善听为主，耳听、心听、气听、声听，非惟调音制器以为乐，达诚畅和以通神。①

从这一段话可知其深层实与上古的听觉神秘意识有关，也与听风、听气的活动有关，听声（音）—听心（情）—听气（神）是有一个进阶的，目的是通神。所以，师旷奏《清角》而"晋国大旱，赤地三年"、奏《清徵》而"玄鹤二八，道南方来，集于郎门之垝"（《韩非子·十过》），表面看来是在讲晋平公"德不配位"招致灾祸的政治神学的问题，而其实质却是来自听觉神秘意识的，这位晋国大乐师是中国古代文化中最善听之人，吟咏他的诗文极多，却也是位盲瞽，更有学者指出其身份的神职性质，他是善于望风听气的②，也是善于"以乐听风"的，这也有神秘色彩③；又如"飞龙作乐，效八风之音"（《吕氏春秋·古乐》），神话中的飞龙是颛顼帝的乐师，创作了《乘云》之曲，并且是善于听风、听气来作乐的④；上古殷商的音

---

① （元）郝经：《续后汉书》卷八十七，文渊阁《四库全书》本。
② 罗艺峰：《中国音乐思想史五讲》，第137页。
③ 蔡仲德：《中国音乐美学史》（修订版），第40页。
④ 袁珂：《中国神话史》，重庆出版社2007年版；《中国神话传说词典》，上海辞书出版社1985年版。又可参见陈其猷《吕氏春秋新校释》，上海古籍出版社2002年版，第288页注34。

乐家师延，"拊一弦琴则地祇皆升，吹玉律则天神俱降"（《拾遗记》），这个故事很古远，当然也很神秘，按文献所说，师延是懂得阴阳谶纬迷信之术的[1]。但正如师旷以音乐证明晋平公德薄招灾、所谓"吾君德薄，不足以听"的故事一样，师延奏濮水之曲、靡靡之音导致殷商亡国的故事也有神话巫术的气息。就中国古代音乐思想中长期存在神秘观念的现象来看，由上古文化中耳朵的神圣性进一步生发出圣王、圣人的神圣性、宗教性色彩，可能也与上古听觉文化的神秘性脱不开关系。

（二）由"听和"发展出的文化理性

然而，中国文化有一个特别现象是，神秘的思想观点往往与理性的思想观点同在并生，就在反映出听的神秘性的材料中，也常常可能有非常鲜明的思想理性存在，如所谓"省土风"之"省"，既是神秘的听风、听气活动，也是考察、审视"恪恭于农"的理性活动（《礼记·乐记》注："省，审也。"）。所以不奇怪的是，作为历史文献的《国语》里既有神话研究的材料[2]，也有史伯论乐的"声一无听"的观点，反映出古人的音乐理性，所谓理性，总是与数量、概念、逻辑、推理有关的。单一的声音怎么能是好听的呢？六律才能聪耳，五味方可调口，这样的思想出现在两千年前，是十分令人惊异的：

> 夫和实生物，同则不继。以他平他谓之和，故能丰长而物归之；若以同裨同，尽乃弃矣。故先王……和六律以聪耳……声一无听，物一无文，味一无果，物一不讲。（《国语·郑语》）

这便从哲学的意义上论证了"和"的结构是异物相杂的，人类的文

---

[1] 齐治平：《拾遗记校注》，中华书局1981年版，第44页。
[2] 袁珂：《中国神话史》，重庆出版社2007年版。

化听觉不可能是"声一"的,因为那样便无听可言。所以不仅"声一无听",不会有好的结果,"物一"、"味一"也不会有好的结果,因为"物一不讲","讲"可训"和"(《汉书·曹参传》颜师古注),单一的事物不可能构成"和"。《左传·昭公二十年》记载的晏婴论和同的思想,也强调"若以水济水,谁能食之?若琴瑟之专壹,谁能听之?"这样便明确了,单一的东西无和可听。我们的文化传统早已经认识到,人类的听觉不喜欢单一的声音、不能够在绝对的"一"中获得意义(需要特别说明的是,这里的"一"是指单一,不是作为"道"的性质的"一"或"大一",高诱注《淮南子·原道训》说:"一者,道之本",而这个"一"就是"道",是有生发功能的,所谓"一生二,二生三,三生万物"。当然也是可听的,如虚听的对象往往就是"道",是听"道",也就是听"一")。蔡仲德先生认为史伯和晏婴这一段议论,减少了人格神的色彩,而更具客观规律的意义,这当然也是对史伯、晏婴的音乐理性的肯定①。

问题是,古代先哲们还由此生发出中国文化里十分重要的"听和"思想,由"听和"又发展出更多的关于听的理性观点,乃因为"和"是异物相杂的,和是杂多,所以必然与声音之外的事物发生联系,而创造出许多不同的与"和"有关的范畴。

如同"听"字的多义一样,"和"字的义项也有很多,《说文》中和、龢异字,和在口部,相应也,从口禾声;而龢在龠部,曰调也。郭沫若以为许慎是以唱和为和,以调和为龢②,今皆用"和"字而无区别。显然,"和"字在不同语境中有不同的含义。"和"字一指音乐和谐,这一类言论不少,也是我们关注的要点,如《国语·周语下》:"乐从和。"《孔子集语》:"《箫韶》者,舜之遗音也,温润

---

① 蔡仲德:《中国音乐美学史》(修订版),第35页。
② 郭沫若:《甲骨文字研究》,《郭沫若全集·考古编》,科学出版社1982年版,第107页。

以和。"《尚书·尧典》："声依永，律和声。"《吕氏春秋·慎行》："和，乐之本也。"《礼记·中庸》："发而皆中节谓之和。"等等。二指调和，既指人际关系调和，也包含不同事物的调和，如《老子·二章》："音声相和，前后相随。"《荀子·修身》："以善先人者谓之教，以善和人者谓之顺。"《吕氏春秋·适音》："大飨之礼，上玄尊而俎生鱼，大羹不和，有进乎味者也。"这是讲五味调和。三指和顺，和谐，如《国语·周语下》："耳之察和也，在清浊之间。"四指和睦，融洽。《老子·十八章》："六亲不和有孝慈。"五指温和，喜悦，如《战国策·齐策三》："齐王和其颜色曰：嘻！先君之庙在焉。"六指天气暖和，如白居易《首夏病间》诗："清和好时节"。七指舒适，如《战国策·赵策四》："少益耆食，和于身。"八指适中，恰到好处，如《论语·学而》："礼之用，和为贵。"九指和平，讲和，和解，如《山海经·海内经》："凤鸟见则天下和。"十为哲学术语，与"同"相对，"和"有相反相成之意，即在矛盾对立诸因素的作用下实现真正的和谐和统一。十一释为古乐器。或指錞于，《周礼·春官·小师》："掌六乐声音之节与其和。"（郑玄注："和，錞于。"）另作小笙讲，《尔雅·释乐》："大笙谓之巢，小者谓之和。""和"字若发去声，则意为随声附和、响应、答应、允许等①。从词性看，"和"字共有三种词性，分别作形容词、动词和名词。作形容词时主要指和谐之意，作名词讲指器物，作动词时指调和、调治、调适等含义，此外，还有"和"还有地名、姓氏、器物等的含义。

由"听和"的观念，中国传统里发展出极多的相关思想观点，非常值得我们注意。一部中国音乐史，也是一部关于听的历史，听什么、如何听、为什么要听等，都可以远追先秦的时代。关于"和"的审美理论是一直贯穿于中国音乐思想史中的一个重要范畴，是中国古代文化精神的集中表现，内涵和意义极其丰富。先秦时期的

---

① 陈复华主编：《古代汉语词典》，商务印书馆2005年版，第562页。

"和"字，一方面指声音对象，声音结构的"和"，根据古代"和"的哲学寻求声音的差异性，史伯和晏婴在春秋初年之时就已经认识到声音之美的差异性特点，提出"声一无听"的观念。另一方面"和"的观念还发展为"听和"的行为，经历了由听的对象的"和"、"平和"、"中和"，发展到对听的对象的"淡和"要求；听的行为则由保守、禁变、禁情、禁欲发展到禁四声①。《周礼·春官宗伯·大司乐》："凡建国，禁其淫声、过声、凶声、慢声。"禁四声的思想一直延续到清末的汪烜（《乐经律吕通解》），这样一个历程，除了我们可以从现代音乐美学的角度给予批评外，其实也可以认为它凸显出听觉文化的理性觉醒，四禁必然有理性的介入，没有分别和判断，不可能有四禁。而这与中国听的传统有密切关系，并由此生发出许多由"听和"而来的与音乐和音乐文化之外的社会文化有关的思想观念，这里，最突出的是"听正"、"听德"、"听适"的提出。

1. 听正

因为耳目被看作是心灵的关键（《国语·周语下》"耳目，心之枢机也"），所以，《国语·周语下》提出了一个非常重要的观点，即"听正"："夫乐不过以听耳，而美不过以观目，若听乐而震，观美而眩，患莫甚焉。"这不仅是说声音可能带来过度的生理反应会造成不适，也是在强调音乐声音须"正"，《国语·周语下》所谓"耳之察和也，在清浊之间"，韦昭注："清、浊，律吕之变。黄钟为宫则浊，大吕为角则清也。"《礼记·乐记》："倡和清浊。"郑玄注："清，谓蕤宾至应钟也。浊，谓黄钟至中吕。"都是在强调听正的声音形态。蔡仲德先生接着解释"听言昭德"一句的"听言"为"听进正言"②，

---

① 叶明春：《中国古代音乐审美观研究》，人民音乐出版社 2007 年版，第 1 页。
② 蔡仲德：《中国音乐美学史资料注译》（上册），人民音乐出版社 1990 年版，第 8 页。

在古文字学上，"言"即是"音"①，正言就是正音，其实《国语·周语下》的"听乐"也可以解释为听进正乐，因为"不和固不是正乐"②。蔡仲德先生解释《乐记·乐论》的"君子明乐，乃斯听也"，认为"斯听"听的就是"正乐"③。由和而正，是为必然。而因为"雅"即是"正"，雅乐就是正乐，故孔子必由听正的要求而反对邪音，他也把自己的"正乐"活动看作是自己一生最重要的文化贡献，"吾自卫反鲁，然后乐正，雅、颂各得其所"（《论语·子罕》），孔子删诗其实是正乐。而正、邪一定是对举的、相反对的概念，正音即是广博易良的和音雅乐，邪音被规定为淫滥凌厉的郑声，而正音、正乐的取得，必为"执两用中"的方法，其目标是建立"和"的形态，即孔子论《关雎》的不淫不伤，论《诗》三百的"思无邪"，论文质关系的"彬彬"得当的状态。单穆公曾明确音乐是一种听觉的艺术，且已认识到人的耳朵所能听到的悦耳和谐之声乃是有一定音域的，高低都受人的耳力所限，"大不出钧"④（《国语·周语下》），即不超出均钟木（一钧，即一个八度）的标准，"中音"、"中声"正是在这个范围内适合人的耳域之声，正音、雅乐必须符合"和"的特征。

2. 听德

"听德"的提出，在先秦文化里含义比较复杂，既可指近于德行，"听"有接近的意思（《国语·楚语上》："听德以为聪"）；也可指合理的听，"德"有规范的意思（《韩非子·十过》："吾君德薄，

---

① 刘兴隆：《新编甲骨文字典》，国际文化出版公司2005年版，第126页。
② 汪烜：《乐经律吕通解·乐记或问》，商务印书馆1936年版。又见蔡仲德《中国音乐美学史资料注译》（下册），人民音乐出版社1990年版，第671页。
③ 蔡仲德：《中国音乐美学史资料注译》（上册），第158页。
④ 蔡仲德：《中国音乐美学史资料注译》（增订版），人民音乐出版社2007年版，第16页。"钧"通"均"，即"均钟木"，古代用木长七尺的均钟木定音，是决定钟的大小的标准；"钧音"是度量钟的大小，用以决定其音的高低，所以，"一钧"确是"一个八度"，但"大不出钧"的原意则是指钟的大小不应超出均钟木的标准。

不足以听");再也指听的对象,听的是"德音",符合中德、中音的乐音(《国语·周语下》:"道之以中德,咏之以中音,德音不愆,以合神人")。在儒家思想来说,它的价值体系以道德伦理为核心,要求正心诚意的修身之道才可以为政,进而治国平天下,"善听"则是其修身的一个重要方面。孔子要求大家"非礼勿听",是说"听"要合乎"礼"的要求,不能逾越其外,听乐不能擅行,需有所节制,目的是通过节制使人心归于平和,这是一种听德。礼仪和教化是先秦时期音乐服务于王室和贵族的宗旨,是其聚拢人心的主要手段之一,"不淫不伤"以达到孔子所谓的"思无邪"的高度。在孔子那里,"人而不仁,如乐何?"乐终究与礼要相结合,以达到"成于乐"的最高目标,也是一种听德。"乐"同时也是人心、风物和社会的反映。孔子之前的伍举,否认"察清浊"[①]之聪、目观之美,而以"听德为聪",无害为美(《国语·楚语上》),也就是否认美的独立意义,而直接以善为美。"天子听政"(《国语·周语上》),"听德以为聪,致远以为明"(《国语·楚语上》),以聪近德,以明致远。这里的"听",非耳听之意,"聪"是察、明察之义,与《史记·商君列传》"反听之谓聪,内视之谓明"有相近的内涵,这当然也是一种听德。战国末期法家主要经典《韩非子》中普遍为人所知的是《十过》篇中对濮水之音的描述,"听治"的提出认为"听必配德"。"不务听治,而好五音不已,则穷身之事也。"[②] 韩非子首先明确提出了"听治"的观点,这里的"不足以听"提出了"听治"的条件和前提,就是君王德薄则听治不足,不务政事,喜好五音没有节制的话,也是十过之一,非常危害自身,此例后来在晋平公身上得到了应验。事实上,早在韩非子之前的荀子,就已经提出了奉行王道的君主所应该实行的制度:"衣服有制,宫室有度,人徒有数,丧祭械用皆有

---

① 蔡仲德:《中国音乐美学史》,人民音乐出版社1995年版,第88页。
② 同上书,第123页。

等宜，声则凡非雅声者举废……""论礼乐，正声行，广教化，美风俗……"(《荀子·王制》)其中强调凡是不合正声之乐全部废除，可见，孔子以来的礼乐治国的思想根深蒂固。范文子曰："吾闻古之王者，政德既成，又听于民，于是乎使工诵谏于朝，在列者献诗，使勿兜，风听胪言于市，辨妖祥于谣，考百事于朝，问谤誉于路，有邪而正之，尽戒之术也。"(《国语·晋语六》)君王听取百姓意见，让瞽师在朝廷上诵读前代的箴言，广泛采纳百官献诗讽谏，使自己不受蒙蔽。从范文子所说可见，古代君王要充分得到警戒，不仅要听取各级人等向上反映，当政者更要主动到民间收集听取意见，朝堂、市场、道路、童谣都是获得信息的途径。在这里，范文子对听的内容和方式有了明确的要求，但这还是听德的要求，更广泛地涉及"德"的各个方面。

3. 听适

声音的适耳，当然要求"和"，既不过，也非不及，这在先秦文献里就已经有不少的言述。本来，"耳之察和也，在清浊之间"，提出的是一非常标准的听的对象——声音高低、和否——的问题，听适的感觉要求不能有"过慝之度"，《礼记·乐记》："世乱，则礼慝而乐淫"，都是说，礼、乐均不能过度。所以，单穆公要求"听和"，因为不和则无适，"视听不和而有震眩"，会令人发生生理上的不适。伶州鸠是音乐家，他更具体涉及对声音形态的要求："大不逾宫，细不过羽"，"声以和乐，律以平声"，各种乐器的使用也没有不适当，这样达到"政象乐，乐从和，和从平"的效果，才能实现所谓"物得其常"(《国语·周语下》)。伶州鸠还论道：

夫音，乐之舆也，而钟，音之器也。天子省风以作乐，器以钟之，舆以行之，小者不窕，大者不摦，则和于物，物和则嘉成。故和声入于耳而藏于心，心亿则乐。窕则不咸，摦则不

第一章 综论:听之道的历史展开

容,心是以感,感实生疾。(《左传·昭公二十一年》)

根据古文字学的解释,"窕"是细小的意思,"摦"是横大的意思,"亿"是安定的意思,"咸"是感应的意思。伶州鸠的观点是说,音乐的声音不能太细太小,让人没有感应;也不能太横太大,让人心不能受容。因为声音是由耳入心的,不能使心安的声音会让人生出疾病。显然,古人有听适的要求的,这个"适"就是"和",不淫不伤,不窕不摦,无过无不及的声音状态。这样的思想还可以在其他文献里发现,也值得我们分析。

《吕氏春秋·情欲》中讲道:"耳之欲五声,目之欲五色,口之欲五味,情也。"如果得不到适当的满足,就和死没有区别。"夫耳目鼻口,生之役也;耳虽欲声,目虽欲色,鼻虽欲芳香,口虽欲滋味,害于生则止。"(《吕氏春秋·贵生》)如果过分纵欲就会妨碍"生",为了长寿、久乐,就必须对欲有所节制。这也是一种听适的思想。

《吕氏春秋·大乐》提出了"声出于和,和出于适"的观点,《侈乐》提出了"乐愈侈而民愈郁……则亦失乐之情"的观点,都反映了听适的要求,甚至要求"心不乐,五音在前弗听"(《适音》),似乎也强调了"不听"的意思。而在《适音》一篇里更具体论证了听适:

> 乐之务在于和心,和心在于行适。……
> 夫音亦有适:太巨则志荡,以荡听巨则耳不容,不容则横塞,横塞则振;太小则志嫌,以嫌听小则耳不充,不充则不詹,不詹则窕;太清则志危,以危听清则耳谿极,谿极则不鉴,不鉴则竭;太浊则志下,以下听浊则耳不收,不收则不特,不特则怒。故太巨、太小、太清、太浊皆非适也。何谓适?衷,音

41

>之适也。何谓衷？大不出钧，重不过石，小大、清重之衷也。黄钟之宫，音之本也，清浊之衷也。衷也者，适也，以适听适则和矣。

这一段论述，非常明白清晰地说明了，要想听适，一方面必须声音要合适，即音响不能太大太小，音律不能太高太低，必须调适到"衷"（中）的无过无不及的状态。另一方面，还要有"行适"和"心适"，方能够"以适听适"，《大乐》篇更明确了"声出于和，和出于适"。正如修海林先生所指出的，《吕氏春秋》有重生的思想，对于声色之类东西，"利于性则取之，害于性则舍之"，之所以它反对"侈乐"，也是因为从"用乐"的角度来谈音乐与"性命之情"的关系①。修海林先生特别分析、解释了"听适"涉及的重要音乐观念，认为"声出于和，和出于适"的"和"，"其概念的内在含义，一是代表构成和谐音声的规律和法则，二是在此规律和法则基础上构成的声音和谐关系"。什么是"适"？"以适听适"的两个"适"字，是什么含义？修海林先生的研究中已经非常明白地分析了"行适"、"心适"和"音适"三个概念，即音乐行为在实践层面要遵循"适"的准则；在音乐观念层面要有对规律的把握即依据"胜理"之道行乐；在声音的形态方面有审美上的"衷"（中）的无过无不及的要求。总之，"以适听适"，是以心之适听音之适②。这也反映了在听觉文化主客两方面的思考，即从生理性的"适"，进而有情感和心理上的适，再达于文化理念上的适。

---

① 修海林：《先秦道家音乐学术思想的主要特征——以〈吕氏春秋〉诸篇为例的分析》，载罗艺峰主编《汉唐音乐史首届国际研讨会论文集》，中央音乐学院出版社2011年版，第409页以下。

② 修海林：《"乐本体"思维模式在秦汉道家音乐思想学理性思考中的存在》，载罗艺峰主编《汉唐音乐史第二届国际研讨会论文集》，中央音乐学院出版社2013年版，第3—13页。

二 "不听"的社会伦理观

这里讲的"不听",一是出自墨子的作为社会听觉伦理要求的"非乐","非"是排斥、非难、指责、否定、取消、禁止的意思,"非乐"要求不听。二是因商鞅的出于社会功利要求的"休居不听",明确有不听的意识。三是老、庄从哲学思辨出发提出的"不听",不听是为了更好地听。这三种不听,都反映出听觉文化的社会伦理观。

(一) 由墨家"非乐"到不听的要求

作为"非乐"思想的代表,墨子的学说称得上是先秦诸子百家中不容忽视的一个派别。墨子认为"耳知其乐,耳知其美",承认音乐韵律的美感,但站在劳动者和小生产者的物质生活和政治实用主义立场出发,他又否定其社会功能:

> 是故子墨子之所以非乐者,非以大钟、鸣鼓、琴、瑟、竽、笙之声以为不乐也……虽身知其安也,口知其甘也,目知其美也,耳知其乐也,然上考之不中圣王之事,下度之不中万民之利。是故墨子曰:为乐非也。(《墨子·非乐上》)

杨倞《荀子·富国》注:"墨子言乐无益于人,故做'非乐'篇。"[①]墨子否定乐,并不是因为大钟、鼓、瑟、竽等乐器的声音不动听,自己听到这些乐音身体也会感到安适,耳朵也很舒服,然而作乐之事不应该是圣王和农夫百姓该做的,因为制造乐器必厚敛于万民,且乐器本身没有实用价值,不像舟车那样可以载人。王公、大臣、君子、圣王、农夫、妇人等"说乐而听之",就会耽误他们治理和生产劳作,于万民不利,把"为乐"和"听治"完全对立起来,认为从事音乐活动是完全无益的。墨子从小生产者的功利主义出发,"不

[①] (清)孙诒让:《墨子间诂》,新编诸子集成,中华书局2001年版,第251页。

听"当然成为他的一个选项,所谓"废大人之听治,贱人之从事",就是不听、不奏,这自然就没有制作钟鼓竽笙、琴瑟笛箫的物质浪费,也没有了礼乐制度、服色舞队的人员供养,当然也没有了音乐舞蹈美声美色的诱惑,就会政治清明,风俗雅好,这当然是社会政治伦理的要求。这种极端的听觉活动取消论、不听论,没有在中国文化史上有过真正的实行,当然也没有产生多大的影响。而一般学术界多从儒、墨音乐价值观的对立和儒家倡扬礼乐、墨家否定礼乐来论述,或认为这只是墨子社会政治思想的一个组成部分[①],尚未见有从听觉文化传统的社会伦理来讨论的,故本小节以"不听"解释"非乐",或有若干新意。

(二)由"休居不听"看法家听的传统

对于音乐的态度,墨子和他之后的商鞅有一定的共通之处。法家代表商鞅说道:"声服无通于百县,则民行作不顾,休居不听。休居不听,则气不淫;行作不顾,则意必壹。意壹而气不淫,则草必垦矣。"(《商君书·垦令》)可以看出,商鞅对于音乐的作用是了解的,但是乐必须为统一天下的战争服务,为统治阶级巩固政权而服务,"是故民闻战而相贺也,起居饮食所歌谣者,战也"(《商君书·赏刑》)。商鞅对音乐的社会功利性认识,主要体现在战争中的作用。人们听到作战的消息就会相互庆贺,奔走相告,而庆贺时所日夜歌唱的音乐也与战争有密切联系。之所以"休居不听",原因在于如果黎民百姓在劳作或休息时听到音乐,必然会精神涣散,意欲放纵,导致心意无法集中专一,如此就不能心无旁骛地去耕作和生产了。

墨子和商鞅都没有全面地考量乐的社会功能,只是偏狭地认为听乐会影响人的心志和社会生产。法家更是有反智主义的传统,文化和文化人都是被法家高度警惕和怀疑的对象,他们非常看不起文

---

① 蔡仲德:《中国音乐美学史》(修订版),第122页。

学之士、辩才之人。韩非子所谓"十过"的第四个过失,就是"不务听治而好五音","耽于女乐"是亡国之祸,他讲的师旷、师涓的故事,自然也是法家强调"不听"态度的反映,商鞅的"休居不听"当然也有这样的思想色彩①。然而,墨、商两者的不同在于,一是"听的主体"有所区别,墨子针对包括君王在内的所有人群,提出都应该做到"非乐",实现其"废大人之听治,贱人之从事",总之,是实现不听;而商鞅要求"休居不听"的人仅仅是普通的劳动人民,要求"声服无通于百县",平时"休居不听",其目的当然带有强烈的社会功利。二是他们的不听思想的出发点是有区别的,墨家主要是小生产者的功利主义,法家是政治上的文化反智主义,这同样要加以分别。

(三)为哲学思辨而不听的道家

但中国哲人还是有思辨兴趣的,尤其是道家智者,他们关于听觉活动的认识和听觉对象的悟解,难免会出现不同于儒、墨的观点,这方面,道家"不听"的观念就非常具有思辨色彩。

《文子·九守》篇:"夫无以天下为者,学之建鼓也。"按,建鼓是"乐之大者"(《淮南子·精神训》高诱注),大乐也就是礼乐。《庄子·天道》篇这样解释:"又何偈偈乎揭仁义,若击鼓而求亡子焉?"《庄子·天运》:"又奚杰然若负建鼓而求亡子者邪?"历代注家解释的意思是,儒家到处推行仁义道德,强行于世,无异于是打着大鼓去追求逃亡的人,道家认为这是很愚蠢的事,因此以不击大鼓,也不行仁义为好。当然这是在讽刺儒家,在听觉文化的意义上,可以理解为主张不听。在另外一处文献里,更是明确地要求不听。《庄子·齐物论》:

---

① 余英时:《反智论中国政治传统:论儒、道、法三家政治思想的分野与汇流》,《中国传统思想的现代诠释》,江苏人民出版社 2006 年版。

> 道通为一。其分也，成也。其成也，毁也。凡物无成与毁，复通为一。……
>
> 道之所以亏，爱之所以成。果且有成与亏乎哉？果且无成与亏乎哉？有成与亏，故昭氏之鼓琴也；无成与亏，故昭氏之不鼓琴也。

郭象注《庄子》说，因为声音不可胜举，虽然有音乐圣手如昭文这样的人，也不可能穷尽声音的丰富性，其必有遗留的声音。所以，"彰声而声遗，不彰声而声全"[①]，就是说，不演奏反而声音是全的，出声却正是声音的亏损，后世苏东坡诗句"瓶中宫商自相赓，昭文无亏亦无成"（《瓶笙》）就是说的这个意思。所以应该不演奏，不听，声音的世界才是完美的。正如魏王弼注《老子》所说："有声则有分，有分则不宫而商矣。分则不能统众，故有声者非大音也。"[②] 王先谦《庄子集解》成玄英疏曰："姓昭名文，古善琴者，鼓商则丧角，挥宫则失徵，未若置而不鼓，五音自全。亦尤存情所以乖道，忘智所以合真者也。"[③] 这就非常明确地道出了不奏不听的理由，这个理由就是为了保持"道"的整一性，世界的整一性，声音的整一性，"置而不鼓，五音自全"，应该不出声，不奏，不听。这当然是哲学的思辨结果，也是一种特别的思想伦理，而影响到后代的琴论、乐论。

三 孟子"同听"说及其意义

"同听"说出自孟子，对后世儒家音乐思想有很大影响。作为性善论者，孟子认为"世人"有共同的人性，所以他说：

[①] （清）郭庆藩：《庄子集释》，中华书局2012年版，第81页。
[②] （魏）王弼注，楼宇烈校释：《老子道德经注校释》，第113页。
[③] （清）王先谦：《庄子集解》，中华书局1987年版，第17页。

> 故凡同类者，举相似也，何独至于人而疑之？圣人，与我同类者。……口之于味，有同耆也，易牙先得我口之所耆者也。如使口之于味也，其性与人殊，若犬马之与我不同类也，则天下何耆皆从易牙之于味也？至于味，天下期于易牙，是天下之口相似也。惟耳亦然。至于声，天下期于师旷，是天下之耳相似也。惟目亦然。至于子都，天下莫不知其姣也。不知子都之姣者，无目者也。故曰：口之于味也，有同耆焉；耳之于声也，有同听焉；目之于色也，有同美焉。（《孟子·告子上》）

善于调味的易牙、精于听声的师旷和被天下人认为是美男子的子都，都是因为人们有共同的美感，才可能同嗜、同听、同美，朱熹注孟子就直接指出，易牙所调的味，其实就是天下人喜欢的美。孟子由人的味觉、视觉、听觉等生理器官推断出人的生理反应及美感的心理活动具有共同性的结论。人们对于音乐有共同的美感，人的耳朵都喜好动听的音乐，这是生理的共同性所决定的。这也与他的"独乐乐不如众乐乐"，"与民同乐"的观点相通，因为只有存在对音乐的共同美感，才可能"同乐"，才可能"众乐乐"。一方面，这是仁政和德性的理论在音乐上的阐发，正如他所说的"见其礼而知其政，闻其乐而知其德"（《公孙丑上》）。这种审音知政的理念也是对孔子认为乐可以移风易俗的社会功能的进一步认识。另一方面，也确实可以解释孟子的思想在音乐美学上的意义，孟子的音乐美学认为，音乐美感是建立在人们共同的生理反应基础上的，从他的政治伦理来看，也似乎认识到了共同美感的精神价值。这些都需要我们细致的分析。

值得注意的是，《孟子》"同听"说，在《孟子》以后的《荀子》《乐记》《吕氏春秋》以及朱长文的《琴史》当中都有相应的继承。

《荀子·乐论》：

> 故乐在宗庙之中,君臣上下同听之,则莫不和敬;闺门之内,父子兄弟同听之,则莫不和亲;乡里族长之中,长少同听之,则莫不和顺。

《礼记·乐记》:

> 故乐在宗庙之中,君臣上下同听之,则莫不和敬;在族长乡里之中,长幼同听之,则莫不和顺;在闺门之内,父子兄弟同听之,则莫不和亲。

这里所引两段文字大致相同,从先秦到西汉,"同听"的意识非常明显地继承了下来。值得注意的是,这些表述里还包括了空间因素,听觉空间成为中国听的传统思考的对象。所谓"宗庙",主要指天子或诸侯祭祀祖先的专用房屋。所谓"乡里",一指所居之乡。《后汉书·周燮传》:"积十许年,乃还乡里。"二指同乡。三指妻的代称,沈约《山阴柳家女》诗:"还家问乡里,讵堪持作夫。"所谓"闺门",一指城的小门。《墨子·备城门》:"大城丈五为闺门。"二指内室之门。《汉书·文三王传》:"是故帝王之意,不窥人闺门之私。"三指内室,家内。《后汉书·邓禹传》:"修整闺门,教养子孙,皆可以为后世法。"四指女子。杨炯《彭城公夫人尔朱氏墓志铭》:"蔡中郎之女子,早听色丝;谢太傅之闺门,先扬丽则。"[①] 由此可见,宗庙、乡里、闺门这些"听的空间"不属于同一层面同一身份,这些都是礼乐观念土壤中凝练出来的外化形式,用以维护不可逾越的等级社会和宗法制度。"宗庙"代表了国家和政治层面,"乡里"反映了普通民众的意向,而"闺门"则是个体化个人化的表达。所以,在中国听的传统里,声音空间具有高度的文化意义,并非只是一般

---

① 陈复华主编:《古代汉语词典》,第 1076、514 页。

科学意义上的音响学空间。这些空间表述不仅表明了政治地位,体现了族缘身份,同时也反映了血缘关系。人在同听的空间里,不是一般化的耳朵对音响的感知,而是完全政治化、伦理化的分别和区隔,而同听的效果,如和敬、和顺、和亲等,是一类社会伦理色彩非常鲜明的追求。由此可知听乐场所的不同有政教象征的意义。问题是,为什么不同的人在一个共同的听觉空间里会有这些反应?造成这些效果?实现这些目的?似乎古人模糊地认识到了音乐的沟通功能,否则不能完成同听,也不能实现和敬和顺和亲的目的。而其联系点,则是"情"。《礼记·乐记》:

> 夫乐者,乐也,人情之所不免也。乐必发于声音,形于动静,人之道也。声音动静,性术之变,尽于此矣。

按古今注家的解释,这里的意思是指乐可以表现人的喜乐之情,人情需要音乐而不能自止。这是先王立乐之方,更是人情所不能避免。要实现同听,必在共同空间,它提供共同在场的联系节点——感情。这是"同听"说所包蕴的重要内涵。

荀子的《乐论》,不仅肯定了礼乐的社会功能,也说明了不同环境、不同身份、不同年龄的耳朵对感受音乐之美的共同性。"耳欲綦声……人情之所必不免也",这种朴素的自然人性论,在《吕氏春秋》中也有继承:"耳不乐声,目不乐色,口不甘味,与死无择。"(《情欲》)荀子认为应该尽量满足人们对声色之美的欲求,但是这种欲求是有节制的,必须在"礼"规定的范围内,他的《乐论》对后来的《乐记》有着重要的影响。宋代朱长文《琴史·论音》中说:

> 是故听其声之和则欣悦喜跃,听其声之悲则戚烦愁涕,此

常人皆然，不待乎知音者也……盖雅琴之音以导养神气，调和情志，撼发幽愤，感动善心，而人之听之者亦皆然也。①

这个"皆然"的反应，往往是建立在共同人性、共同反应的同听的条件下的，常人对于听悲或喜的音乐皆有共通的反应，即便不是知音，也会有此听觉审美上的共同感受，按古文"皆"有"全"、"同"等含义，《说文》："皆，俱词也。"《小尔雅》："皆，同也。"可知听觉反应上的"皆然"即全体同感的意思。而古琴对人修身养性，促成君子之德又有很大作用，不仅仅是娱乐一己之身，还用来感化众生，使人心向善，所有人对于中正平和之音或是悲愤之音都会有同样的感受，而不仅仅是知音才会如此。

以上自孟子、荀子到《乐记》《吕氏春秋》及《琴史》，这一线下来，可以发现先秦的"同听"说有显、隐两种形态的影响，显者，常常使用"同听"一词来表述意见，隐者则多以"皆然"的情感反应来描述，这是应该注意到的。

四 "听之以心"与"听之以气"

我们前文已涉及听风、听气的问题，并从神秘意识的角度去理解和解释。但本节的听心、听气，则主要是哲学意义上的理性，却不好看成是神秘的。这些思想，在古代文艺理论中常常可见，内涵也非常复杂，但却意义重大，不可不论。

先秦时期对"心"的认识极为看重，视听闻动皆受心的主宰，心是"形之君"（《荀子·解蔽》）。儒家哲学的根源和理据不外于人自我的内省与人对世界（天地）的外观。孔子先发其端，而内省最

---

① （宋）朱长文著，林晨编著：《琴史》，中华书局2010年版，第138页。

显著的典范是孟子[①]，孟子的认识论认为，耳朵眼睛这样的器官是不能思考的，容易受外物的蒙蔽，一与外物相接触就被引向了迷途。在孟子看来，获得感性认识的器官不仅不重要，而且它所获得的认识还可能是错误的、靠不住的。孟子说："心之官则思。"孟子进一步把"心之官"说成是"大者"，把"耳目之官"说成是"小者"，他说："先立乎其大者，则其小者弗能夺也。"（《孟子·告子上》）在中国文化里，"心"非指一般生理意义上的肉团心，而是一个综合的、包含有情感、意志、思维、心性等方面的概念，《礼记·大学》疏："总包万虑谓之心"，即是此意。所以，孟子要先树立起能思的"心"这个器官来，那么耳目这样的器官就不能干扰思维器官的作用了。他认为"心之官"是"大体"，"耳目之官"是"小体"，故联系听觉文化来看，这一"听之以心"的思想观点，要求先立其大体，即先有听的思（思维、概念、意识），而后以耳目这些小体的官能去听，才可能有听的对象。这似乎在哲学上是一种意识在先，感觉在后的唯心主义观点，问题是，没有"声"的概念，我们怎么能听到"响"？没有"正声"的概念，怎么能听到"邪音"？总之，没有心之"思"，耳不能有"听"。我们的先哲在两千多年前就已经在思考心—物、主—客关系了，并且是联系耳目官能去思考的，这是值得我们注意的。

"听气"的概念庄子有论述。如《庄子·人间世》：

  回曰："敢问心斋。"仲尼曰："若一志，无听之以耳而听之以心，无听之以心而听之以气！耳止于听，心止于符。气也者，虚而待物者也。惟道集虚。虚者，心斋也。"

---

① ［美］成中英：《合外内之道——儒家哲学论》，中国社会科学出版社2001年版，第11页。

"心斋"是一种修行和养生，很多学者对庄子的这句话做过解读，这其中已经有了关于听耳—听心—听气渐阶的完整表述。心斋的具体方法是"若一志"，而所谓"若一志"是一种"倾听"的方法：不用耳去听，而是用心去听；不用心听，而是用"气"去听。这里的"气"是指人与天地自然一气时的心理状态。

"气"是中国古典文艺理论中的一个重要概念和范畴，有关气论的文艺观和概念也在历史发展过程中不断被解释和演化。"气"字最早出现在甲骨文中，其常用的概念如下。一指云气，泛指一切气体。二指风雨、晦明、节气等自然现象。三指气味。曹植《洛神赋》："气若幽兰。"四指气势、气概、气节、意气，感情。五为古代医学用语，指人的精气、元气。六也是最为重要的概念，即古代哲学当中的术语，指形成宇宙万物最根本的物质。《论衡·自然》："天地合气，万物自生。"同时，也指某种主观精神。七是古代文论术语，多指作者的才能、气质及由此形成的作品的风格等。曹丕《典论·论文》："文以气为主，气之清浊有体，不可力强而致。"八指风尚，风气。此外，"气"还通"器"，器具之意。[①] 学术界对"气"的研究，主要集中在三个方面。第一个方面是气论本体论，认为"气"是宇宙万物和艺术的源泉，是一种宇宙生命的功能。这种观点所代表的言论在《左传》《论语》《管子》《国语》中皆有论述。《淮南子·泰族训》载："今取怨思之声，施之于弦管，闻其音者，不淫则悲，淫则乱男女之辨，悲则感怨思之气，岂所谓乐哉！"可见，人的社会生命与自然生命统一于气，生理现象与精神活动都是气的作用，这种"气"可以理解为一种生命力，乃是社会生活的造物力，是人类生存活动的实践力。[②] 第二个方面是曹丕《典论·论文》中所讲的"文以气为主"，现代学者认为"气"正是艺术家各种内在要素相互作用而

[①] 陈复华主编：《古代汉语词典》，第1203页。
[②] 张义宾：《中国古代气论文艺观》，山西人民出版社2003年版，第108页。

第一章 综论：听之道的历史展开

形成的综合素质，这种内在要素包含生理、心理、情感、理智、灵魂和肉体等。第三个方面则是"气"在文艺作品中体现和流露出的风格和内涵[①]。在古代音乐理论中，"气"也有非常重要的意义和价值，气论一直贯穿了古代音乐思想史。

在先秦，老、庄、管子等都对听心、听气有过论述，也常常把听心、听气联系起来思考和表述，形成了非常丰富的先秦音乐思想里的气论思想景观。

耳，作为听觉器官，以庄子"心斋"的观点看，它虽然是日常听觉的来源，但却成为本真意义"听"的障碍，其功用为接受某物；同样，"心"的功能则止于与某物的"符合"，"心止于符"，心的感知力仅只在于"符"而已。"符"，传统训释为"符合"，是认识主体与认识对象的一致，真理便来自这种主体与客体的契合。但这接受和符合的功能并不是本源的或能独自行使的，要能接受就必能符合，两者非协同合作不可。在庄子那里，"心止于符"的意思是说，心的更高级认知能力来自"气"，这个本源的意识状态就是"听之以气"。气既不是任何具体的认识官能，也不是任何认知对象和抽象的物质实体。它是感官与心识的统一所要求、所逼出的最根本的居间发生状态，不可能再带有任何现成的性质[②]。"气也者，虚而待物者也。"气就是虚而待物，或老子所说的"虚其心，实其腹"。它是适合于人的天性的本源。而虚，也是道之所在："惟道集虚。"这样，气就是虚，虚就是道之所在，道则是心的更高级认知的目的，因此，"虚者，心斋也"。虚就是心斋，心斋又和"坐忘"、"丧我"等语义相关，从遗忘外部一切事物，再到遗忘自己的身体，这是一步步向心灵深处隐匿的过程，一步步割断与外界联系的过程，因此心对符的

[①] 张义宾：《中国古代气论文艺观》，第 108 页。
[②] 张祥龙：《海德格尔思想与中国天道：终极视域的开启与交融》，生活·读书·新知三联书店 1996 年版，第 317 页。

超越不是从主体的同一性以外去寻求差异性，而是体验"虚"、"无"，灭绝制约主体的各种物的因素①。这种虚静实际上就是进入遗忘自我形体存在的状态。在这种精神的绝对境界中，主体才能洞见事物本性，打通物我界限之后方可悟道。"帝张《咸池》之乐于洞庭之野，吾始闻之惧，复闻之怠，卒闻之而惑；荡荡默默，乃不自得。"庄子在《天运》篇中对"听"的理解从"始闻之惧"到"复闻之怠"再到"卒闻之而惑"，这三个层面的论述描述了音乐审美心理特征，影响到此后的一些音乐理论著作。其认识既朴素又深刻，尤其是最后"闻之而惑"，产生了恍惚迷离之感，混沌渺茫如同至道，物我俱丧，进入了一种玄妙的境界。所以，道家"无听之以耳，而听之以心；无听之以心，而听之以气"的"心斋"、"坐忘"说，是对音乐听觉（闻之）审美心理的描述（惧、怠、惑）。这是对老子提出"涤除玄览"（《老子·十章》）②，认为清除杂念，耳根虚静，反听无声，深入静观，方能得"道"思想的发挥。庄子对自然之乐的推崇，也就是对"天"、"真"、"道"的推崇③。排除一切杂念与成见，包容万事万物，使心境虚静，虚就是气，只有气才能使接受外物的耳目"内通"，而又使内在的心知外向，两者相冲和才使万物的显现和维持成为可能，听心与听气才可能相通，也才可能联动论述。

而《管子》（《心术》上下、《白心》、《内业》）则正是在这一点上发展了道家的学说。《管子》明确肯定，"道"就是"气"，"气"是宇宙万物的根源和本体④。此外，古人认为心是主要的思维器官，它主宰着人体的一切，因此以心比君在《心术》篇中有多处的记载：

---

① 史成芳：《诗学中的时间概念》，湖南教育出版社2000年版，第12页。
② 王弼《老子道德经注》："玄，物之极也。言能涤除邪饰，至于极览。能不以物介其明，疵之其神乎？则终与玄同也。"武英殿聚珍版影印，东京文求堂印行。
③ 蔡仲德：《中国音乐美学史》，第157页。
④ 叶朗：《中国美学史大纲》，上海人民出版社2002年版，第97页。

> 心之在体，君之位也；九窍之有职官之分也。心处其道，九窍循理；嗜欲充益，目不见色，耳不闻声。……洁其宫，开其门。

所谓"宫"即是"心"的意思，"洁其宫"是去掉心中的杂念和主观成见，"开其门"就是启用耳目感官，耳目者所以闻见也。这段话以"心"作为感官功能为喻，进而讨论的是心与耳、目的关系，"心"的状态决定了耳目的所见所闻，修养身心就是要"虚","无藏"，为人处世之道，宇宙自然的运转都莫不过受"心"的主宰和影响。

《管子·白心》中谈论了人应以虚静为本，顺应万事规律的处世方法。要想做到耳目不淫，就必须内心保持清净的状态，不"以官乱心"，不被人言和世事扰乱自己的视听。正如文中所讲：

> 人言善亦勿听，人言恶亦勿听，持而待之，空然勿两之，淑然自清。无以旁言而为事成，察而征之，无听辩，万物归之，美恶乃自见。

庄子所谓"无听之以耳而听之以心"，并非不听，而是超越听官的感知，在意官、心官中体悟音乐，乃是超越乐家所立之象，在意官、心官中把握其所尽之意，心斋之妙，这也就是所谓得意忘象，也即"自闻"说。"吾所谓聪者，非谓其闻彼也，自闻而已矣"（《庄子·骈拇》），"自闻"即忘却功利，用自我内心去感受，感知审美无涉于外界，率性任情，虚静自然，自适其适，进入一种自由的、超越感官的境界。庄子所说的聪敏，不是说用心听外物之声，而是听自身的声音。用心而不是用耳朵去听，更进一步用气而不是用心去听。如果用心去听，涉及不受感知影响的意识，那么如何才具备用气听呢？听之以耳、听之以心、听之以气的确代表三种层次不同的听的艺术，从感觉、到感兴（感物寄兴）、再到感悟，三者兼而有之。只有听之以气（在此处也可以说听之以"神"，杜维明语），才真能达到情景交融的化境。这种境地虽然不可多得，但即使领会片刻，也自然有心旷神怡的感受。《庄子》认为"气"思维是人的本心和本性，但人常常很难保有它，因为自身的欲望、情感、意志和外界的声、色、臭、味等都会影响它，自然性的、物质性的、功利性的物质世界，极易造成精神世界的丧失①。这里，《老子》《庄子》对听的问题的认识和战国文献《文子》非常接近。

《庄子》对"听之以心"的看重，影响到了后来的《荀子》和《吕氏春秋》。"心不使焉，则白黑在前而目不见，雷鼓在侧而耳不闻，况于使者乎？"（《荀子·解蔽》）《荀子·正名》篇说：

> 心忧恐则口衔刍豢而不知其味，耳听钟鼓而不知其声……心平愉，则色不及佣而可以养目，声不及佣而可以养耳……故无万物之美而可以养乐。

《吕氏春秋·适音》：

> 耳之情欲声，心不乐，五音在前弗听；目之情欲色，心弗乐，五色在前弗视；鼻之情欲芳香，心弗乐，芳香在前弗嗅；口之情欲滋味，心弗乐，五味在前弗食。欲之者，耳目鼻口也；乐之弗乐者，心也。心必和平然后乐。心必乐，然后耳目鼻口有以欲之。故乐之务在于和心，和心在于行适。

由此看出，心—气—神就听觉文化来说，是涉及心、耳、神三者关

---

① 张义宾：《中国古代气论文艺观》，第35页。

系的，也必然涉及听心与听气的问题，这一思想线索也在中国音乐思想史上自先秦、汉唐、宋到明清，一直延续到近代。从史的角度看，《乐记》可说是第一部音乐气化论著作。这部著作不止论及音乐产生于天地之气的变化与和谐，而且认为音乐的社会作用的发挥也离不开天地之气、作品之气与人身之气的相互融通与感应。而最早将气论引入文章学（包括文学）领域的是视文章为"经国之大业，不朽之盛事"的汉魏时期的曹丕，他在《典论·论文》中说："文以气为主，气之清浊有体，不可力强而致。"又说，"至于引气不齐，巧拙有素，虽在父兄，不能以移子弟"。这里曹丕首先提出由于气之清浊（实为人所禀自然元气的清浊）不同，故作家的气质存在明显差异，不可强求一律。曹丕继承了《乐记》音乐来源于天地之气的思想，突出强调了作家创作个性的差异，而不同作家的气质又决定了作品之气（诗文之气）的千差万别。曹丕提出的这种"文气"说在中国美学史上具有非常重要的地位，它不只标志着魏晋时期人的初步自觉与个性解放的时代要求已向审美理论领域升华，而且开启了中国传统文艺学中"养气"论与作家作品风格审美理论的先河。刘勰《文心雕龙》更进一步研究了自然之气、人身之气、作品之气的关系，重点探讨了人身之气对审美创造的作用[1]。刘勰在《文心雕龙·养气》篇中说道："清和其心，调畅其气。烦而即舍，勿使壅滞，意得则舒怀以命笔，理伏则投笔以卷怀……"[2] 他认为，人通过对艺术作品的审美，形成了某种灵感或热情的冲动，这种内心的反应和感触实际上是"气"的作用，是自然界当中的"气"和人体内的"气"的感应。因此，要气足神旺才能有丰富活跃的艺术想象和艺术创作。然而，仅有"气"还不够，还需要"虚静"其心。《乐书

---

[1] 蒲震元：《听绿：美学的沉思——蒲震元自选集》，北京广播学院出版社2004年版，第39页。
[2] （南朝梁）刘勰著，范文澜注：《文心雕龙注》，人民文学出版社1962年版，第647页。

要录》卷五中记载：

> 夫道生气，气生形。……形动气缴，声所由出也。然则形气者，声之源也。声有高下，分而为调，高下万殊，不越十二。假使天地之气噫而为风，速则声上，徐则声下，调则声中，虽复众调烦多，其率不过十二。然声不虚立，因器乃见，故制律吕以纪名焉。十二律者，天地之气，十二月之声也，循环无穷，自然恒数……自非手操口咏，耳听心思，则音律之源，未可穷也。故蔡邕《月令章句》云：古之为钟律者，以耳齐其声。……以度量者，可以文载口传，与众共知，然不如耳决之明也。此诚知音之至言，入妙之通论也。[①]

这里几个不同的气字，含义有这样数种，如"形动气缴"之气，是指声音根源于空气振缴；"天地之气"之气，则是指节气，否则十二律不能应十二月；最重要者，是"以耳齐声"的观点。这段话说出了道、气、形、声、调、律、音，以及与听者耳朵之间的关系。道产生气，包括风气和节气等，气把人和事物聚合在一起，气是连接人和上天的中介，也是声音之源。声音有大小高低之分，于是产生了调的概念和区分方法，律吕关系的应用，然而不管怎样，声音也在十二律的范围之中。因此，可以说十二律与天地之气，自然界十二个月的循环往复都是有对应关系的。而"以度量者，可以文载口传，与众共知，然不如耳决之明也"，说明了十二律对于声音的文本记录以及音乐欣赏的一种局限性，律吕只能代表音与音之间的关系，假使要领悟音乐的妙境和真谛，就必须亲自实践，以耳聆听，用心去体悟。理论上的律气关系论固然可以说是"思"，但声音之和否美丑，则要依靠"听"，只有"耳决之明"才能够确定声、调好坏，这

---

① 修海林：《中国古代音乐史料集》，第272页。

也似乎可以认为是一种来自音乐本身的自律的美学观点。

唐末五代谭峭撰写的道家著作《化书》中也提到了声和气的关系："气由声也，声由气也。气动则声发，声发则气振。"① 北宋张载《正蒙·动物篇》中有记："声者，形气相轧而成。"② 明末清初哲学家王夫之，在张载的气学基础上，建立了更为庞大的气学理论体系，为清代"淡和"审美观和儒家礼乐审美也提供了理论依据③。

清代江永《律吕新论》也曾讨论声、气关系，认为气是声与人的中介，声音的流变源于气的影响而非人力所为，"凡声，气也，人亦气也，同在一气之中，其声自有流变，非人之所能御"④。"今人行古礼有不安于心者，则听古乐亦岂能谐于耳乎？耳不谐，则神不洽，神不洽，则气不和。不洽不和亦何贵于乐？若曰乐者所以事神，非徒以悦人。则亦不然。凡神依人而行，人之所不欣畅者，神听亦未必其和平也。"⑤ 声、气、心、神都与耳听—气听—心听—神听发生了关系。

先秦时期是中国文化的，也是中国音乐思想史的轴心时代。这个多思的时代产生了许多关于听的元范畴，是我们今天思考和言说听觉文化的逻辑起点。这些听的元范畴，如听道、听气、听风、听律、听和、听德、听正、听适、听心、听神，等等，形成了一个与听觉有关的范畴群，标示着先秦听觉文化的繁荣和发达。其一，中国文化仿佛是声音的世界，这似乎也可以从听觉文化的角度去理解中国文化的独特性，其宗教文化、政治文化、伦理文化、艺术文化，都与人类的耳朵—听觉活动发生了极其密切的关系。其二，中国听觉文化有一个神秘意识期，正如现代化学与炼金术有关，现代天文

---

① （五代）谭峭撰，丁祯彦、李似珍点校：《化书》，中华书局1996年版，第27页。
② （宋）张载撰，（清）王夫之注：《张子正蒙》，上海古籍出版社2000年版，第125页。
③ 同上书，第161页。
④ 修海林：《中国古代音乐史料集》，第608页。
⑤ 同上。

学与占星家有联系一样，中国听觉文化的理性觉醒之前，也有一个非理性的时期存在，而中国文化的音乐理性、听觉理性，给我们留下了许多有价值的思想和观点，且大大溢出了音乐艺术的范围，影响到中国文化的方方面面，值得我们今天继承和思考。其三，这些元范畴的内涵和意义，往往是相互关联的，也常常有叠加面，它们表现出一种联通的、关系的、网络的状态，并非完全符合排中律逻辑，如听正、听德、听适，就是这样的情况，不正当然无德，正才可能有适，而适就是德，这与西方文化对概念的逻辑要求很不一样，它们不是完全排它的，而是关联的。这恐怕也是中国文化的重要特点之一。

以上我们涉及儒、墨、道、法等各家各派，也初步涉及"实听"与"虚听"这两个重要范畴的对象，战国末的《文子》是对先秦听的传统的总结，对此，留待后文详论。

仍然值得我们今天思考的是：为什么中国文化这样重视听？为什么中国文化产生出这样多的听的思想？中国传统里听的活动有没有规律可循？超越了音乐的听觉活动，对中国文化传统发生了怎样的影响？凡此等等，都应该从先秦开始思考。

第三节　汉唐——丰富分流期

自汉至唐，是中国文化大发展、大交融的历史时期，它们一方面表现了不同的文化面貌；另一方面也体现了中国文化的内在规律，有发展也有继承，有交融也有自性，在听觉文化的传统上自然也是这样。在这个历史时期，有儒家色彩浓厚的"唯正之听"、"乐观其深"的观点；也有汉唐之间魏晋时期的"听于无声"、"无弦之琴"的哲思；更有唐代正始之音与胡乐风情的耳争，建立了唐人多重耳感，还有非常特别的听悲的传统，都反映出多元文化的音景丰富而不同分流的状态。

一　唯正之听　乐观其深

汉代文化特重礼乐，建立了强大的礼乐双元结构，在听觉文化上，是一个听德、听正重于听声、听情的时期。董仲舒《春秋繁露·天道施》中有言：

> 故君子非礼而不言，非礼而不动；好色而无礼则流，饮食而无礼则争，流争则乱。夫礼，体情而防乱者也。民之情不能制其欲，使之度礼。目视正色，耳听正声，口食正味，身行正道，非夺之情也，所以安其情也。①

"正"字有多种含义：不偏、不斜；正常；正派、正直；确定；整治、治理；正式的；纯正、正宗；嫡长，与"庶"相对；恰好、正好；表示动作或状态的进行和持续；通"政"；通"证"；等等②。而"正听"不同于"听正"，此处的"正"，是"雅"的同义词，也是纯正不杂之意。《新书·道术》曰："方正不曲谓之正。""听正"是听"正音"，即雅正的乐声。《淮南子·天文训》："姑洗生应钟，比于正音，故为和。"刘勰《文心雕龙·乐府》："迄及元成，稍广淫乐，正音乖俗，其难也如此。"这里，"雅"、"正"可以互释，雅正之乐，一指礼乐，政教仪式之乐；一指风格纯正之音乐，并非宗庙政教之乐。由此可以看出，董仲舒承认耳目口身欲望的合理性，但其欲求需加以导引，因而，"体情"、"安情"，而非"夺情"。听其正声，既是自我身心的修养，也是国家层面的体察。

《乐记》也特别强调了"听正"的意识：

---

① （汉）董仲舒撰，凌曙注：《春秋繁露·天道施》，中华书局1975年版，第602页。
② 陈复华主编：《古代汉语词典》，第2015—2016页。

61

> 是故志微噍杀之音作,而民思忧。啴谐慢易繁文简节之音作,而民康乐。粗厉猛起奋末广贲之音作,而民刚毅。廉直劲正庄诚之音作,而民肃敬。宽裕肉好顺成和动之音作,而民慈爱。流辟邪散狄成涤滥之音作,而民淫乱。

在这里,听正的对象是廉直、劲正、庄诚、宽裕、肉好、顺成、和动之乐;不应该听的淫邪对象是志微、噍杀、流辟、邪散、狄成、涤滥之音,前者产生的结果是肃敬慈爱的民性,后者带来的却是思忧淫乱的民情。这里的人与乐,其关系是双向的,乐感人心和人心感乐,是一个动态的过程,音乐可以影响人的思想感情,人的思想感情也会对音乐产生反向的作用。以钱穆之见,众艺术之中,音乐最与人心直接相通。音乐不仅能表现人之个性,犹能表现时代和政治风貌[①]。这也是为许多历史文化学者所乐道的政教礼乐的内涵,其影响是深远的。

汉代普遍认为音乐与政治的关系密切,自司马迁《史记·乐书》、贾谊《新书》,到《乐记》《汉书》《白虎通·礼乐》,等等,弥漫着音乐政治论思想,"乐观其深"则是这一思想的集中表达。《乐记》:

> 是故先王本之情性,稽之度数,制之礼义,合生气之和,道五常之行,使之阳而不散,阴而不密,刚气不怒,柔气不慑,四畅交于中,而发作于外,皆安其位而不相夺也。然后立之学等,广其节奏,省其文采,以绳德厚也。律小大之称,比终始之序,以象事行。使亲疏、贵贱、长幼、男女之理,皆形见于乐。故曰:乐观其深矣!

[①] 钱穆:《现代中国学术论衡》,第298页。

为什么可以"乐观"（观乐）？乃是因为社会生活的方方面面"皆形见于乐"。这里的"乐观"可以反过来理解为观乐，古今注家都解释为通过听乐、观乐，来深入观察社会风尚，考见政治得失的意思。东汉班固《汉书》中也有对"观乐说"的论述，认为民歌"皆感于哀乐，缘事而发，亦可以观风俗、知薄厚云"（《汉书·艺文志》）。在《汉书·礼乐志》中有关"音声动耳"的言辞则更明确了乐的功用："……其威仪足以充目，音声足以动耳，诗语足以感心，故闻其音而德和，省其诗而志正，论其数而法立。"听到圣王之乐，足以迷倒我们的耳朵，诗歌足以感动人的内心，于是听乐可以使我们的道德和谐，心志端正，产生公正的律法，从而使百姓安定。

西汉思想家扬雄在《法言·吾子》中还提出了一个非常特别的"聪听"概念，也与观乐说有联系：

> 或问：景差、唐勒、宋玉、枚乘之赋也，益乎？曰：必也淫。淫则奈何？曰：诗人之赋丽以则，辞人之赋丽以淫。如孔门之用赋也，则贾谊升堂，相如入室矣。如其不用何？
>
> 或问：苍蝇红紫？曰：明视。问：郑卫之似？曰：聪听。或曰：朱、旷不世，如之何？曰：亦精之而已矣。
>
> 或问：交五声、十二律也，或雅或郑，何也？曰：中正则雅，多哇则郑。请问本。曰：黄钟以生之，中正以平之，确乎郑、卫不能入也！[1]

这里的意思是，辞赋过于奢侈、靡丽，是文风不正；而音乐上的淫声繁越多哇，仿佛苍蝇的颜色在红白黑紫之间，是乐风不正。声音平和则郑卫不能入，学业常正则邪佞不能谬。"聪听"说主张用功专

---

[1]（汉）扬雄著，（晋）李轨注：《法言》，《诸子集成》第七册，中华书局1986年版，第4—5页。

一地去培养和训练自己的听觉("精之"),虽无师旷之耳,亦可凭借敏锐精敏的听觉来判断中正雅乐和郑卫之音,这是听乐的根本,好比用明亮的眼睛来分别苍蝇身上的颜色一样。平和中正的雅乐是他所推崇的,复杂多变激越奔放的郑声是要摒弃的,既是所谓"唯正之听",也是"乐观其深",这也是儒家思想的体现。

"唯正之听"的理念在魏晋时期阮籍的《乐论》中也有反映。阮籍曾提出"节耳说"的观念,也将听的对象进一步做了说明:"钟鼓所以节耳,羽旄所以制目。听之者不倾,视之者不衰。耳目不倾不衰,则风俗移易。"(《乐论》)钟鼓之乐是用来节制双耳的,听了这样的音乐就不会偏邪,耳目不偏邪不衰竭,风俗就改善了[①]。阮籍既受老庄影响,批判名教,又调和名教与自然的关系,例如他提出悲乐亡国论就带有浓厚的儒家色彩,而否定人为的"奇声",认为"奇声不作,则耳不易听",奇声是对自然之声的扰乱,这则是受道家的影响。此外,他还认为只有懂得中正平和的人才配谈音律,表现感伤的音乐不能称为音乐,真正的音乐是能使人精神平和的。与之相似的是,刘勰在《文心雕龙·乐府》中提出了"俗听"说,意在批评和否定缠绵的情歌和决绝的怨诗,因为贪求令人神魂颠倒的音调,于是作曲者就竞相创作这种俗曲,最终会影响正乐的产生和传播。

二 听于无声 听则不闻

魏晋之风,造成了一种野逸隐居,林泉高致的名士生活,所谓"衡门之下,有琴有书"。文人们诗酒为伴、寄情书画,亦有特别的音乐趣味,更表现出哲思与琴心的汇流,提出了许多旷古未闻的观点。其中,东晋田园诗人陶渊明"但识琴中趣,何劳弦上音"的诗句可谓是流传千古,对后世的文艺思想有很大影响,元代耶律楚材

[①] 蔡仲德:《中国音乐美学史资料注译》(下册),第358页。

《和王正夫忆琴》：

> 道人尘世厌嚣尘，白雪阳春雅意深。
> 万顷松风皆有趣，一溪流水本无心。
> 忘机触处成佳谱，信手拈来总妙音。
> 陶老无弦犹是剩，何如居士更无琴？

这样一种听的美学，要求听于无声，反映了中国哲学独特的思考，也影响到唐代以后的乐论、琴论。汉唐时期听的多元现象，既有强烈的儒家色彩的观点，也有高蹈玄想的道家风采，甚至还可以体悟到禅美学的趣味。耳听本是身体的官能，声音作为听的对象，则是外在于耳朵感官的，所谓外听，古人把这样的听看成较低级的；但听于无声，则是内在的听，所谓反听、内听，声音无非是引导我们返回内心世界的导游，在这里，听与人有了终极的合一。北宋欧阳修的《夜坐弹》诗回应了这一时期的听觉文化特点：

> 吾爱陶靖节，有琴常自随。
> 无弦人莫听，此乐有谁知？
> 君子笃自信，众人喜随时。
> 其中苟有得，外物竟何为？
> 寄谢伯牙子，何须钟子期！

一般人随喜从众的耳朵，当然只能听到有声之乐；而陶渊明一类善于内听者，则无须外物和琴音。不过，的确很少有人能够做到这样的内听。

魏晋以后举凡以无声之听为务的言论，大多祖述老、庄，更近的则多引陶渊明，也暗含了魏晋玄学"得意忘象"、"得意忘言"的观点，都反映了中国文化中一种深刻的玄思，一种听的哲学。

宋祁的《无弦琴赋》中提到"听则不闻"，"取其意不取其象，听以心不听以耳"。这与陶渊明听弦外之音的意趣，"在意而遗声"，异曲同工，听心而非听耳，听之不闻的态度皆是老庄思想的延续。同一时期，产生了在古琴方面重意而不在声的很多诗赋："只需从意会，不必以声求。"（顾逢《无弦琴》）"琴在无弦意有余。"（舒岳祥《无弦琴》）"夫意存则言发，言发则声来，顺之则喜，逆之则哀，是以文君听琴而悦矣，子期闻笛而悲哉。"（张德升《声赋》）[①] 说明"意"的重要，"意"决定"言"，"言"决定了喜怒哀乐的心情。唐代高郢《无声乐赋》主张以自然为美："乐而无声，和之至……乐不可以见，见之非乐也……乐不可以闻，闻之非乐也，是乐之声。"无乐胜于有乐，理想之乐应听之以心而非听之以耳，恬淡虚静就可以听到大音，至音，这与老庄的思想是相一致的。"无听之以耳，将听之以心，漠然内虚，充以真素，处此道者，无日不闻于律度……没身而不得一听。"保持内心虚静和朴素本性，将听到至音；反之，内心躁动丧失纯真本性将至死不闻至音。

三　多重耳感　多元文化

唐代诗人音乐家白居易的音乐思想既接受儒家立场，又有道家的影子，有人认为这反映了一种"二元的世界观"[②]，从听觉文化说，也不妨说是一种多重耳感。一方面，白居易强调正始之音，以及音乐政治论观点，有儒家礼乐政教思想色彩；另一方面，他也欣赏琴乐琵琶，又颇有个人精神生活的重情态度。"曲淡节稀声不多，融融曳曳召元气，听之不觉心平和。"（《五弦弹》）以声少节稀曲调淡和为美，这也就是正始之音。在讨论乐、政、情的关系时，他说道：

[①] 蔡仲德：《中国音乐美学史资料注译》（下册），第488页。
[②] 陈弱水：《唐代文士与中国思想的转型》，广西师范大学出版社2009年版。

"臣闻乐者本于声,声者发于情,情者系于政。盖政和则情和,情和则声和,而安乐之音由是作焉;政失则情失,情失则声失,而哀淫之音由是作焉。斯所谓音声之道与政通矣。"(《复乐古器古曲》)这显然是对古代儒家音乐思想的标准继承,可以说了无新意。但白居易对音乐的态度又有另外一面,在个人音乐生活里,他是倾向于道、释的,其诗文有"寻山望水,率情便去;抱琴引酌,兴尽而返",正是这一状况的写照。其《醉吟先生传》自道曰:

> 酒既酣,乃自援琴,操宫声,弄《秋思》一遍。若兴发,命家僮调法部丝竹,合奏《霓裳羽衣》一曲。若欢甚,又命小妓歌《杨柳枝》新词十数章。

故不难看到,在诗人的音乐生活里,有许多精彩的诗句反映了他的这一面相,如:"别有幽愁暗恨生,此时无声胜有声。"(《琵琶行》)"入耳淡无味,惬心潜有情。自弄还自罢,亦不要人听。"(《夜琴》)"近来渐喜无人听,琴格高低心自知。"(《弹〈秋思〉》)白居易尤其看重音乐中的情感表达,"古人唱歌兼唱情,今人唱歌惟唱声"(《问杨琼》)。可以说,白居易的耳朵有多重耳感,既可听正乐,也能听胡声,反映了唐代听觉文化的丰富和多元。

唐代的中外音乐文化交流尤其繁盛,在音乐上也呈现出多元化面貌,唐人的耳感因此也必然反映出文化的多元,既有传统的正始之音,也有胡乐胡声。宋何薳《春渚纪闻·杂书琴事》"明皇好恶"条记载:

> 唐明皇雅好羯鼓,尝令待诏鼓琴,未终曲而遣之,急令呼宁王:"取羯鼓来,为我解秽!"噫!羯鼓,夷乐也;琴,治世之音也。以治世之音为秽,而欲以荒夷哇淫之奏除之……[①]

---

① 蔡仲德:《中国音乐美学史资料注译》(下册),第709页。

这个著名的故事,也可见于其他历史文献,反映了唐代强烈的文化摩擦、文化冲突问题。隋唐时代,整个社会弥漫着胡风胡气,从宫廷到民间,皇帝和百姓都很喜爱从西域传来的各种音乐,尤以羯鼓为甚,但传统的中华固有音乐并未丢失,而以多元面相并存共在。隋九部乐、唐十部乐有许多来自中亚、南亚和东北亚的音乐,如西凉乐、龟兹乐、天竺乐、康国乐、疏勒乐、安国乐、高丽乐,等等,其乐器也极多,与中华固有乐器不仅形状不同,也必然声音不同,带来了极其丰富的声音世界。在唐代宫廷燕乐中,有西域琵琶、印度五弦、中亚箜篌以及许多外来打击乐器和音乐舞蹈,无可怀疑地给了唐人极多的声色感受;同时,更为重要的是,来自印度的龟兹音乐家苏祗婆所带来的琵琶乐调,给予隋唐时期的人们以强烈的震撼,《隋书·音乐志》所记载的"开皇乐议"就反映了这一文化碰撞的情况,所谓"七声之中,三声乖应"的现象,不可能不给当时的人们以听觉冲击。音乐是声音的艺术,音律和调式是声音的组织,它决定了音乐的风格和色彩,人们首先听到的就是律调的不同。根据现代音乐学家们的研究,苏祗婆琵琶调对中国音乐的影响,是十分深入和长久的,以至于有人说,其后中国音乐就生活在苏祗婆调式的阴影中[①]。从音乐史上看,显然隋唐文化接受了这一外来音律,并且与中华固有律调并存,从而给这个时期的听觉文化造成了多重耳感,这是研究中国听的传统时应高度肯定的。

四 闻其悲声 听悲而美

在这个历史时期,汉魏隋唐都有一个十分特别的听觉文化现象——听悲,其传统可以追溯到先秦雍门周操琴以致孟尝君听琴而泣的故事,春秋战国时期,悲歌大量涌现,而影响至于后世。以悲声为美的思想可以联系许多历史文献,对于中国文化来讲,听悲而

[①] 孔德:《外族音乐流传中国史》,商务印书馆1934年版。

美是自然而然的事情。

《郭店楚简》：

> 凡至乐必悲，哭亦悲，皆致其情也。哀、乐，其性相近也，是故其心不远。哭之动心也浸杀，其烈恋恋如也，戚然以终；乐之动心也睿深郁陶，其烈则流如也以悲，悠然以思。①

《列子》：

> 季梁之死，杨朱望其门而歌。随梧之死，杨朱抚其尸而哭。（《仲尼》）

> （秦青）抚节悲歌，声振林木，响遏行云。（《汤问》）

> 韩娥因曼声哀哭，一里老幼悲愁，垂涕相对，三日不食。（《汤问》）

中山之民歌谣好悲，"丈夫相聚游戏，悲歌慷慨"（《史记·货殖列传》）。汉高祖"慷慨伤怀，泣数行下"（《史记·高祖本纪》）。魏武帝诗："悲弦激新声，长笛吹清气。"（《善哉行》）魏文帝诗："哀弦微妙，清气含芳。"（《善哉行》）这一类成语、典故、传说、诗文历史上遗留了不少。在中国文化里，悲词、悲乐、悲声、悲美，皆有其合理性，汉魏时期文章尚气、慷慨尚武、伦理尚德之风也促成了对悲美的欣赏。此期出现的以悲为美的审美意识也同时影响到了琴人和琴论，在古琴实践中出现了大量的郑声和悲曲，如东汉琴家桓谭在其《新论》中公开宣称："颇离雅操而更为新弄。"蔡文姬以胡

---

① 刘钊：《郭店楚简校释》，福建人民出版社2003年版，第98页。

笳音声融入古琴制作而成悲声之曲《胡笳十八拍》。汉代王褒《洞箫赋》:"故闻其悲声,则莫不怆然累欷撇涕抆泪。"晋潘安仁《笙赋》:"乐声发而尽室欢,悲音奏而列坐泣。"① 无不表明,汉魏人对悲美的喜爱超乎今天人们的想象。

虽然对悲乐的反对之声也同时存在,如嵇康的《琴赋》和《声无哀乐论》中反复强调"声音应以平和为体",反对以悲为美,以哀为乐;阮籍列举夏桀、殷纣等亡国之例也用以证明悲乐的危害。刘昼《刘子·辩乐》篇尤其反对以悲为乐:"若以悲为乐,亦何乐之有哉!今怨思之声,施于管弦,听其音者不淫则悲。"

然而听悲为美的风气仍然延续,魏晋文士甚至爱好另类悲乐:挽歌。这是一种什么样的文化心理呢?值得推敲。

挽歌是什么歌?晋崔豹《古今注》中说:"《薤露》、《蒿里》,并丧歌也。出田横门人。横自杀,门人伤之,并为悲歌,言人命如薤上之露,易晞灭也;亦谓人死魂魄归乎蒿里,故有二章。至孝武时,李延年乃分为二曲,《薤露》送王公贵人,《蒿里》送士大夫庶人,使挽柩者歌之,世呼为挽歌。"② 据东汉应劭《风俗通义》记载,当时一些人家在婚嫁之时,也常常唱起挽歌与丧歌:"灵帝时,京师宾婚嘉会,皆作魁櫑,酒酣之后,续以挽歌。魁櫑,丧家之乐;挽歌,执绋相偶和之者。"③ 自东汉末年开始,挽歌在社会上不胫而走,一度被当成了最美的音乐。

"挽"在字典中的解释是哀悼,追悼死人之意。《文心雕龙·乐府》:"至于斩伎鼓吹,汉世铙挽,虽戎丧殊事,而并总入乐府。"挽歌即哀歌,古时哀悼死者时所唱之歌。《晋书·段丰妻慕容氏传》:"及葬……路经余炽宅前,炽闻挽歌之声,恸绝良久。"《世说新语·

---

① 复旦学报编辑部(社会科学版):《中国古代美学史研究》,第7页。
② (晋)崔豹:《古今注》卷中《音乐第三》,商务印书馆1956年版,第12页。
③ (汉)应劭撰,王利器校注:《风俗通义校注·佚文》,中华书局1981年版,第568—569页。

任诞》："张骥酒后，挽歌甚凄苦。"挽歌既是中国古代的一种哀祭文体，又是一种类似于号子的劳歌，据考察，在上古时期就已经产生，先秦的《诗经》中曾有哀歌的记载，尽管在当时还不是挽歌，但亦可以算作是它的雏形。大概到汉武帝时期，挽歌的音乐体系逐渐形成，而且属于汉乐府的一部，汉魏以后，唱挽歌成为朝廷规定的丧葬礼俗之一。挽歌起于执绋者（执绋：指丧葬时手执牵引灵柩的大绳以助行进，泛指为人送殡）的讴歌，因其曲调悲哀，被丧葬仪式所用，成为送葬仪式的一部分，从此就与哀生悼死、慎终追远的丧葬仪式发生了紧密联系。

但是自汉末起，挽歌的抒情功能被强化，开始冲破送死悼亡的樊篱，在葬仪以外的场合流行起来，游玩饮宴的时候也唱。既然是丧乐，它的音乐性自然也是首要的，以歌为名，可唱可听。除此之外，文人挽歌诗往往带有自挽的性质，它是特定时代的产物[①]。陶渊明的三首《挽歌诗》堪称此类经典之作，表达了其豁达的人生态度。表演挽歌可能是一个特别的文人传统，儒士早期就有治丧的功能，也懂得乐舞。以唱挽歌为雅的事情，在东汉魏晋时期仍流行，《风俗通》中记载："酒酣之后，续以挽歌。"喜欢唱挽歌的还有东晋音乐家名士桓伊，时人将羊昙、桓伊、袁山松三人并称为三绝。《晋书》卷二十八《五行志》中晋废帝司马奕也是一位喜欢唱挽歌的人，"海西公时，庚晞四五年中喜为挽歌，自摇大铃为唱，使左右齐和"。余嘉锡《世说新语笺疏》对文人以唱挽歌为雅事的传统有考证和笺疏。唐代白行简的传奇《李娃传》里甚至还有东、西两市比赛挽歌的怪事，为死人唱的哀歌也可以比赛，恰如清人孙枝蔚有诗道："挽歌但使皆名士，行哭何须是妇人。"[②] 这是很奇怪的文化现象。

[①] 胡宝珍：《挽歌诗：魏晋文人生命的哀歌》，《河北师范大学学报》（哲学社会科学版）2001 年第 4 期。
[②] 罗艺峰：《中国音乐思想史五讲》，第 122 页。

挽歌在经历了魏晋和南北朝时期之后逐渐定型，成为文人士大夫排遣焦虑和抒发生死感叹的主要形式和手段，往往不是因为有人去世而唱挽歌，而是借助酒的作用来麻木自己，使自己达到一种迷幻的状态。它不仅是一种听乐行为，还是一种文化行为，反映出士人阶层诗意的生命哲学和悲欢离合，形成了特有的蔑视礼俗，潇洒不羁的魏晋风度。挽歌进入宴会，折射出社会的不安定状态，也反映了魏晋人的不安。他们或游宴享乐，或隐居山林，享受林泉高致的淡雅生活，或追随老庄，追随信仰，正是在这一背景之下，以咏叹生死为主题的挽歌成为获得精神慰藉的一种途径。随着历史推移，挽歌逐渐褪去了魏晋时期特有的色彩，而又重新回到丧仪活动中，恢复其功能①。现在社会，人们仍然操持悲乐，然而情况却全然不同。

中国艺术研究院张振涛老师在考察晋北鼓乐时，看到正在为亡故者守夜的唢呐人孤独地吹乐，他写道：

> 音乐并不是给活人听的，而且活人也是真的没听（因为主家人都在屋内商量明天出殡的事），音响是给亡故者听的，是给与亡故者为伴的神灵听的。因此，即使小院中空无一人，冷冷清清，依然需要飘着音响。即使全家人退出现场，声音依然承担着必须执行的使命。声音对仪式环境的影响，远比我们想象的要大。②

这里的音响不是为了给在场的人欣赏，而是为了满足一种对活人慰藉的心理需求，冲淡其伤心、哀戚的气氛，同时，满足灵魂与上天

---

① 卢苇菁：《魏晋文人与挽歌》，《复旦学报》（社会科学版）1988年第5期。
② 张振涛：《吹破平静——晋北鼓乐的传统与变迁》，文化艺术出版社2010年版，第六章。

和神的对话，连接现实与超现实的场域。音乐在此，于人于鬼，都是一种显性或隐性的沟通，把神灵和亡故者联系在一起，声音在此已全然立足于社会属性，它增加了我们对空间仪式和对社会风俗的认同感，在当今社会，尤其是乡野田间，悲乐的演绎仍然是被当作一个重要的文化行为和事项来看待的，听悲的传统将还会继续。

从以上论述来看，汉魏隋唐的听觉文化，其重要历史特点是：重视礼乐教化的听正、听德是汉代的主流，在其后的时代里，这一传统在千年的历史流变中一直存在。而魏晋以来的听于无声、听则不闻的听觉行为方式，成为这一时期的又一歧出现象，听悲而美的传统影响了后世的审美文化。隋唐时期多重耳感的建立，成为这一历史时期的重要收获，文化的多元结构及中外文化交流是其成功的历史条件。

第四节　宋明——内转沉淀期

讨论宋明时期的听觉文化的内转，必须要在这个历史时期的思想背景上来思考，这里最重要的是由汉学到宋学的学术转型。音乐文化上由政教之用的强调，转向个人心性涵养的修为，从而沉淀出新的听觉行为、听觉对象、听觉价值，这是一个中国听觉文化走向自觉的时代。

一　正心与内转

中国儒学发展中的几个高潮阶段，莫过于先秦时期的原始儒家、汉代经学以及宋明理学（包括了宋代道学和明代心学），相较先秦的儒家，宋明儒学更多关注于自我的内在心性。汉代讲究"听正"、"听雅"，以及礼乐政治，强调外在规范，"礼乐外内"，更强调政教仪轨；而宋明时期则是强调道德自觉，人心之妙用，更注意"听淡"、"听情"。朱熹曾经非常肯定其门人程允夫所说的:"礼乐者,人心之妙用。"(《答程允夫》)已经把上古、两汉礼乐思想中特别强调的政教之用淡化了,转向了,转到对人心的关注了[①]。从汉学到宋学,表现为从"唯天为大"(孔子)、"礼乐外内"(荀子)到"礼乐者,人心之妙用"(朱熹),更发展到"以心为本"的"礼乐无二道"的思想(杨简)。至南宋,礼乐思想向内转的形势已经非常明显了,政教之用被淡化而转向了对人心的关注,由外在的建立在天人秩序哲学基础上的礼乐雅颂转向内在道德自觉的意识也非常清晰了![②] 在价值取向上,宋明理学家无一例外地将内在心性的完善放在首要地位。朱熹说:

> 仁义礼智,性也;恻隐羞恶辞让是非,情也;以仁爱,以义恶,以礼让,以智知者,心也。性者心之理也,情者心之用也,心者性情之主也。(《晦庵先生朱文公文集·杂著·元亨利贞说》)

在他看来。恻隐之心、羞恶之情、辞让之礼、是非功过都归属于情感范畴,统一于心,转向人的内心世界,"性"、"情"、"欲"皆为"心"之用,而"心"为其主。究其原因,这是宋代心性哲学的体现。

人格作为静态的本体,呈现为未发的形态。与未发相对,还有已发:"以心之德而专言之,则未发是体,已发是用。"(《朱子语类》卷二〇)已发、未发之说,源出于《中庸》,不过,《中庸》所谓已发、未发,主要就情而言:"喜怒哀乐之未发,谓之中,发而皆中

[①] 罗艺峰:《思想史、〈中庸〉与音乐美学的新进路》,《南京艺术学院学报》(音乐与表演版)2014年第1期。
[②] 罗艺峰:《从天人秩序到内在道德自觉:礼乐关系的思想史意义》,《交响》2015年第3期。

节，谓之和。"这句话的重要性，在于它可能是《乐记》或《乐经》的佚文，也因为它与情感论意义上的音乐思想有关，同时，在宋明时期对这一思想的哲学讨论，则引导了中国音乐美学向内转的态势[①]。宋明新儒学则对此做了引申，将其广义地理解为主体精神的第二种形态。从人格的角度看，所谓"未发"，是指自我的内在形态，"已发"则是内在人格在社会交往过程中的外在表现。按新儒学之见，人格并不是寂然不动的虚静本体，它总是在日用常行中体现出来，因此，不能仅仅关注未发的涵养；已发又以未发之体为根据。本体不端正，则已发之用不免有所偏[②]。朱熹说：

> 喜怒哀乐之未发，谓之中；发而皆中节，谓之和。中也者，天下之大本也；和也者，天下之达道也。（《四书章句集注·中庸章句》）

> 向内便是入圣贤之域，向外便是趋愚不肖之途。（《朱子语类》卷一百十九）

显然，"本"向内得到了高度重视，外求则被贬低，这样一来，中国听觉传统发生了内转的趋势就是必然的。

朱熹又说：

> 人而不仁，灭天理，夫何有于礼乐……礼乐者，人心之妙用。（《答程允夫》）

[①] 罗艺峰：《思想史、〈中庸〉与音乐美学的新进路》，《南京艺术学院学报》（音乐与表演版）2014年第1期。
[②] 杨国荣：《善的历程——儒家价值体系研究》，华东师范大学出版社2009年版，第314页。

> （乐）盖所以涤荡邪秽，斟酌饱满，动荡血脉，流通精神，养其中和之德，而救其气质之偏也。……圣人作乐以养情性，育人才，事神祇，和上下，其体用功效广大深切如此……（《朱文公订正门人蔡九峰〈书集传〉》）

朱子如此强调内转，是因为他相信音乐（礼乐）是人心之妙用，其功能是养情性，而情性、气质之类的东西则肯定是内在的，而非事功的或外在礼法的。

南宋哲学家杨简，更明确地把《乐记》中的"礼乐外内"二用的观点加以否定，以为圣人无二道，岂可有礼、乐两分的道理？因为心学家的杨简相信"心外无物"，"宇宙便是吾心，吾心即是宇宙"，因此，礼乐皆心，心即礼乐，而这个"心"当然也是内在的，行礼听乐，无不由心，无非是心。

明代哲学家王守仁（阳明）认为，"天下无心外之物"，他重视音乐，在自己的著作《传习录》中主张倾听反求内心的"良知"之乐，被古人十分重视的"元声"，应该在心上去求：

> 心如何求？先生曰：古人为治，先养得人心平和，然后作乐。（《传习录》下）

阳明又说：

> 古人具中和之体以作乐，我的中和原与天地之气相应，候天地之气，协凤凰之音，不过去验我的气果和否。（《传习录》下）

阳明明确地告诉我们，要去寻找中和之乐，不如在自己的内心去找，"我的气"自然就是个人主体的内在情性，作乐如此，听乐亦然。他更具体地从耳目口鼻的生理上去讨论，我们若是只为着耳目口鼻去听、去看，其实是听不见，也看不得的，因为没有"真己"（本体）存在的缘故，这不能不说是一种听的自觉。他从自己的哲学出发说：

> 这视、听、言、动皆是汝心，汝心之视发窍于目，汝心之听发窍于耳，汝心之言发窍于口，汝心之动发窍于四肢。若无心便无耳目鼻口。（《传习录》上）

也就是说，没有那个"心"便也没有人的所有官能作用，此心即是他所谓"天理"，所谓"真己"，有这个东西就生，无这个东西便死。同样，没有这个"真己"——人的哲学本体——的主宰，人类的听觉官能就不可能有文化的功能，因此，听之以耳，其实是听之以心的，而这个"心"即是内在本体。具体来说，宋明时期的听乐之道，多有内心情性要求，主要表现为"听淡"和"听情"。

二 听淡说

宋明时期，发展出两种不同的音乐审美倾向，一种是以理学为基础的"淡和"观念，另一种则高扬"听情"的人本主义思潮。什么是听淡？明代琴家徐上瀛说：

> 使听之者，游思缥缈，娱乐之心，不知何去，斯之谓淡。舍艳而相遇于淡者……吾调之以淡，合乎古人，不必谐于众也。（《溪山琴况》）[①]

听淡的思想，可以追溯到北宋周敦颐，他在儒、道两家思想的基础上提出了"淡和说"的观点，这个入耳感心的淡和，被理学家

[①] 修海林：《中国古代音乐史料集》，第 575 页。

们高度推崇。周敦颐《通书·乐》：

> 故乐声淡而不伤，和而不淫，入其耳，感其心，莫不淡且和焉。
>
> 乐声淡则听心平，乐辞善则歌者慕，故风移而俗易矣。①

徐上瀛《溪山琴况》继承和发挥了周敦颐的"淡和说"，蔡仲德先生认为他的所谓二十四况的古琴美学，可以归纳为"淡和"，这是徐上瀛追求的况味和情趣，也是一种音乐风格②。关于"听淡"，徐上瀛论道：

> 夫琴之元音，本自淡也，制之为操，其文情冲乎淡也。吾调之以淡，合乎古人，不必谐于众也。每山居深静，林木扶苏，清风入弦，绝去尘嚣，虚徐其韵，所出皆至音，所得皆真趣，不禁怡然吟赏，喟然云：吾爱此情，不绿不竞；吾爱此味，如雪如冰；吾爱此响，松之风而竹之雨，涧之滴而波之涛也。有寤寐于淡之中而已矣！（《溪山琴况》）

这样一种"听淡"的美学，有主、客观两方面的要求，琴声必须冲淡，耳根也须清静，琴家和听者都要绝去凡俗尘嚣。其声响的品质，是冷的、静的、淡的，甚至是薄的、湿的、轻的，这是我们传统美学对声音的非常重要的心理体悟，徐上瀛认为这个东西是不容易得到的。"听淡"的趣味，还回响至清代的儒家学者汪烜，其《乐记或问》论道：

---

① 修海林：《中国古代音乐史料集》，第370页。
② 蔡仲德：《中国音乐美学史》（修订版），第742页。

> 淡则欲心平，和则躁心释，以正感人而人胥化于正也。妖淫以导欲，愁怨以增悲，以邪感人而人亦胥化于邪矣。先王知声色之叠感为无穷也，于是定为淡和中正之声容，以养人耳目而感其心……

故其《立雪斋琴谱》强调"惟淡以和"，养耳感心的要求使他的琴曲创作，也是"酌以淡和"，"稍乖淡和者，皆置不录"（《〈立雪斋琴谱〉小引》）。总之，听淡的传统主要是在古琴的美学里，但其延续却有千年的历史了，也是我们研究中国听的传统要思考的课题。

三 听情说

明代中叶，思想家李贽及其先驱王阳明开始为中国思想文化发展注入了新的景观。尤其值得注意的，是文艺上的重情思潮出现了。李贽提出的文艺"童心说"、古琴"吟心说"影响了整整一个时代[①]，高度肯定了人性、人情的合理性，许多文艺家是其学说的信奉者，并且在自己的创作中大大张扬了人本主义这一进步思想。他的许多观点与重情思潮相呼应：

> 盖声色之来，发于情性，由乎自然，是可以牵合矫强而致乎？故自然发于情性，则自然止乎礼义……有是格，便有是调，皆情性自然之谓也。（《焚书·读律肤说》）

有怎样的性格，便会有怎样的音调，这是人性情的自然流露。"善听者独得其心而知其深也。"（《琴赋》）他从音乐的欣赏主体出发，以心为本，强调音乐音响本身声音的重要，显示出一定的科学合理性，而当时的大批文艺家们则直接以情写戏，在戏曲上表现童心，体现

[①] 蔡仲德：《中国音乐美学史》（修订版），第91页。

重情，要求听情。

汤显祖说，无情则无戏，无情也不能听：

> 情不知所起，一往而深，生者可以死，死可以生。生而不可与死，死而不可复生者，皆非情之至也。（《〈牡丹亭记〉题词》）

他又认为，"诗言志"就是言情，"发乎情"也是表现情，所以，戏曲家咏之以人情歌曲，赋之以金石和声：

> 董之发乎情也，铿金戛石，可以如抗而如坠；余之发乎情也，宴享啸傲，可以以翱而以翔。（《董解元〈西厢〉题词》）

这便是中国戏剧诗人对音乐的要求，也是他们的听之道，听不到情，便不是听，也无所谓文艺，就没有音乐的如抗如坠，也不可能有声音想象的以翱以翔。

黄周星更提出了"少引圣籍，多发天然"的观点，并且在重情说的意义上论述道：

> 制曲之诀无他，不过四字尽之，曰"雅俗共赏"而已。论曲之妙无他，不过三字尽之，曰"能感人"而已。感人者，喜则欲歌欲舞，悲则欲泣欲诉，怒则欲杀欲割，生趣勃勃，生气凛凛之谓也。（《制曲枝语》）

为什么能够作曲？因为需要能感人，不是靠掉书袋能够完成的，能喜能悲、生趣盎然，当然也就有了可听之情。明清其他戏曲家也大多是重情、听情说的信奉者，如李开先的"古今同情"说、袁宏道的"真人真声"说、冯梦龙的"情教"说、侯玄泓的"情盛而声自叶"说。琴家的"听情"说也很突出，如苏璟《春草堂琴谱·鼓琴八则》有言：

> 弹琴须要得情。情者，古人作歌之意，喜怒哀乐之所见端也。有是情斯有是声，声情俱肖，乃为有曲。①

这里提出的"声情俱肖，乃为有曲"的观点非常值得注意，声与情不可偏废，无声则无曲，无情也无声，必须相得相亲，声情俱备，方可谓之听情。这也可与明代戏曲家张琦的思想联系起来讨论。张琦一方面提出了"情痴、情癖"说，有突出意义；另一方面注意到情—乐关系，其曲论著作《衡曲麈谭》讨了这一问题：

> 尼山说《诗》，不废郑卫，圣世采风，必及下里。……且子亦知夫曲之道乎？心之精微，人不可知，灵窍隐深，忽忽欲动，名曰心曲。曲也者，达其心而为言者也。

声情作曲之道，在乎达于人心，心动才有曲，曲作必达心，这一"情—乐关系"论，殊可谓只有实践于此道者方可明白，因此，听情之说也才可能。

总结起来，宋明时期的听觉文化，因为哲学思想背景的缘故，而有内转倾向，且明确地出现在论乐、听乐文字中，而听淡、听情两说，则因为完全是内在于人的，因此也是内转倾向的证明。而宋明时期的听之道，反映出哲学的深思，主—客两方面的关系，声—情关系，物—我关系等，都已然不同于汉唐。

---

① 蔡仲德：《中国音乐美学史资料注译》（下册），第648页。

第五节　近代——转型新生期

中国近现代音乐的历史，是中国的民族音乐文化在社会大变革和西方音乐文化的影响下，开始向近现代转型的历史。普遍认为，中国近现代音乐史是以1840年鸦片战争的爆发为起始[①]。近现代转型期在思想文化领域的改革之风一直较为强劲，表现在音乐艺术领域也呈现出多元化的面貌。一方面，传统音乐种类如各民族民歌、说唱、戏曲、曲艺、器乐、建立在传统音乐思维之上的新民歌等还存在于人们的听觉世界里；另一方面，来自西方的音乐、乐器、音乐观念和音乐教育等，也涌入古老的中国，大大地拓展了中国人的声音世界，学堂乐歌运动、新音乐的传播、西方交响乐的出现，革命战争和民族解放战争中出现的大量群众歌曲、合唱歌曲等，都给予这个时期的人们以强烈的听觉冲击，其烈度和强度，也许不亚于隋唐时期出现在长安的胡乐对人们耳朵的震撼。在此，岂止是"七声之中，三声乖应"？是全面地颠覆了中国人的声音世界和听觉传统，这是一个由听而来的心灵世界的巨大变革，也是中国人"文化的耳朵"发生巨大震荡的历史时代，其根本特点是"转型"与"新生"。

一　新的时代"听新声"

新音乐的产生，必然导致听的内容、听的对象、听的方式均发生巨大变化，而非清代仍在古代传统中的"听"。近代转型期的群众听乐的变化主要表现在以下几个方面。

（一）过去封建统治阶级用于祭天、祭祖、郊庙祭祀的雅乐早已脱离现实的生活，逐渐衰落并退出了音乐生活；文人士大夫喜欢的

---

① 陈聆群：《中国近现代音乐研究在20世纪》，《音乐艺术》1999年第3期。

昆曲、琴曲等小众化、个体化的听觉对象，也被群众性的公共空间的听觉对象替代。

（二）大量反映现实生活的新民歌、新戏曲、新说唱的出现，一些不同程度反映了发展、变迁及融合的新形式的出现，都给予当时的人们以新鲜的听觉感受，带来了新的听觉行为和听觉感知方式。

（三）学堂乐歌运动和新民歌、新歌剧的创作，西方乐器的流行，一方面极大地扩展了这个历史时期的听觉空间；另一方面也给听的主体以巨大的精神世界的拓展。而音乐教育的普及，西洋音乐知识的传播发挥，欧洲乐谱、乐理知识的学习，古钢琴的弹奏，宗教歌咏、赞美诗的演唱，铜管乐队的建立，音乐期刊的出版，等等，则也反映了朝气勃勃的音乐风貌和听觉文化的发展。

可见，近代转型时期"听"乐的内容丰富多变，种类多元；"听"乐的意义既有国家层面的政治需求，也有个人层面的情怀需要。学堂乐歌让我们听到了多声部的旋律，开始有了复调音乐及和声的概念。传统音乐也在逐渐城市化的过程中不断变革和发展。

二 新音乐带来的听觉解放

20世纪的中国新音乐文化，有学者认为存在一种"双文化现象"[①]，一是仍在中国传统文化土壤里生息、衍变的传统音乐以及在此基础上因学习西乐、受其影响而有所发展的新音乐；二是来自西方的音乐和在此基础上中国人吸收、创造而产生的新音乐。这不能不带来新的听觉经验。

中国固有的传统音乐，在律调谱器、声韵曲文等方面，仍然还在广大农村和城市有大量听众，保持着非常传统的听觉习惯，如罗艺峰教授所归纳的，秦腔要吼，川剧是叫，昆曲爱吟，黄梅戏是唱，

---

① 修海林：《关于中国音乐双文化现象的若干思考》，《音乐研究》1993年第3期。

这些吼、叫、吟、唱的声音现象，不仅是这些地方传统音乐的演唱方式，更反映了这些地方听众的声音心理。秦地人民喜欢听吼，若不吼便觉得不过瘾，故秦腔有艺名为"吼破天"的名伶，有"挣颈红"的唱法；巴山蜀水的四川，老戏迷听川剧，若不叫，也便觉乏味，高腔川剧因此而有鬼气，灵气；昆曲当然要细吟慢唱，好比水磨腔的风格，否则不能有吴侬软语的口香；黄梅戏是民歌发展而来的新戏曲，故而必是大嗓唱，小嗓应，声气调门方能近人可心。而建立在传统之上，又吸收了新音乐手法的新民乐，如所谓民族管弦乐、民族室内乐、民族重奏乐，等等，也自然不是能够与传统听觉经验完全重合的。新的音响形态出现了，新的音乐形式出现了，新的乐队组织出现了，甚至新的乐器演奏技法也出现了，都为20世纪的听众带来全新的耳朵感受。

西方音乐文化的大规模传入、西方音乐教育的大普及，使中国人的听觉发生了根本性颠覆，西方音乐关于和谐的观念、西方音乐管弦乐的丰富音色、西方音乐多声部的复杂组织方式、西方歌剧和美声歌唱的声音概念，都给予这个历史时期的中国耳朵以前所未有的感受，而中国人接受了西方音乐知识和音乐作曲技术后创造的中国式新音乐，包括交响乐、歌剧、室内乐、钢琴和小提琴音乐，等等，也同样是与传统习惯很不相同的听觉经验，这不能不极深刻地影响中国人的音乐心灵，不能不反映出中国人听觉经验的新态势，包括了听觉空间的拓展，歌剧院、音乐厅、俱乐部、少年宫、广场、甚至商场，都成为新听觉经验的来源。

然而，这些听觉经验的巨大变化，更带来中国人声音概念和接受声音能力的深刻变化和拓展。传统与现代并存，中国与西方同在，使得20世纪的中国听觉文化有了产生多重乐感的可能。这不能不说是历史的巨大进步，这也是本书作者强调的，我们今天这个时代，是可以与先秦百家争鸣的轴心时代和隋唐大开放的文化高峰期相提并论的，先秦时期的十五国风和雅、颂之乐，不也是听觉多元的吗？隋唐时期传统与胡乐的并存同在，也正是多重耳感的，20世纪的音乐文化，在本书的论旨来说，其历史价值，即是转型和创新。

第二章 分论：听之道的具体分析

第一节 《文子》：听之道的确立

一 《文子》"听"的观念系统

《文子》属战国文献，是汉初已有的先秦古籍，过去一向被认为是伪书，在中国哲学史上也没有文子这个哲学家。它是一部融合先秦道、儒、墨、法诸家学说为一体的道学经典，在东汉时期班固将列其入道家，唐代时与《老子》《庄子》《列子》同为四大真经，历经了"驳书"、"真书"、"伪书"，再到"真书"的认识过程。1973年河北定县40号汉墓出土的竹简中，有《文子》的残简，其中六章与今本《文子》相同，这就使得《文子》部分恢复原貌，为研究其思想提供了重要的理论依据。它的文本思想中尤其是关于听的哲学以及音乐思想方面的问题，值得我们讨论和研究。

本书研究《文子》音乐思想主要依据的是由上海古籍出版社2004年出版，李定生、徐慧君的校释的中华要籍集释丛书之一《文子校释》[1]，这部书是在《文子要诠》[2]基础上整理而成，全书共分

---

[1] 《文子校释》以台湾新文丰出版公司1957年出版的《正统道藏徐灵府通玄真经注》十二卷为底本（道藏本），参校杜道坚《通玄真经缵义》十二卷本（缵义本）、朱弁《通玄真经注》七卷本（道藏七卷本）、《道藏》辑要本（辑要本）、商务印书馆1936年出版部丛刊缩印《通玄真经》十二卷本（丛刊本），并参考了张元济《通玄真经校勘记》。

[2] 李定生、徐慧君：《文子要诠》，复旦大学出版社1988年版。

十二卷:《道原》《精诚》《九守》《符言》《道德》《上德》《微明》《自然》《下德》《上仁》《上义》《上礼》,其论乐的文字散见于各篇中。本章内容拟避开关于《文子》其书、其人以及真伪辨别的一般性讨论,重点放在《文子》音乐思想及其听的哲学等方面的研究。

对"听"的研究缘起于《文子·道德》中的一篇文字,里面有完整的关于听的哲学。《文子·道德》篇曰:

> 学问不精,听道不深。凡听者,将以达智也,将以成行也,将以致功名也,不精不明,不深不达。故上学以神听,中学以心听,下学以耳听;以耳听者,学在皮肤,以心听者,学在肌肉,以神听者,学在骨髓。故听之不深,即知之不明。知之不明,即不能尽其精,不能尽其精,即行之不成。凡听之理,虚心清静,损气无盛,无思无虑,目无妄视,耳无苟听,专精积蓄,内意盈并,既以得之,必固守之,必长久之。[①]

这应该是道家哲学里最集中、最直接,而且最重要的讲述有关听的哲学,蕴含非常丰富的哲理,可以说,《文子》已经提出了完整的中国文化中的听之道,即关于听的哲学。从生理到心理再到精神层面的推进,此三层次的论说,与《老子·四十一章》"上士闻道,勤而行之;中士闻道,若存若亡;下士闻道,大笑之。不笑不足以为道"有异曲同工之妙。

《文子》这段话道出了几层含义。第一,听的目的。获得智慧(圣),实现行为(行),取得人生的成功(成),即孔子所谓"成于乐"。第二,听的进阶。耳听:物理层——浅表层——下学;心听:艺术层——深入层——中学;神听:哲理层——超越层——上学;

---

① (战国)文子著,李定生、徐慧君校释:《文子校释》,第185页。本节《文子》引文,皆出自本书,不再一一注明。

耳听—心听—神听的不同层次，反映了心性、能力、智慧的高低；仪式伦理—法则伦理—心智伦理的进阶，反映出自然人到社会人到美人的进化。朱熹云"声入心通"，如果心境不是很平静，那么在听的过程中，不仅身没有入，心也不通。正如《国语·周语下》中所讲："夫耳目，心之枢机也，故必听和而视正。听和则聪，视正则明，聪则言听，明则德昭，听言昭德则能思虑纯固。以言德于民，民歆而德之，则归心焉。"因此，最好的学问是用神去领会，中等的学问是用心思考，下等的学问是仅凭生理感觉。凭感觉学习的，仅学到了表面上的东西；用心思考的，便学到了内里的东西；用神去领会的，才能学到实质性的东西，听的世界同时也是伦理的。第三，"善听者不以耳听，而以心听，而以神听，以神听者上也，以心听者中也，以耳听者下也"[①]。听的终极目标是哲学的。《文子》的"神听"正如欧阳修《赠无为军李道士》中所描述的："弹虽在指声在意，听不以耳而以心。心意既得形骸忘，不觉天地白日愁云阴！"由此可见，自然、社会、文化、哲学都通于听。

中国音乐艺术强调感物之心性，音乐与个体内在精神的对应，正是以唤起内心深沉的情感和超越日常语言与思想的道德良知，以造就人的心灵与人格而为其终极关怀。明代琴家杨表正对于古琴的讲述有一段精彩的文字：

> 琴者，禁邪归正，以和人心。是故圣人之制，将以治身，育其情性，和矣！抑乎淫荡，去乎奢侈，以抱圣人之乐。所以微妙在得夫其人，而乐其趣也。凡鼓琴，必择净室高堂，或升层楼之上，或于林石之间，或登山巅，或游水湄，或观宇中；值二气高明之时，清风明月之夜，焚香静室，坐定，心不外驰，气血和平，方与神合，灵与道合。如不遇知音，宁对清风明月、

---

① （明）贝琼：《听松楼记》，《清江文集》卷二十四，文渊阁《四库全书》本。

苍松怪石、巅猿老鹤而鼓耳,是为自得其乐也。……故曰:"德不在手而在心,乐不在声而在道,兴不在音,而可以感天地之和,可以合神明之德"。①

这段文字分别从琴乐的功能、听琴乐的环境、听乐的自我要求、听乐的对象以及听乐的感受、终极目的五个方面来阐述古琴这一文人乐器。第一句琴者可以和人心、治身、育情、得趣、去邪归正等,不仅明确了古琴的功能,还表达了琴是成就文人雅士个人生活意趣的道之"器",暗含了中国古人尚清的生活方式和审美理想。第二句对鼓琴和听琴的环境提出了要求,必选择没有任何污浊、高大的厅堂,或草木葱茏、山林泉石之间,或高山之顶,或亦水亦岸亦草的水湄旁,抑或置身于道观佛寺的庙宇之中。第三句提出了对自我听乐的要求,坐定、焚香、气息平稳、凝神定气、心无旁骛、听乐冥想,方能体悟乐之道。第四句,假若听的对象未遇知音,莫不如鼓琴给大自然中的苍松、河流、峦石、动物听,也倒是自得其乐。于是乎,体会这种"听"的乐趣不在于器,不在于手,而在于自我内心;"心"的感受对象非"声",亦非"音",而是天地人世之间的"和",此之为终极目的。重要的是,由心到气,再到神,终抵"道"这样的体验与《文子》强调的"听道"并无二致。道家认为,听耳为下,听心为中,听气为上。因为"气"的虚柔任物正是"道"的特性,所以,听"气"即是听"道",此非神听无以听。与有声之乐比较,可知此听非彼听,觉听非神听,觉听是感官的审美,神听是精神的体悟,这里,涉及耳听、心听、神听三个层次②,而心与道相应,才能感天地之和,以合神明。正所谓"上士学道受之以神,中

---

① 文化部艺术研究院音乐研究所编:《中国古代乐论选辑》,人民音乐出版社1981年版,第288—289页。
② 罗艺峰:《中国音乐思想史五讲》,第288页。

士受之以心,下士受之以耳。以神听者通无形,以心听者知内情,以耳听者闻外声"[①]。这句话同时表达出一个对应关系:

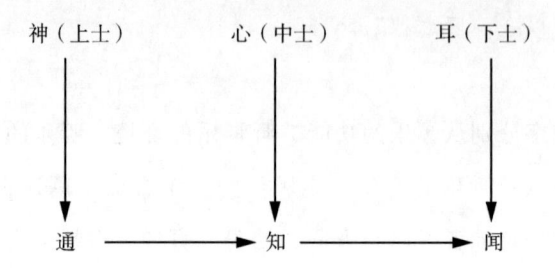

```
神(上士)      心(中士)      耳(下士)
   ↓             ↓             ↓
   通  ——————→  知  ——————→  闻
```

"闻"是最低层次的,暗含被动的知道、了解,而"知"是更进一步的认识、懂得,"通"谓通晓,是一种浸入骨髓的了解,因此可以"通无形"。"目欲视色,耳欲听声"(《庄子·盗跖》)乃人之常情,"耳不听五声之和为聋"(《左传·僖公二十四年》)。"夫耳之所欲闻者音声,而不得听,谓之阏聪"(《列子·杨朱》),可见,"听"是满足人类正常生理需要和定位文化空间的重要方式。

二 《文子》虚实并举的听之道

如前文所论,儒、道两家都有圣人情结,而道家圣人多是所谓真人、至人、高人,儒、道的圣人有不同的文化性格。讨论圣人观的原因肯定与听觉活动有关,作为主要是道家思想文献的《文子》的圣人理想当然也是这样,不过,又表现出一些自己的特点,即在听的观念方面,是虚、实并举的,以下试为之论。

一般认为,《文子》可能存在于《老》《庄》之间或之后,继承和发展了老、庄的思想,故其圣人观也当然与《老子》和《庄子》近,所谓圣人,不过是些"为腹不为目"不乐于感官的享乐,只致力于满足基本生存需要(《老子·十二章》),"忘其肝胆,遗其耳目"的"逍遥乎无为之业"的人物(《庄子·大宗师》),是些"放任于尘

[①] 《太平御览》卷六百五十九,文渊阁《四库全书》本。

累之表，逸豫于清旷之乡"者（成玄英疏）。《文子·道原》篇集中论"圣人"，认为圣人也就是"至人"，是能体道的"大丈夫"，他们"恬然无思，淡然无虑"，"唯圣人是能遗物反己"，能够"不以智役物，不以欲滑和"。特别明确地指出："是以圣人内修其本，而不外饰其末，"王利器先生对这句话里的"本"和"末"作疏义说："内正一心，外斥杂伎"[①]，明确指出"外斥其末"的"末"，是与声色对象有关的"杂伎"，故道家圣人自然不会去外求实听的对象，而强调内听、自听，乃至于虚听，《庄子·人间世》所谓"无听之以耳，而听之以心，无听之以心，而听之以气"，甚至说"耳止于听，心止于符"，成玄英疏："心有知觉，犹起攀缘；气无情虑，虚柔任物。故去彼知觉，取此虚柔，遗之又遗，渐阶玄妙也乎！"意思是不要求对外物起反应[②]，认为只有这样"能游道德之乡，放任乎至道之境"（成玄英疏）者才是圣人。准此，道家圣人的虚听就往往表现出某种程度的"渐阶玄妙"的神秘倾向，而将所谓"神听"视为最高的听之道就是必然，正是在这样的思想基础上，《文子·道德》中的听之道才有了完整的建构。

  《文子》有关"学问不精，听道不深"这段话，对于中国文化传统里的听之道所表达的思想，非常值得分析，其内涵亦相当丰富。不过，在讨论《文子》的听道内涵之前，我们要了解一下这里说的"学问"是什么意思。一般来讲，中国文化里"学问"一词一是指系统的知识，也有"道理"之说。《荀子·劝学》："不闻先王之遗言，不知学问之大也。"天文地理，人生阅历，政治伦理，识字明理，都是知识。二是指态度，《易·乾》："君子学以聚之，问以辩之。"对待自己不懂得的事情，要思考辩论，能知善识，明白了解，顾炎武《日知录》"求其放心"条："夫仁与礼，未有不学问而能明者也。"

[①] 王利器：《文子疏义》，中华书局2000年版，第11页。
[②] 蔡仲德：《中国音乐美学史资料注译》（上册），第113页。

"学问"也另指学习和问难。《孟子·滕文公上》:"吾他日未尝学问,好驰马试剑。"① 显然,《文子》这里说的"学问",即是关于听的知识和态度,缺乏这样的学问,一定会在听的问题上浅薄鄙陋,即"听道不深"。那么,这一段关于听之道的理论,其内涵如何呢?

《文子》第一次明确地提出了"听道"的观念,《文子》的"听",远非是"实听"——听赏音乐那么单一,也反映出道家智者"虚听"的追求。但其论"虚",是建立在"实"的基础上,涉及更为宽泛的社会文化领域。

《文子》关于听之道的论述,有一个听的进阶:由生理性的"耳听",进而为情感性的"心听",再及超越性的"神听",正是所谓"渐阶玄妙"。耳听肯定是实听,有听的声音对象,谓之"下学",是一种简单、平易的学问;心听则更进了一步,涉及精神性、情感性因素,即庄子所谓"情虑",是"中等"的学问;而神听则完全是超越性、哲学性的听,正是道家推崇的虚听,要理解和达到它,则需要"上学"的高级学问。以实论虚和以虚论实,在《文子》当中都有表达,有许多涉及哲学、政治和人生的哲思,是用实听来论述的:

> 夫物未尝有张而不弛,盛而不败者也,唯圣人可盛而不败。圣人初作乐也,以归神杜淫,反其天心。至其衰也,流而不反,淫而好色,不顾正法,流及后世,至于亡国。(《文子·上礼》)

这里的"圣人初作乐"无可怀疑作地是实听之乐,其思想有儒家色彩,不难发现道家论乐文献里与此相同、相似的痕迹。《淮南子·泰族训》:"神农之初作琴也,以归神;及其淫也,反其天心。"孔子曰"移风易俗,莫善于乐",是儒家对乐政关系最好的诠释;《礼记·乐记》中

---

① 陈复华主编:《古代汉语词典》,第1788页。

说"声音之道，与政通矣"。音乐可以谐万民，礼敬天地鬼神。观乐可以知政，听乐声而知国风。同样的认识，在《文子》中也有体现：

> 悬法设赏而不能移风易俗者，诚心不抱也，故听其音则知其风，观其乐即知其俗，见其俗即知其化。（《文子·精诚》）

> 性命之情，淫而相迫于不得已，则不和，是以贵乐。故仁义礼乐者，所以救败也，非通治之道也。（《文子·下德》）

这里的"听音"、"观乐"皆是实体性的听，《文子》肯定了审乐知政的道理，承认礼乐有教化作用，显然这是儒家思想。《文子·上礼》曰：

> 中受人事，以制礼乐，行仁义之道，以治人伦。列金木水火土之性，以立父子之亲而成家；听五音清浊六律相生之数，以立君臣之义而成国……圣人初作乐也，以归神杜淫，反其天心……

制定礼乐，推行仁义之道，用来调整人伦。根据金木水火土五行之性，以建立父子相养相亲的家庭之制，倾听五音清浊六律相生之数理，以确立君臣之义而建国家。这里的"五音"、"六律"所含相生之数与君臣立国之义的关系，是古代乐学理论、律学思想中最为突出的音乐政治论思想，因为在这里五音六律暗含着五行、五伦、五方、五色、五味等与古代政治、社会和道德伦理有密切联系的深层关系，因此地位崇高的礼乐正是以这些要素创造出来的，礼乐的舞蹈队列、乐调的运行过程、服饰的颜色要求和歌词的政治伦理等，都反映《文子》所要求的"行仁义之道，以治人伦"的思想[①]。

---

① 蒋晶：《〈文子〉音乐思想研究》，硕士学位论文，西安音乐学院，2006年，第20页。

但《文子》究竟是道家色彩为主的著作，所以不难发现这样的观点：

> 法制礼乐者，治之具也，非所以为治也。故曲士不可与论至道，讯寤于俗而束于教也。（《文子·上义》）

法制和礼乐这类东西，是治国的工具，而不是治国的根本之道，所以不可与寡闻陋见之士讨论至道的问题，这是其浸染于习俗的政教所束缚的原因，"礼者，非能使人不欲也，而能止之"（《文子·上礼》），礼乐能使人止欲，不能使人不欲，不开嗜欲。

《文子》的作者认为，真正能起到归神杜淫作用的，是人心归于自然，听心听和的"虚听"之道：

> 其听治也，虚心弱志，清明不暗。是故，群臣辐辏并进，无愚智贤不肖，莫不尽其能。君得所以制臣，臣得所以事君，即治国之所以明矣。（《文子·自然》）

为君之道处理政事，能"虚心弱志"则神清智明，因此群臣才能像辐条都集中于毂轴上一样，齐心协力共事一君。君主掌握了用臣之道，所以臣下得到事君之法，这就是重要的治国之术了。然而，先王的法度，不适即废；制礼乐者不制于礼乐，所谓：

> 故先王之制，不宜即废之；末世之事，善即著之。故圣人制礼乐者，而不制于礼乐；制物者，不制于物；制法者，不制于法。（《文子·上礼》）

圣人制礼乐，却不为礼乐所制约；制定规则的人不被规则所束缚。治国就好像师旷调五音一样，没有固定之法可循，所以精通于音乐之性的人能定音律，其心中自有根本，犹如了解法度准则的人才能治人：

> 譬犹师旷之调五音也，所推移上下，无常尺寸以度，而靡不中者。故通于乐之情者能作音，有本主于中，而知规矩钩绳之所用者能治人。（《文子·上礼》）

> 执一世之法籍，以非传代之俗，譬犹胶柱调瑟。圣人者，应时权变，见形施宜，世异则事变，时移则俗易，论世立法，随时举事。（《文子·道德》）

这里的治乐之道，与治人之道，是相通的，其可通之处即是"道"，这个道是虚玄的、无形的，但却是根本的。以上可以看出，《文子》在这里，既强调用儒家"实听之道"制礼乐来规范人群，维护君臣等级秩序，协调社会中人与人之间的关系；同时，提倡道家的"虚听"之理，世人归于人神和谐，杜绝和防止淫乱，返其天心，归于自然。

但虚听听什么？怎么才能虚听？为什么要虚听？仍然可以再思考。《文子》于此也有精深的论述，这些论述表现出强烈的道家思想色彩，即"守内"、"不听"、"不虑"、"贵虚"，也就是不被外在的声色现象所干扰，而沉入极深极静的本我。在这里，本我与道体进入通达为一的最高哲学境界：

> 天地之道，至闳以大，尚由节其章光，授其神明。人之耳目何能久熏而不息？精神何能驰骋而不乏？是故，圣人守内而不失外。夫血气者，人之华也；五藏者，人之精也。血气专乎内而不外越，则胸腹充而嗜欲寡，嗜欲寡则耳目清，而听视聪达，听视聪达谓之明。（《文子·九守》）

> 清目不视，静耳不听，闭口不言，委心不虑，弃聪明，反太素，休精神，去知故，无好无憎，是谓大通……知养生之和者，即不可悬以利；通内外之符者，不可诱以势。（《文子·九守·守平》）

> 治身，太上养神，其次养形。神清意平，百节皆宁，养生之本也。肥肌肤，充腹肠，供嗜欲，养生之末也……故知生之情者，不务生之所无以为；知命之情者，不忧命之所无奈何。目悦五色，口惟滋味，耳淫五声，七窍交争，以害一性。日引邪欲竭其天和，身且不能治，奈治天下何！（《文子·下德》）

> 古者圣人得诸己，故令行禁止。凡举事者，必先平意清神。神清意平，物乃可正。听失于非誉，目淫于采色，而欲得事正即难矣，是以贵虚。（《文子·下德》）

这些思想，固有养生学说的内容，但是，从听之道的角度去解释，则可以发现非常突出的对虚听意识的强调，若要达到"大通"的境界，需"不视、不听、不言、不虑"，才能神清意平，百节皆宁。而一般人则志小而忘大，是不可取的：

> 夫目察秋毫之末者，耳不闻雷霆之声；耳调金玉之音者，目不见太山之形。故小有所志，则大有所忘。（《文子·九守·守静》）

《文子》的作者无疑是能够实听的，也熟悉和懂得音乐，同时也特别强调虚听，因为他是道家哲学家，必然以道论乐。所谓"以恬养智，以漠合神"，"故通于道者，反于清静，究于物者，终于无为。"(《文子·道原》)又说:"治天地之道也,虚静为主,虚无不受,静无不持,知虚静之道,乃能终始,故圣人以静为治,以动为乱。"(《文子·九守·守法》)"故静漠者,神明之宅;虚无者,道之所居。"(《文子·九守》)这些道理,都使《文子》不能不强调虚听,但也兼及实听。

故而,《文子》"听之道"是复杂的,这与其书的思想杂糅性质有关,其思想基础是儒、道均有。它不否定耳听—实听,也不否定心听—情听,在承认这些实听形态存在的同时,更推崇神听—虚听。其关于耳听—实听和心听—情听的观念,与儒家听的思想接近,而神听—虚听的观念则肯定是道家的思想,一定意义上反映出儒、道两家听觉文化的特点,也与儒、道两家圣人观有密切联系,儒家圣人是耳听—实听,包括心听—情听者,而道家圣人则主要是神听—虚听者。

第二节　儒家的圣人观与听之道

儒家对乐的喜爱和重视由来已久,乐教是君子必备的课程。据说孔子在自己死前七日就预知自己将死,这种预言的能力他一直保持,此为春秋时期有道者的象征,孔子一生以"兴于诗,立于礼,成于乐"(《论语·泰伯》)为写照,到最后一刻乐声还在奏响,一生是一个活脱脱的乐象。在孔子看来,没有哪种原发的、深刻的、造福人生的思想不是被音乐所激发、升华和成就的,而偏颇、失真的思想也与邪僻的音乐相关,所以后来孟子说孔子"金声玉振",用的也是音乐的形象[①]。贾谊的《新书》中要求用音乐对太子进行胎教,规定:"王后所求音声非礼乐,则太师抚乐而称不习。"(《新书·胎教》)"温柔敦厚,诗教也。……广博易良,乐教也。"(《礼记·经

[①] 蒋晶:《〈文子〉音乐思想研究》,硕士学位论文,西安音乐学院,2006年。

解》）乐教和诗教是完善君子的必备，而这些教育主要是依靠听觉来实现。本节将就儒道两家的圣人观念与听之道作以粗浅的分析和认识。

一 "圣人"与"圣""听"之渊源

中国人在孟子以前向来称圣人为王者，所谓"内圣外王"，圣者为王，王者为圣。圣字繁体字写作"聖"，本身就带个"壬"字。从耳，呈声。左边是耳朵，右边是口字。圣即善用耳，又会用口。《说文解字》说："耳顺之谓圣。"《世说新语·贤媛》篇记载："发白齿落，属乎形骸。至于眼耳，关于神明。"在古人看来，耳目作为接受外部信息的重要器官，它能够通神。古人认为，成为圣人的必备条件是"聪"，即听觉十分发达，能够是非明辨。耳和目都是所谓智慧的器官，于是古代圣王常常被描绘成善听善观者，如"禹耳三漏"、"舜目重瞳"。舜帝又名重华。《离骚》："济沅湘以南征兮，就重华而陈词。"王逸注："重华，舜名也。"《帝系》："瞽叟生重华，是为帝舜。"《史记·五帝本纪》："虞舜者，名曰重华。"张守节《正义》："目重瞳子，故曰重华。"即眼有两个睛仁瞳孔。重，二也；华，光也。其含义是：古之圣王特别能见人之不能见。中国神话说禹的耳朵有三个孔，能够听见常人不能听见的东西，他可以听于无形，听于山川，听于鸟兽，听于音乐，是谓圣人。据《史记》记载，禹是文化人类学上所谓"文化英雄"，也是音乐家："夏禹，名曰文命。""观古人之象日月星辰，作文绣服色。""于是夔行乐，祖考至，群后相让，鸟兽翔舞，《箫韶》九成，凤皇来仪，百兽率舞。……于是天下皆宗禹之明度数声乐。"（《史记·夏本纪》）可见，所谓圣人、圣王，不过是善听常人之不能听，言常人之不能言者。圣，通也，圣人即是通天地之道，听宇宙之声，明人伦之理，调音乐之和的人。

在中国上古宗教文化中，"圣"的原初意义是听闻神命，"圣"

人乃是通神之人。随着"绝地天通"的宗教和政治改革,"通神而圣"的身份为王者所垄断①,《尚书·洪范》说:"睿作圣。"孔安国传:"于事无不通谓之圣。"史学家顾颉刚认为圣的最初含义是"听治",后引申为"善听",而善听重点是从德性上讨论,不是技术层面。可以明确的是,"圣"表达了一种听的能力②,而巫觋就是最早的圣人。巫觋被认为能通鬼神,请神附体时的迷魂状态,更加凸显了听的特质。

"昔黄帝令伶伦作为律……听凤皇之鸣,以别十二律"(《吕氏春秋·古乐篇》),"听"字开启了中国音乐史,表达了音乐起源于模仿的观念。郭沫若在《卜辞通纂考释》中说道:"古听、声、圣乃一字。其字即作口耳,从口耳会意,言口有所言,耳得之为声,其得声动作则为听。声、圣、听皆后起之字也。圣从耳口,壬声。"说明在古文字系统中,声、听、圣(聖)三字同源。《说文》:"圣(聖),通也,从耳。"段玉裁注:"圣(聖)从耳者,谓其耳顺。《风俗通》曰:'圣者,声也。言闻声知情。'"③ 在古文字系统中,声、听、圣本为一字。《郭店楚简》中有"圣,耳也。金圣而玉振。""金圣(声),善也;玉音,圣也。善,人道也……不聪不明,不圣不智,不智不仁,不仁不安,不安不乐,不乐亡德。"古人以音乐的演奏过程来比喻人的道德修炼层次。"金声"指钟一类发出的声音,代表音乐的开始,"玉音"指磬一类所发出的声音,代表音乐之终。"振"典籍中训为"收"、"止"。古人用"金声"代表人道中性善的一面,以"玉音"代表天道中德性的部分。乐既是中国音乐中礼的具体实

---

① 白欲晓:《圣、圣王与圣人——儒家"崇圣"信仰的渊源与流变》,《安徽大学学报》(哲学社会科学版) 2012 年第 5 期。
② 顾颉刚:《"圣"、"贤"观念和字义的演变》,载《中国哲学》第一辑,生活·读书·新知三联书店 1979 年版。
③ (汉) 许慎撰,(清) 段玉裁注:《说文解字注》,上海古籍出版社 1988 年版,第 592 页。

现形式，也是"德"的心灵表现和修炼方式。金声是善，玉音是圣。善是人道，德是天道。只有有德的人，然后才能做到以金声始玉音终。耳不聪则眼不明，不聪明则不智慧，不智慧则不仁爱，不仁爱则不安适，不安适则不快乐，不快乐则无道德①。

这些材料提示我们，圣人观念的起源可能与听觉文化有关，这也是中国传统里非常独特的现象。可以看出，圣人文化的历史发展过程，是有一条线索的，即：由宗教性的"圣"，向世俗性的"圣"的发展。不少学者都以圣字从大耳，是突出耳的听觉官能，因而认为"圣之初谊为听觉官能之敏锐"②。

二 儒家的圣人观念与听的文化

首先，儒家的圣人情结最为浓重，联系以上圣人与听觉的关联，可以说，儒家对听觉活动的注意和强调也最为突出，善听成为圣人的特质：

> 伯夷，圣之清者也；伊尹，圣之任者也；柳下惠，圣之和者也；孔子，圣之时者也。孔子之谓集大成。集大成也者，金声而玉振之也。金声也者，始条理也。玉振之也者，终条理也。始条理者，智之事也；终条理者，圣之事也。智，譬则巧也；圣，譬则力也。（《孟子·万章下》）

在此要特别注意的是，为什么孟子要用听的对象来言说圣人？我们认为，他选择用音乐作为隐喻来讨论圣性，似乎有意识用听觉形象来表现圣人们的生活方式，希望以孔子所开辟的"仁"推广到家、国、天下中去，通过对道德的自身修养和理想人格的塑造"德化"

---

① 刘钊：《郭店楚简校释》，福建人民出版社2003年版，第78页。
② 陈仁仁：《圣义及其观念溯源》，《伦理学研究》2011年第6期。

为至善至美的圣人,来解决社会的礼崩乐坏等问题。儒家认为圣人就存在于众生之中,只要返其修身,人人都可以成为圣人。听德—圣性—成人,是一线排开的,也能够实现的理想。

其次,圣人善听,有非常通达的精神生活,进而有人类的宇宙意识,从而能够是非分明,和谐人生。因为"听觉的作用在古典儒学中是被高度重视的……毫无疑问,像大舜这样的圣王,能够通过对自然之微妙征兆的把握来洞察宇宙的初始活动。但是,我们却是通过听的艺术才学会与天地相和谐的。'耳德'即'听德',它使我们能够以从容的、欣赏的、相互赞许的方式去领悟自然的过程。这就是说,我们通过精神以及生理的听觉(德)修养,将自己开放给我们置身于其中的世界;通过拓展和深化我们的非判断领悟力,而不是将我们有限的想象力停留在事物秩序的观察上,我们便成为了宇宙的共同创造者"①。

最后,听的共享的、同在并生的文化性质,使听者与被听者发生关联,从而可以通过听去了解被听的对象。这也就是为什么自命为圣王的古代帝王更愿意相信老百姓在生活中歌唱出来的东西,这些听的作品可以表达其快乐、忧愁、苦闷等情感,与之相适应的歌谣、童谣甚至谶谣都有。他们认为这是天地之音,可以指点和预测天下大势的走向。《毛诗序》:"上以风化下,下以风刺上,主文而谲谏,言之者无罪,闻之者足以戒,故曰:风。"这里的"风",不仅有"讽"的意义,也主要就是在讲听,听到了民间的歌乐。按:"风"有三方面含义:一是指风俗,民情。《左传·昭公二十一年》:"天子省风以作乐。"二是指地方歌曲。《左传·成公九年》:"乐操土风,不忘旧也。"三是指教化,影响。《史记·平准书》:"天子于是以式终长者,故尊显以风百姓。"《汉书·武帝纪》:"盖闻导民以礼,

---

① 杜维明:《一阳来复》,第191页。

风之以乐。"① 古人为什么这么重视听？因为在儒家传统里认为，能够听到的诗和乐，如果发自内心，是难以伪造的，《礼记·乐记》所谓："唯乐不可以为伪。"总结起来说，儒家的听之道，与其圣人观念密切相关。一方面，圣人就是善听之人，因为善听，故能治人、治国、治天下，而这是儒家的政治理想。另一方面，听德与圣性相关，善听即有德，有德即可成圣，是完全世俗化的文化信念，人人可得而成之。此外儒家听之道是一条实听之道，很少高蹈玄虚的言论，强调的完全是现实生活里听的对象，这也是儒家思想的重要特色。

第三节　道家的圣人观与听之道

一　道家的圣人观念

老、庄等道家智者的圣人观，当然与儒家不同，老子强调"圣人不仁"，庄子宣扬"绝圣弃智"，而提出了自己的所谓"天人"、"神人"、"大人"、"至人"的理想。《庄子》里这些思想，很不同于儒家的世俗气味，而有世外高人之风：

不离于宗，谓之天人。不离于精，谓之神人。不离于真，谓之至人。（《庄子·天下》）

至人之用心若镜，不将不迎，应而不藏，故能胜物而不伤。（《庄子·应帝王》）

圣人安其所安，不安其所不安……古之至人，天而不人。（《庄子·列御寇》）

---

① 陈复华主编：《古代汉语词典》，第408页。

故圣人法天贵真。（《庄子·渔父》）

圣人工乎天而拙乎人。（《庄子·庚桑楚》）

圣人者，原天地之美而达万物之理，是故圣人无为，大圣不作，观于天地之谓也。（《庄子·知北游》）

藐姑射之山，有神人居焉，肌肤若冰雪，淖（绰）约若处子。不食五谷，吸风饮露。乘云气，御飞龙，而游乎四海之外。其神凝，是物不疵疠而年谷熟。（《庄子·逍遥游》）

庄子说，"圣人有所游"（《庄子·德充符》），这种"游"是对外物空间的遗忘，他们超凡绝尘，独与天地精神往来，所以这些"大人"、"真人"、"神人"、"至人"都是非常自由的，是向内的"游心"，代表着生命的一种本质状态，一种真实状态。庄子认为，理想人格因其无为，所以没有任何矫饰，最纯真也最自然，最能容纳万物，保守天真，只有在虚静状态下的心才能应物而不藏，才能够明察秋毫，成为万物的镜子，外物成为心的镜像，于是天地万物在他面前就会显现其本真的面貌。"天地有大美而不言，四时有明法而不议"（《庄子·知北游》），天地四时，无疑是作为自然秩序的时间。然而在这一时间秩序的背后，还有一个叫作"本根"的东西，它是天地背后的"大美"，是四时背后的"明法"。而唯有"圣人"才能"原"亦即推究这种"大美"、"明法"，或"成理"的本原。这种"本根"是先天地而在的，在这种"本根"的主宰下，"阴阳四时，运行各得其序"（《知北游》）。自然时间节奏就是在这种"本根"支配下发生的。这种"本根"，庄子谓之"道"[①]。庄子穷其一生都在追

[①] 史成芳：《诗学中的时间概念》，第3页。

求这样一种自由的境界,他所推崇的"大人"、"真人"、"至人"、"神人"身上都毫无例外地寄托了他的这种理想人格。但是,另一方面,"圣人之利天下也少而害天下也多"(《庄子·胠箧》)。庄子指出,圣人危害天下,破坏了人与天地万物的原初状态,同时也联系听的问题提出了自己的观点,表现出浓厚的道家思想色彩:

> 三皇五帝之治天下,名曰治之,而乱莫甚焉。三皇之知,上悖日月之明,下睽山川之精,中堕四时之施。其知憯于蛎虿之尾,鲜规之兽,莫得安其性命之情者,而犹自以为圣人,不可耻乎?其无耻也。(《庄子·天运》)

《文子·道原》篇更详细地讨论了道家至人、真人与听的关系,提出了一些非常重要的观点:

> 夫至人之治也,弃其聪明,灭其文章,依道废智,与民同出乎公。

> 真人体之以虚无、平易、清静、柔弱、纯粹素朴,不与物杂,至德天地之道,故谓之真人。真人者,知大己而小天下,贵治身而贱治人,不以物滑和,不以欲乱情,隐其名姓,有道则隐,无道则见,为无为,事无事,知不知也。

在《文子》看来,"真人"贵在治身,守虚、守平、守清静,相比"至人"要更懂得了解和修养自身。

苏辙《老子解》曰:

> 神昏而不治,则神听于魄,耳目困以声色,鼻口劳以臭味,

魄所欲行而神从之，则魄常载神矣。故教之以抱神载魄，使两者不相离，此固圣人所以修身之要，至于古之真人，深根固蒂长生久视，其道亦由是也。①

吴泳曰：

> 仙圣之所重，惟教耳。然圣人以身教也，真人以神听也，以身教，故不悦道之华，以神听，故不逐言之迹。②

在道家看来，贤人不及圣人，圣人不及真人，其得道有深浅，品级有分别。就"听道"而言，儒家圣人和道家真人就很不相同。儒家多讲实体性的听，如听风、听声、听德、听律、听情、听政，在听中发现政治、伦理、道德，"声音之道与政通"；而道家多虚拟性的听，如听神、听气、无声之听，在听中发现哲学、精神、灵性，这是超越性哲学在音乐文化里的体现，前者多是社会性的，而后者多是心理的。

> 神明藏于无形，精气反于真。目明而不以视，耳聪而不以听，口当而不以言，心条通而不以思虑。委而不为，知而不矜，直性命之情，而知故不得害。精存于目即其视明，存于耳即其听聪，留于口即其言当，集于心即其虑通。故闭四关即终身无患，四肢九窍莫死莫生，是谓真人。（《文子·下德》）

> 故圣人所以动天下者，真人不过，贤人所以矫世俗者，圣人不观。夫人拘于世俗，必形系而神泄，故不免于累，使我可

---

① （宋）苏辙：《老子解》卷上，文渊阁《四库全书》本。
② （宋）吴泳：《演教堂记》，《鹤林集》卷三十六，文渊阁《四库全书》本。

拘系者，必其命有在外者矣。（《文子·精诚》）

所以，圣人是教化天下，贤人不过矫正世俗，至人、真人则能够让人成为一个内省的、自知的、本真的、超越性的人，这是在听的传统里，道家对我们最重要的启示之一。

二 道家的"听适"养生

有浓厚道家思想色彩的《吕氏春秋》，提出了"听适"的观点，前文已略有涉及，但并未在听适养生方面详加论述，在这里，我们将展开这一内容，以见道家听的传统里一个特别的面相。道家这些论述，一方面反映了中国古代文化里对声音生理的认识水平，强调"音亦有适"；另一方面也提出了富有声音心理意味的"以适听适"，这些观点都体现了中国听觉文化独特之处：

夫音亦有适：太巨则志荡，以荡听巨则耳不容，不容则横塞，横塞则振；太小则志嫌，以嫌听小则耳不充，不充则不詹，不詹则窕；太清则志危，以危听清则耳谿极，谿极则不鉴，不鉴则竭；太浊则志下，以下听浊则耳不收，不收则不特，不特则怒。故太巨、太小、太清、太浊皆非适也。何谓适？衷，音之适也。何谓衷？大不出钧，重不过石，小大、轻重之衷也；黄钟之宫，音之本也，清浊之衷也。衷也者，适也，以适听适则和矣。（《吕氏春秋·适音》）

此段主要说"听适"的重要，通过对听乐之后生理性和精神性表现的具体描述，论及音乐必须要适中，只有适音才能使人心和乐，所谓"衷"，即是"中"，不偏不倚，无过无不及。因此，"耳目鼻口不得擅行，必有所制"（《吕氏春秋·贵生》）。

第二章 分论:听之道的具体分析

在中国古代思想里,"身体"可谓是生命的代名词,它不是简单的肉体(身),也不是单纯的精神(体),而是两者的高度统一(身体),既充满生机活力又德性充实。因此,中国自古就重视养生修身,从身体上下功夫,既重视生理自然欲望的调节导引,也讲内在涵养的修炼[①]。正如学者杜维明所说:"在中国哲学中,身和心,物质和精神,凡俗和神圣,天和人,人和社会都是合一的,没有排斥性的二分。"[②]

而对声音与身体的关系认识非常古老,不仅道家强调,儒家也强调,但道家养生理论更突出。所谓养耳,其实是养生。《国语·周语下》记载了周景王于其在位之二十三年时欲铸大钟(无射),单穆公进行劝谏,说道:

> 夫钟声以为耳也,耳所不及,非钟声也……耳之察和也,在清浊之间……钟声不可以知和……夫乐不过以听耳,而美不过以观目,若听乐而震,观美而眩,患莫甚焉。夫耳目,心之枢机也,故必听和而视正。听和则聪,视正则明,聪则言听,明则德昭,听言昭德则能思虑纯固,以言德于民,民歆而得之,则归心焉。上得民心,以殖义方,是以作无不济,求无不获,然则能乐。夫耳内和声而口出美言……口内味而耳内声,声、味生气。气在口为言,在目为明。……若视听不和而有震眩,则味入不精,不精则气佚,气佚则不和,于是乎有狂悖之言,有眩惑之明……

可以看出,古人对声音影响的认识非常注意,不仅有生理影响的认

[①] 赵保佑主编,高秀昌、杨懿楠副主编:《老子思想与人类生存之道——2010 洛阳老子文化国际论坛文集》,社会科学文献出版社 2011 年版,第 406 页。

[②] 杜维明:《现代精神与儒家传统》,生活·读书·新知三联书店 1997 年版,第 64 页。

识，也更注意到精神影响的问题。单穆公认识到音乐是一种听觉的艺术，人对音乐之美的感受必先受到听觉能力听阈的限制，因而对音乐之声的大小高低必须用一定的度量加以节制，否则将"耳所不及"，"不可以知和"，也就不能成其为音乐之声（"非钟声也"），他认为应该"大不出钧"，即不超过五声音阶的范围，这与医和的认识是一致的。医和说："烦手淫声，慆堙心耳，乃忘平和……淫生六疾"（《左传·昭公元年》），认为不平和的"淫声"会使人耳塞心荡，丧失平和之性，最终导致疾病……接着单穆公从阴阳、五行的宇宙观出发论述了声心关系，认为音乐平和与否，必然影响人的元气，进而影响人的精神状态，所以若耳听平和之声，就会吸入美味，增长元气，使内心平和，口出美言，使人民归心，政事和顺，从而得到真正的快乐；反之，若听之不和而震，则会吸收不精，耗散元气，内心不平和，言语狂悖，主张昏乱，使人民离心，政事乖逆，从而失去真正的快乐。他既从生理、心理、精神各方面论述了音乐对身心健康的影响，又进而论述了个体身心状况对群体关系、社会政治的重大影响[①]。《荀子·礼论》说："故天子大路越席，所以养体也；侧载睪芷，所以养鼻也；前有错衡，所以养目也；和鸾之声，步中《武》《象》，趋中《韶》《濩》，所以养耳也……"荀子认为人的欲望，包括对声色之美的欲求，都应该尽可能得到满足，但如果这种满足失衡，就会使社会陷入混乱而无法维持，因而这种满足必须是合理的，有节制的，受社会制约的，同时他认为礼仪性情应该是相互制约相互配合的。阮籍《乐论》"达道之化者可与审乐，好音之声者不足与论律"[②]，是说只有通晓平和准则的人才能谈论音乐，贪图音声悦耳，不顾这一准则，便不配谈论音律。嵇康的《琴赋》与阮籍一样，都以"平和"为音乐的审

[①] 蔡仲德：《中国音乐美学史》，第50页。
[②] 陈伯君校注：《阮籍集校注》，中华书局1987年版，第93页。

美准则。

《吕氏春秋·适音》最能体现度量问题:"太巨则志荡,以荡听巨则耳不容……故太巨、太小、太清、太浊皆非适也。"太大的声音在耳中难以容下,它会使人意志飘散,太细小的声音则不能使耳朵充盈,这样就会使人空虚。声音太清越就会使人畏惧,心神不安,而声音低浊则会使人意志消沉。所以太大、太小、太清、太浊的声音都会使人产生不适,此与单穆公所讲"若视听不和而有震眩,则味入不精,不精则气佚,气佚则不和,于是乎有狂悖之言……"的论述相对照,虽二者都涉及音乐音响所引起的心理、生理反应,但后者主要是主观的推断,失之空泛,前者则是客观的分析,较为平实;后者强调过度之声对群体关系的影响,其着眼点是政治,前者强调过度之声对个体生命的影响,其着眼点是养生①。

> 今有声于此,耳听之必慊,听之,则使人聋,必弗听。……(《吕氏春秋·本生》)

> 圣人深虑天下,莫贵于生。夫耳目鼻口,生之役也。耳虽欲声,目虽欲色,鼻虽欲芬香,口虽欲滋味,害于生则止……由此观之,耳目鼻口不得擅行,必有所制。(《吕氏春秋·贵生》)

《吕氏春秋》中有很多音乐审美的论述,其间贯穿着道家养生、贵生、"法天贵真"的思想。《淮南子·诠言训》里也有类似的记载:

> 圣人胜心,众人胜欲。……食之不宁于体,听之不合于道,视之不便于性,三官交争。

---

① 蔡仲德:《中国音乐美学史》,第228页。

这里的三官指的就是食视听。"圣人以心导耳目，小人以耳目导心。"①《管子·内业》说："耳目聪明，四枝坚固"，这些都和养生有关。庄子妻死，惠子吊之，庄子则箕踞鼓盆而歌。这合于"中纯实而反乎情，乐也"（《庄子·缮性》）的命题，正是《庄子》所要倡导的适性之乐②。"耳目口三宝，闭塞勿发通，真人潜深渊，浮游守规中，旋曲以视听，开阖皆合同。"（《周易参同契》）人身的三宝有内外之分，内三宝是精气神，外三宝为耳目口，内外相应相感……如目张元神必散，耳闻元精必漏，口张元气必耗。如将外三宝塞固，内三宝定会宁居。内三宝坚守，外三宝亦然平静，内外三宝的互应关系就是这样的紧密。人之真意如潜藏于深渊，六根清净，一元真气浮游坦荡，自然默运于丹田之中。坎为耳（水），离为目（火），兑为口（金）。收视返听，水火卦固，一开一合，一动一静，人之真气随着开阖动静，一升一降，皆由玄牝之门而出入。故曰"开阖皆合同"③。

《黄帝内经》记载"天有五音，人有五脏；天有六律，人有六腑。"天地有五行：金、木、水、火、土；人体有五脏：心、肝、脾、肺、肾；音乐也有五音：宫、商、角、徵、羽。五音、五脏和五行是相对应的，一切要顺应自然，修身养性，这也符合中国传统的天人合一的思想精髓。郭店竹简43号记载："目之好色，耳之乐圣（声），郁陶之气也，人不难为之死。"简文说眼睛之好美色，耳朵之好乐音，都是内心郁结之气，人很容易为其而死④。关于"耳目聪明"多见于典籍，《易·鼎卦》："巽而耳目聪明"，《管子·内业》说："耳目聪明，四枝坚固。"这些都和养生有关。守和对于圣人来讲，就是强调顺认自然，随时而动，达性命之情，节制爱惜自己而不放纵，与天地、万物、人道合一，达到"和"的境界理想。总结

---

① 王利器：《文子疏义》引《说苑·谈丛》，中华书局2000年版，第194页。
② 蔡仲德：《中国音乐美学史》，第167页。
③ 任法融：《周易参同契释义》，东方出版社2002年版，第150页。
④ 刘钊：《郭店楚简校释》，第101页。

起来，道家听的传统里养生的内容，表现出突出的中国文化特色，这也是道家思想的有机组成部分，反映出道家对听的哲学的深刻思考，值得今天的人们重视。

第四节 "实听"与"虚听"的哲学分析

一 儒家的"实听"

史家钱穆说：

> 中国人重实，又更重虚。音乐亦最实，又最虚。小戴《礼记》有《乐记》篇，备论古人对乐之观念。谓乐以象德，又谓乐通于政通于教，其义深矣。[1]

在中国历史上，道家对很多中国人来说展示了一个充满玄思妙想的神国仙境。道家不遗余力地讥刺儒家的伦理道德和其他一切人为的造作，嘲讽礼仪和正名，申谴俗例，它呼吁一种自我中心的个人主义，而与之对照的是，儒家则强调个体要在社会中尽其才能[2]。在中国文化中，重视"听"是儒、道、释三家都强调的。儒家所谓君子听德，小人听欲；道家所谓大音希声，自然天籁；释家所谓闻声悟道，美音演法，如是等等，无不与人类的耳朵密切相关。作为战国晚期文献，《文子》在音乐思想史，音乐美学史上尚未得到充分的重视，但文中有关"听"的三层次的论说，又与其前后的圣人观念有密切联系，这都涉及了中国传统里极为发达的听觉文化和听的思想，值得我们讨论和研究。笔者认为，圣人观念在由宗教性向世

---

[1] 钱穆：《现代中国学术论衡》，第297页。
[2] [美]牟复礼：《中国思想之渊源》（第二版），王重阳译，北京大学出版社2016年版，第125页。

俗性的历史发展中,分化出儒、道两家不同的圣人观念,因此,提出了儒家多为"实听"和道家强调"虚听"的观点。

如前文对核心概念的解释,所谓实听,是指有确定的听觉事件发生,有发声对象,有实存的听觉作品。这方面儒家文化里为多,当然也与儒家实用主义的世俗理性倾向有关,儒家非常重视"实听"之道,认为实听的能力非常重要,因为它把人带入生存感之中,而其实质,则是客观时间哲学。

我们知道,"听"涉及时间概念,而"视"是一种空间概念,虽然儒家也强调了在不同空间里声音的不同功能,但听的实质则还是时间性的。孔子对音乐时间有突出的体悟:"师挚之始,《关雎》之乱,洋洋乎,盈耳哉!"(《论语·泰伯》)由"始"而"乱"而"盈耳",是一个时间过程。孔子又说:"乐其可知也。始作,翕如也;从之,纯如也,皦如也,绎如也,以成。"(《论语·八佾》)邢昺疏:"绎如也者,言其音落绎然,相续不绝也。"这里的"始作"到"从之"到"以成",也是一个时间过程,而"翕如"到"纯如"再到"皦如",更是音乐形态的过程,尤其是"绎如"一词,更把乐曲连续、连贯的相续不绝的声音形态描写了出来,这个过程当然也是时间性的,正如《礼记·乐记》论歌声之"象":"故歌者,上如抗,下如队,曲如折,止如槁木,倨中矩,句中钩,累累乎端如贯珠",这个"累累乎端如贯珠"的声音形态,也在时间之中展开,这些美妙的音乐都是实体的有物理属性的声音,是我们生命时间的乐象化表达。《荀子·乐论》中的舞蹈"俯仰屈伸"是时间的,礼仪的节奏"进退得齐"也是时间的,乐器演奏所象征的"其清明象天,其广大象地,其俯仰周旋有似于四时",则更是空间和时间兼有的[①]。这一文艺的客观时间哲学,把儒家的思想世界拉回到现实之中,使它不能不是实听的,因为人内在于客观时间,时间也内在于人,这也是

---

① 安小兰译注:《荀子》,中华书局2007年版,第196页。

儒家有强烈的历史意识的缘由之一，儒家知识分子特别愿意回忆往古，特别向往上古圣王时代，客观时间哲学是他们反复回味六代乐舞的审美动力。在听的传统里，儒家也因此而特别享受实听，而不是虚浮的玄思之听。儒家知识分子对季札观乐的礼赞，对孔子乐教的实行，对音乐象德、象政、象教的崇拜，乃是因为他们在这里听到了人的生存意义。孔子的仁道、孟子的立人之道[①]，都是实际的现实生活，也当然是在一维的客观时间之流中，故儒家的听之道不能不是实存的、无外于实听的。

要之，儒家实听的传统，建立在生命的时间哲学和音乐的时间哲学之上，而这一时间哲学则是自孔子以来的儒家思想传统，它给予了实听以坚实的基础。

二 道家的"虚听"

一般来说，道家推崇寂寞无声，高蹈玄虚，自拔于一般世俗之意识的，在听道里也特别把"神听"、"虚听"当作"悟道之由"，这个"道"的哲学就是虚听的根本哲学。在本书作者看来，与儒家建立在一维的客观时间之上的实听的生命（性命）哲学基础不同，道家强调的是一种多维弥散的气机哲学[②]。

什么是气机哲学？气，是中国哲学的本体、本根、本元，《文子·九守·守弱》："气者，生之元也"，承认气是生命的、世界的本原。在气机哲学里，"气"以"机"为发动力并获得生命，有机则有气，有气则见机。《说文》："主发谓之机。"《大学》："其机如此。"郑玄注："机，发动所由也。"孔颖达疏："机，谓关机也。动于近，成于远"。《庄子·天运》："意者其有机，缄而不得已邪。"《至乐》：

[①] 唐君毅：《中国哲学原论·原道篇》（上册），中国社会科学出版社2006年版。
[②] 气机哲学是罗艺峰教授提出的中国哲学一脉，主要是道家哲学。目前这一哲学思想尚未见深入的论述。

"万物皆出于机,皆入于机。"这一思辨色彩浓厚的哲学思想,它面对的主要不是客观世界,而是意识世界,是玄思基础上的具备"无"(道)的性质而又弥散着哲学之"气"(机)的世界①,如唐君毅先生所论,"如以老子之道即无,或自然律,或人生态度,或物质,或生命之本体,或在帝之先之 God-head,或自然之全体……"这样一个观念、物质、精神、生命混一的世界,当然是弥散的、多维的,也正因此,所谓气机哲学也就主要是一种意识哲学,它必然超拔于儒家世俗世界之外、之上,当然也就是虚听的世界:

  泰初有无,无有无名;一之所起,有一而未形。(《庄子·天地》)

  视乎冥冥,听乎无声。冥冥之中,独见晓焉。无声之中,独闻和焉。(同上)

  听之不闻其声,视之不见其形,充满天地,苞裹六极。(《庄子·天运》)

在道家看来,万物从道(气)受命而生,触机而生,道气合一,才能同乎大顺。只有具备无的性质的"气"才是宇宙的来源和根本。道家对"无"(气机)的赞美远多于对"有"的言说,因此关于无声、无音、虚听的观点就建立了起来:

  无音者,声之大宗也。……无声而五音鸣焉……是故有生

---

① 王弼注《老子》说:"人之有知,不及地之无知;第之有形魄,不及天之有精象,天之有精象,不及道之无形,道之有仪,不及自然之无仪。"这个人、地、天的世界,也就是一个气机世界,它是能动的、联系的、弥散的。见唐君毅《中国哲学原论·原道篇》(上册),第148页。

于无，实出于虚。(淮南子·原道训)

> 朱弦漏越，一唱而三叹，可听而不可快也。故无声者，正其可听者也。(《淮南子·泰族训》)

无声作为声音的本源，虽然听不到却能使五音震响。所以有生于无，实出于虚。音乐就应该只可听而不可快心，所以无声之乐才是可听之乐。有声之乐出于无声之道，这正是道家听之道中所体现的"虚听"。庄子哲学的核心是返回"道"，而要返回"道"，则必如《庄子·在宥》所要求的：

> 至道之精，窈窈冥冥；至道之极，昏昏默默。无视无听，抱神以静。……目无所见，耳无所闻，心无所知。

这里反映了道家圣人的听觉特点：由心—气—神—道之间的进阶关系，从耳听到心听，在通往"心斋"的路上更近了一步。当然，因为"气"是弥散的、多维的，机是随机的、触机的，所以道家"气听"的世界肯定是虚玄的，耳实际听到的世界则是线性的、单维的。道家建立的倾听方法，是不用耳听，而用心听，不用心听，而用气听，耳朵反而成为达到心斋"不染尘境"的障碍，"气"则是对心听、耳听的超越，气就是虚，而虚就是道，"唯道集虚"，道超越了实体性的听。现代哲学家论道：

> 气是一种动力，贯穿每一个人，从其基本的身体需求一直到其最高价值的完成。无论从深度的心理学或从人格的发展、道德哲学，这种思路都有很大的说服力。[1]

---

[1] 杜维明：《一阳来复》，第37页。

在中国哲学看来，世界上任何物质和精神的实体，他们中间都有内在的联系，最突出的就是"气"的观点，"气"可以把不同的物质世界和生命形态联合起来，构成一个有机的整体。本书谓之为气机的世界，实际上，这就是一个意识世界，这个意识整体并不是静态结构的，而是动态发展的、弥散联系的。总之，建立在弥散气机哲学上的虚听，远比实听更具精神价值，但也更难为一般人所实行。

第三章 听之道的现代回响

第一节 听——通向心灵的耳朵

一 视听之思

人类感知觉的渠道有很多,据统计,人类感知信息约有70%以上来自视觉。正因如此,自柏拉图开始,视觉被赋予了贯通智慧、洞察灵魂的能力,被认为是通达理性的桥梁①。历代的艺术家和思想家在众多的感知系统中尤其强调视觉。一代艺术大师达·芬奇曾热情赞颂:"感觉是大地,理性则是来源于大地的思考。被称为人类灵魂之窗的眼睛,这个心灵之窗是了解自然的主要感受器,它是知解力用来最完满最大量地欣赏自然的无限的作品的主要工具。耳朵则居于次要地位,它靠收听眼睛看到的事物才获得体面。"② 法国 18 世纪伟大的启蒙思想家、哲学家、法国大革命的思想先驱卢梭在其《论语言的起源——兼论旋律与音乐的模仿》中也这样说道:

> 古人的最生动最充满活力的表达方式不是言辞,而是符号。他们不是去说,而是去展示。古老的史书中记载的用符

---

① [古希腊]柏拉图:《蒂迈欧篇》,谢文郁译注,上海人民出版社 2005 年版,第 32 页。
② 《达·芬奇笔记》,郑福洁译,生活·读书·新知三联书店 2007 年版,第 9 页。

而不是话语之类的事物去更加有效地表达自己意图的事例比比皆是。……大流士带着他的军队进攻斯奇提亚时，他收到了斯奇提亚国王派人送来的一只青蛙、一只鸟、一只老鼠和五支箭。来人呈上这些物品，一言不发就回去了。大流士从来人送来的这些物品中感受到了深深的恐惧，他旋即放弃了对斯奇提亚的进攻而罢兵回国。……因此，诉诸视觉比诉诸听觉更有效。①

卢梭认为诉诸视觉比诉诸听觉更有效，是因为手势等肢体活动比语言更直观更自发，不像声音、语言符号那样，需要依靠后期的约定而达成共识。但是他在肯定视觉的同时，也认识到了声音对情感的推动作用：

那些打动我们的语调，那些令我们不可能充耳不闻的语调，那些渗入我们心灵最深处的语调，它们带动了我们全部的情感，让我们忘我地感受我们自己所听到的东西。我们断定，可视的符号能让我们更加精确地模仿，而声音却能更加有效地激发我们的意愿。②

声音可以公平地一视同仁地传播到当下每个个体的耳朵里，穿越和弥漫在空间介质中，不仅如此，发声者在说话的同时也听到了自己的声音，体会到自我意识的存在，而手势等肢体活动就只能比画给近距离的几个人看。古希腊视觉中心主义的真理观奠定了相应的西方认识论范式，并促使其后的艺术美学理念逐渐向俗世的实在维度靠拢；而一向注重听觉的中国心学却始终以静、空的时间体验

---

① [法] 卢梭：《论语言的起源——兼论旋律与音乐的模仿》，吴克峰、胡涛译，北京出版社2010年版，第3页。
② 同上书，第6页。

方式将真理的理解置入了超越于空间之上的虚无维度，以谦卑的姿态在视觉霸权的压制下顽强进行着人生归属感的寻求，也正是这种归属感型塑了中国艺术文化内敛、体恤以及高蹈的独特品性①。希腊文化是强调视觉的艺术，如音乐、舞蹈、诗歌和充满几何线条的神殿、人体雕塑和建筑等，然而西方文学中最伟大的作品，集古希腊口述文学之大成的《荷马史诗》，相传却是由古希腊盲诗人荷马根据民间流传的短歌编写而成。

黑格尔说："听觉像视觉一样是一种认识性的而不是实践性的感觉，并且比视觉更是观念性的。因为对艺术作品的平静的不带欲念的观照固然让所观照的对象静止地如其本然地存在着，无意要把它消灭掉，但是视觉所领会到的并不就是本身对象观念性的，而是仍保持着它的感性存在。听觉却不然，它无须取实践的方式去应付对象，就可以听到物体的内部震颤的结果，所听到的不再是静止的物质的形状，而是观念性的心情活动。"② 如此说来，"声音的特性是流逝、逃逸，永远同时间系在一起，并且依附着运动……而颜色从属于地点，它像地点那样是固定的，持久的。它在静穆中闪烁……"③ 这里的"颜色"与视觉直接相关，如果说视觉活动是以掌握空间的形象（"像地点那样是固定的"）为主要特征，是一种无关于时间承诺的感性识别，那么听觉所感受的经验一定是在时间的流转（"依附着运动"）中体现，"在时间中展开，在空间中衍生。视觉对象在空间中的相对凝固和定格，不同于听觉对象在一种让人看不见，摸不着的空间中同样有所感动的存在"④。这种声音的存在，听觉的感知是一种时间流动过程中的立体弥散，也正是在这种弥散中，

---

① 路文彬：《论中国文化的听觉审美特质》，《中国文化研究》2006年秋之卷。
② ［德］黑格尔：《美学》第三卷，上册，朱光潜译，商务印书馆1996年版，第331页。
③ ［法］克洛德·列维-斯特劳斯：《看·听·读》，顾嘉琛译，中国人民大学出版社2006年版，第128页。
④ 韩钟恩：《声音的规定性与音乐的艺术特性》，《福建艺术》2004年第4期。

我们感受到了声音本身和自我的存在,即听觉对象和听觉主体共在的状态。

中国的传统文化,在孔子那里也表现出对听觉的重视,"关关雎鸠,在河之洲",主要是被听到而非看到的。德国中世纪哲学家埃克哈特说:"听的力量,远远要比看的力量更为宝贵,因为,人们通过听所获得的知识,胜过看所获得的,只有听能够使人们更加得以生活在智慧之中。……去听,更多的是内向,然而看却是在向外,至少就看这个活动原本的含义是这样。所以,在永生之中,我们要拥有福乐,依靠听,远胜过依靠看。因为,听那永恒的真理之道,那是在我的里面,而看,却是离我而去。在听的时候,我是在接纳、承受、关爱,而在看的时候,我却是在做事。可是我们的幸福却并不依赖我们所做的事,而在于我们从上帝那里的感受。"①

基于此可知,视觉是人处在观察对象之外,与对象保持一定距离,以一个分离的、离散的形式呈现,而听觉却是以声音呈现,整合当下所有的声音信息,汹涌地进入听者的身体。视觉形象一次只能够从一个方向映入人的眼帘:要看一个房间,或是一处风景时,我不得不把目光从一个对象转移到另一个对象。然而当我聆听时,声音同时从四面八方向我传来:我处在这个声觉世界的中心,它把我包裹起来,使我成为感知和存在的核心②。

二 若盲若聋 与天地同

中国早在春秋战国时期,已建立起"听"的基本观念和元范畴。元范畴是指学科体系和逻辑的原点及终点,理论的原型。先秦时期就已经提出"声一无听"、"听和"、"听之以心"、"听之以气"、"听

---

① [德]埃克哈特:《埃克哈特大师文集》,荣震华译,商务印书馆2003年版,第500页。
② [美]沃尔特·翁:《口语文化与书面文化:语词的技术化》,何道宽译,北京大学出版社2008年版,第54页。

乎无声"、"神听"等审美理论,到宋明时期又提出"听淡"和"听情"的美学范畴,直至近现代,在社会高速发展的全球化时代,人们又重新想要返回听觉之思,想要倾听自己内心的声音,这种对"听"的思考有着千年的延续性,不得不引起重视。

德国哲学家约翰·哥特弗雷德·赫尔德在他最有影响力的作品《论语言的起源》中反复强调,"感觉"是一切概念和抽象表达的唯一来源,这里的"感觉"当然也包括听觉,他认为人在接受外部刺激时,听觉是最重要的官能,它占据了感官的"中央位置",而就语言来说,主要是经由听觉、声音上升至抽象,因此,听觉是"通往灵魂的真正之门",它可以连接沟通视觉与触觉[①]。德国的社会学家、哲学家齐美尔这样说道:"看得见而听不见的人,比起听得见而看不见的人,心情要混乱的多,束手无策的多,烦躁不安的多。"[②] 可见,在齐美尔那里,听觉占据着比视觉更重要的位置。事实上,在古代中国人的思维中也持有同样的看法,如前文所论,中国文化里存在着对听觉的极端重视,上古时期就有"熏目为瞽"这样的事情。问题是,为什么要成为瞽呢?

瞽矇这个特殊的人群,早在尧、舜、夏时期就已有之,他们是从巫乐中分离出来的[③]。《国语·周语上》中提到古代天子听政时,"使公卿至于列士献诗,瞽献曲,史献书,师箴,瞍赋,矇诵",然后由天子斟酌采纳。这里说到三种盲人:一是"矇",指有眼球,眼皮能开合,但不能见物的人;二是"瞽",指有眼球,眼皮闭合,更无从见物的人;三是"瞍",指眼中空洞、眼球天然萎缩的人。这三者的失明程度有由浅而深的区别,所以他们分别担任献诵(矇)、献

[①] 参见崔莹《后现代音乐及其美学问题研究》,博士学位论文,上海音乐学院,2010年。
[②] [德]齐美尔:《社会学:关于社会化形式的研究》,林荣远译,华夏出版社2002年版,第487页。
[③] 陈四海:《论先秦音乐艺术家——瞽矇》,《人民音乐》2009年第9期。

曲（瞽）、献赋（矇）的职责①。说明古人已明确认识到视觉和听觉的冲突，视觉对听觉具有"掩蔽效应"。据《文子》记载：

> 皋陶喑而为大理，天下无虐刑，何贵乎言者也；师旷瞽而为太宰，晋国无乱政，何贵乎见者也；不言之令，不视之见，圣人所以为师也。（《文子·精诚》）

> 鳖无耳而目不可以蔽，精于明也；瞽无目而耳不可以蔽，精于聪也。（《文子·上德》）

皋陶，是中国上古时期传说中的人物，作为舜、禹时期的一位贤臣，曾被舜任命为掌管刑法的"大理"（狱官），因结合法治和德治安邦治国而闻名天下，成为中国先秦史中颇有影响的一位人物。可是，皋陶口不能言居然可以做大官，师旷目不能视竟然可以做太宰，看来耳朵和眼睛似乎也不是那么的重要，不言之政令，不视之识见，正是圣人效法的东西。据说我国最完整最早的编年史著作《春秋左氏传》就是传自瞽者左丘明，战国时期荀子的《成相篇》也是由瞽人所做，因此，可以说瞽人乃是说唱音乐的鼻祖②。耳聪目明，各有所本，用有所宜，不能相互替代。

"所谓明者，非谓其见彼也，自见而已。所谓聪者，非谓闻彼也，自闻而已。所谓达者，非谓知彼也，自知而已。"师旷乃春秋时晋平公的盲乐师，历史上有名的善听者，他生而无目，故自称盲臣、瞑臣。师旷博学多才，尤精音乐，善弹琴，辨音力极强，是以"师旷之聪"闻名于后世，其艺术造诣极高，后世民间曾经附会出许多

---

① 王小盾：《夜对于上古中国人的意义》，《听觉与文化学术研讨会论文集》，江西师范大学叙事学研究中心，2015年。
② 陈四海：《论先秦音乐艺术家——瞽矇》，《人民音乐》2009年第9期。

师旷奏乐的神异故事。他不但是盲音乐家，还是辅佐晋平公治国的官员。《太平御览》卷七四〇引《尹文子》曰："瞽者无目，而耳不可以。察，视也，精于听也。"《国语·周语下》韦昭注云："瞽，乐太师，掌知音乐风气，执同律以听军声，而昭吉凶。太史，掌抱天时，与太师同车，皆知天道者。"[1] 正因为"精于听"的生理特征，使他能够专心于乐律，达到很高的造诣。相传师旷为了"绝塞众虑，专心于星算音律之中"，就"熏目为瞽人"[2]。《周礼·春官宗伯·瞽矇》记载："瞽矇掌播鼗、柷、敔、埙、箫、管、弦、歌。讽诵诗，世奠系，鼓琴瑟。掌九德、六诗之歌，以役大师。"可见，历法、礼乐、口述历史和相星占卜等都是瞽矇所从事的内容。《左传·襄公十八年》中记载，晋人闻有楚师，师旷曰："不害，吾骤歌北风，又歌南风，南风不竞，多死声，楚必无功。"这位善听之人师旷既是乐家，又是占家，还是兵家。兵家可以通过察五音以佐胜，就在于听律听声，同声相应。上古时期，善听的神瞽可以听见天道的运行，帮助帝王安排生产、礼仪和战事，这是通例。《文子·上德》篇曰："聋者不歌，无以自乐；盲者不观，无以接物。"耳聋的人不唱歌，没有用以自乐的东西，眼盲的人看不见，因为目力接触不到事物。声不通其耳，色不见其目，所以心如静水，就拥有比常人更精通的一面，精于听目的是以耳通神。钱锺书说：

  古道家言中，《道德指归论》再三以盲聋哑喻至道。《天下有始篇》："为瘖为聋，与天地同；为玄为默，与道穷极；"《知者不言篇》："聪明内作，外若聋盲。……得道之士，损聪弃明，不视不听，若无见闻，闭口结舌，若不知言；"《万物之奥篇》：

---

[1] 参见陈来《古代思想文化的世界》，生活·读书·新知三联书店 2002 年版，第 63 页。
[2] （晋）王嘉：《拾遗记》卷三，中华书局 1981 年版，第 78 页。

"君子之立身也，如喑如聋，若朴若质，藏言于心，常处玄默；"《上士闻道篇》："简情易性，化为童蒙，无为无事，若痴若聋；"《知不知篇》："无处能之乡，托不知之体……若盲若聋，无所闻见。"①

因"以其无目，无所睹见，则心不移于音声。故不使有目者为之也"（《周礼·春官宗伯》贾公彦疏）。闭着眼睛吟唱，屏蔽共时性的现实世界，使声音具有一种历史性，与民族文化和历史意蕴相融合。按照古人的说法，耳不能听，口不能言，目不能视的人才可以知大道，至言。不看不听，是为玄默，与道相通，返其天心，是为归朴。藏言于心，以神喻道！

这样一种极其古老的传统，既有神秘意味，也有实际效用，在中国历史理性里却往往被边缘化，正统史家把它看作怪力乱神，一般文人鄙薄其为民间小道，总之是不入流的东西。但是，这个东西却在我们的民间传统里延续了数千年，它的身影在今天的民间生活里还若隐若现地存在，这是极古时代的听觉文化在今天的回响！

三 以"聪"代"明"的盲人音乐家

作为生理的官能，眼睛和耳朵都是感知外界接触不可或缺的通道，但它们的结构和功能却大不相同。据说道术很高的人物，可以用眼睛来听，用耳朵来看……耳目在感觉经验上的歧异，是我们很容易察觉的生理现象②。道家真人列子、道教祖师亢仓子能以耳视，曰："吾能视听不任耳目，而不能易耳目之用。"③ 然而，就在我们生

---
① 钱锺书：《管锥编》第二册，上卷，生活·读书·新知三联书店2008年版，第90页。
② 杜维明：《一阳来复》，第410页。
③ 《钦定佩文韵府》卷八十四之一，文渊阁《四库全书》本。

活的纷繁世界中，也有这样一群以"聪"代"明"的人艰难地活着。他们为什么要以瞽的身份来演示自己的存在呢？

巍巍的太行山里，一群盲人互相搭着肩膀，靠着一根棍子的支撑，他们深一脚，浅一脚，蹒跚而行。他们从来没有看到过太阳，没有看到过这个世界，他们向着天，向着太阳行走，行走、演唱、再行走，一年四季都在路上，春天来，秋天走。来的时候带的是歌声，走的时候带走一路风尘。走村串巷，边走边唱，既是他们的谋生方式，某种程度上也是太行百姓对他们的一种很具体的帮助，对他们来说，时间不是以年月来计，时间几乎是一个世纪，这该是怎样一种生存！生活在山西左权县的盲艺人们，用自己的生命演唱着一种远离城市喧嚣，接近神明和灵魂的声音。

> 正月里梅花开，花开人人爱。光棍我有心想采一枝，拿回家里没有人爱……光棍我有心想不去求人缝，春风吹得我腰腿疼。
> （琴书《光棍苦》）

第一次听到盲艺人刘洪权的这首琴书，我为之一振。二胡、唢呐、锣鼓、三弦，伴随着跌宕起伏的行腔吐字，唱出了生活的苦涩与欢愉，他们用歌声让我们听出了常人无法理解的生活。他们是一群特殊的艺术家，生活在音乐的世界里，用声音这种独特的召唤方式表达自己，与人沟通。他们从来都不知道有多少人在观看他们的演出，但他们之间有一种岁月积累下来的默契。对一个旁观者来说，你无法想象和理解他们之间持续几十年用这种特殊的情感方式相互交流。我只能说，耳朵的力量如此强大，作为"文化的器官"，它接收和承载的意义又是如此厚重！2003 年，在著名音乐学家田青的帮助下，他们来到了北京演出。对于一群从未走出过太行山的盲艺人来讲，这是第一次，他们激动的心情自然可想而知。然而，盲艺人们的音乐能感动生活在钢筋水泥中的人吗？在北京高校巡回演出的时候，他们去了梦想中的天安门，"看"了升国旗，当国歌响起的时候，盲艺人们告诉陪同的人，"我们看到了，真的看到了！"音乐在此，已经打通了听觉和视觉之间的障碍。盲艺人的眼睛自然是看不到的，但他们可以借助耳朵，依靠一种听觉记忆来获取外部信息和完成表演。通过对听觉的刺激获得一种感知和信息，从而形成一定的声音空间，这种声音空间事实上是在感受声音运动规律的同时产生的一种空间想象，再利用人的联觉反应获得一种视听感悟。他的听觉空间把各种汇集于人耳的声音形成了一种文化场，这种文化场在一定意义上就成为社会关系或文化符号的载体。这是因为，音乐艺术的空间属性，不仅体现于音乐存在方式的声学物理空间特性，还表现为人在接受音乐时产生的心理感应过程。由于人的两耳听觉具有空间定位功能，并且人耳还能够对不同"声场"（声音的场景、场合、声源方位等）的音响效果产生听觉记忆，因此，当音乐的声音作用于人耳，感应于人心时，就会在人心理上形成一种意象空间。同时，音乐声音还会造成心理性引申反应，会在人脑中产生自然环境、社会场景等现实空间的主观联想[①]。

音乐史上有很多关于盲人音乐家的故事，西方社会有，中国民间则更多见，他们与音乐之间天然地具有某种联系。我甚至认为盲人是天生的音乐家和诗人，因为他们看不见这个纷繁复杂的世界，很少有杂念，所以他们比常人更善于倾听，善于冥想，以"聪"代"明"，在黑暗中直接与鬼魂对话，与神灵对话，所以从某种意义上说，他们其实比我们更能"看清"这个世界。人们常说上帝是公平的，丧失了视觉的缺憾，却通过发达、灵敏的听觉在某种程度上给予了补偿，而被迫关闭"心灵的窗口"，反而使心灵在绵绵的暗夜中

---

① 薛艺兵：《流动的声音景观——音乐地理学方法新探》，《中央音乐学院学报》2008年第1期。

沉淀、发酵、升华，最终化为动人心魄的旋律①。盲人学习音乐全部都是依靠口传，老一辈盲人教年轻一辈，慢慢听会。与山西左权县的盲宣队有些相像的是，在陕北清涧县也有一支这样的盲人队伍，以说唱长篇故事为生，是黄土高原上最后一群说书匠。这群朴实的盲艺人，他们常年游走于各个村庄之间，与其说是为了追寻日渐式微的传统艺术，倒不如说是为了"讨生活"。如果你看过黄新力的摄影作品《陕北盲人说书》，你一定会怦然心动，作为"纸上的纪录片"，照片里附有简短的文字，令人过目不忘。这些当代的盲瞽，既为神唱，也为谋生。

一方面，当地人信神，认为天旱，逢灾都得请神，问神，所以盲艺人常常被安排到庙里说书，成为联系神和人的中间人，神的代言人，无妨说，他们具有某些神性。另一方面，盲艺人的坚守，并非以艺术为根本，实乃生存之需要。过去在陕北，说书是盲艺人的专利，明眼人介入是不道德的，所谓"明眼人不敬神"，被认为抢盲人饭碗，是要受到天谴的，甚至遭受盲人的驱逐和群殴。这种特殊的表演行业得以延续和传承背后的真实文化情境和集体无意识下的神性要求，是我们今天的研究者要注意的。百姓打井、修窑、婚丧嫁娶、庙会活动，都要邀请盲人来说书助兴，当然，说的最多的就是"平安书"。另外，历史上许多盲说书人还兼具问卦（因为不能察言观色，所以百姓认为说得应）、看病、安神、谢土等巫神功能。除了说唱专门的书文内容外，他们还承担有个别的迷信仪式活动，如保锁娃娃认干大（老百姓相信盲人这辈子已经受尽磨难，来世必定幸福）、请神驱鬼扣娃娃等②，据说这些人命硬，能克邪避疫，连鬼神也惧怕，又会手艺可以表演，所以常常充

---

① 刘红庆：《向天而歌——太阳盲艺人的故事》，北京出版社2004年版，第12页。
② 李宝杰：《区域——民俗中的陕北音乐文化研究》，文化艺术出版社2014年版，第73页。

当保锁人①。那么，这些盲瞽艺术家，在发出声音的时候，他们怎么样听呢？民间传统里，听具有怎样的性质和方式？

第二节 民间艺师之听

一 何家营鼓乐社采访手记

西安鼓乐作为古代汉族音乐的重要遗存，是目前在中国境内发现并保存最完整的大型民间乐种之一。新年的前一天，我驱车来到西安市区约五十公里的何家营村，采访了刚刚从北京演出回来的何家营鼓乐社何忠信社长。目前在陕西地区比较活跃的两支队伍，一个是何家营村鼓乐社，另一个就是周至县的鼓乐社。

何忠信（1953— ），1967 年开始随鼓乐艺人何生哲、何永顺学习鼓乐。1989 年，担任何家营鼓乐社社长。经过多年的学习，他掌握了何家营鼓乐全套的演奏技艺，并培养了数十名鼓乐传人。2006 年被授予"陕西省非物质文化遗产代表性传承人"称号；2009 年 6 月，被国家文化部授予"国家级非物质文化遗产西安鼓乐代表性传承人"称号。

采访时间：2014 年 12 月 30 日上午 9 时
被采访人：何忠信（简称何）
采访人：蒋晶（简称笔者）
采访地点：陕西省西安市长安区韦曲街办何家营鼓乐社

我们的采访是在一个老旧的房子"南塘轩"里进行的，这个房

---

① 保锁是陕北乡民在孩子出生或孩子初病时，请神婆神汉来保锁，给孩童脖颈戴上挽神符的彩色锁线。被保锁的孩童要认保锁人为干爹、干娘，还要改姓换名字。保锁的主要作用在于祈保平安。参见"榆林新闻网"，http://www.xyl.gov.cn/html/news/2014-09/149281049023FGE57F809#6B43DF.html。

图 3-1 何家营鼓乐社社长、国家级非物质文化
遗产传承人何忠信（蒋晶摄）

子既是村民们学习和演奏鼓乐的地方，又是乐器陈列馆，七八岁学习鼓乐的孩子们也在这里接受传承。一块黑板，一个电暖气，几张木凳，就是这个屋里所有的物件，只有墙上挂着的一圈锦旗和镜框，证明了西安鼓乐曾经的辉煌，从音乐学家杨荫浏来当地考察的照片，到和日本雅乐乐师同台演出的照片，再到西安鼓乐赴澳大利亚参加音乐节的照片，何社长一边感慨一边介绍，言语中既有兴奋又有少许无奈。

图 3-2 何家营鼓乐社使用的工尺谱《将军令》（蒋晶摄）

图 3-3 何家营鼓乐社旧排练室（蒋晶摄）

笔者： 何老师，咱聊聊你学习鼓乐的经历吧。

何： 我是1968年开始跟鼓乐社何生哲老艺人、何生碧社长开始学的，那会儿我初中还没毕业呢，韵曲全凭何生哲老艺人教。韵曲的话，一个社里头能韵曲的没有几个人，一般人都是跟着学呢，你吹我就来了，但是你叫他把这个曲完整能韵下来，农民么，你想，首先这个音腔不咋向（不怎么样）。再个，你把这曲背不下来也韵不成。我1970年奏（就）毕业了，"文化大革命"毕业不上学了。毕业后奏（就）一直在农村，因为我个人爱好这，从喜爱到坚持，所以也奏（就）没有断过。平时打工干活，晚上练习。我学的那些年，每天晚上老艺人都来教来排练呢。学这要用心呢，不坚持不用心不行。我1989年当上何家营鼓乐社社长，现在除了教些年轻人，还教少儿鼓乐，有少儿鼓乐社，还有，给长安二中高一高二的娃们教鼓乐。长安二中的娃们在铁一中举行的西安市中小学艺术展演演出鼓乐《将军令》，10月12号一等奖也拿回来咧。给俺们村小学的娃也教少儿鼓乐。小学生们学得快。有的娃愿意看简谱，所以你看我这工尺谱底下也对照写了简谱，但是我一般都教工尺谱，不教简谱，简谱咱也不会。其实工尺谱好教，都是"捱捱子"（固定的），死记硬背，只要你用心。娃们每个一来，先准备个本本儿，你给牌上把谱子一写，开始抄谱子，抄工尺谱，然后背。现在的娃们方便，都是手机一照，然后你韵曲人家一录音，回去空了练。

现代社会随着媒介技术的发展，听觉体验的内容和感知方式获得了极大改变，由此产生了多样化的接收和传播途径，并影响到音乐的教育，欣赏和创作。从音乐传播方式角度讲，既有口传心授的传播方式，又有在音乐教育体制中实施的传播方式，这些传播方式又与一定的人文背景有关。音乐传播作为文化传播行为，必然是在其存在的文化背景、审美习惯、技术条件、经济状况、教育体制等外部条件的支持、配合下才能完成①。用手机拍照、录音回去以后再听，再练，这种学习方式在当前社会显然已不仅仅存在于西安鼓乐的传承中，很多民间传统音乐也是如此，然而，声音的存储到还原涉及"声音现场"的问题。众所周知，任何介质的声音从录制到聆听需经历四个环节和步骤，这四个环节存在于不同的现场中：一、声音录制环境制造出来的声音现场是第一现场；二、录音拾音能力（麦克风）制造出来的声音现场属于第二现场；三、录音重放设备（留声机）制造出来的声音现场是第三现场；四、录音重放技术制造出来的声音现场乃第四现场。这四个现场的次序同时体现了声音不断衰减与变形②。从科学意义上讲，人的自然嗓音"过电"之后，经过设备的"过滤"，得到的音质和之前是有所不同的，尤其是低频部分，许多时候这种录音或电声介质不但不会美化声音，反而会削弱掉音色中最有魅力的部分。其中，第一现场既包含了所唱录音，也包含了当下的环境音响；而第二现场除了有第一现场的两种声音外，还增加了新的设备噪音和电流声；第三现场中声音的好坏取决于当前重放设备；第四现场不仅声音品质发生了变化，而且播放空间也发生了改变。可以肯定的是，录音和唱片会使音乐广泛传播，但同时也削弱了人的情感的重要性。音乐通过电子介质，已经失去了它的原真本质，尤其是人性化的真实表达和情感传递，然而这恰恰是音乐的核心与灵魂。

音乐作品是否能真的感动人心，首先是和真人，面对面的音乐表演密不可分的。时下很多的经典唱段、名家演绎，我们只能通过

---

① 修海林：《音乐学领域中的传播学研究》，《中国音乐》1993年第2期。
② 张刚：《追溯"声音现场"——从"四五花洞"谈起》，本文系作者在"京剧老唱片、老电影学术研讨会"上作的学术报告，转自"国音爱乐"公众号。

听唱片来还原和想象当时的声音现场,至于到底有多接近于名家的嗓音,我们不得而知。因此,大众媒介的不断兴起、革新和应用,凸显了现代科技进程不断发展和如何维护传统之间的矛盾,同时也改变了我们对于音乐的审美价值观念和判断。我们现在听到的、教授的、练习的种种"经典"是否是当初原生的经典呢?高文厚先生在他的一篇文章中也表达了同样的疑问和忧虑:

> 我们听了半个多世纪在曾侯乙时代根本不存在的古代编钟与管弦乐队的合奏。我们还一直在听钢弦的古琴和琵琶演奏十八世纪的音乐,这样的钢弦乐器在十八世纪其实是不存在的。我们从 60 年代后期开始就在听这样的音乐了,而且几乎所有的琵琶演奏者在演奏《十面埋伏》时都是大同小异的,现在很难从录音中分辨是谁在演奏。唱片的时代好像是贫乏的机械复制与统一标准的时代(当然现代音响技术也带来很多好处)。我们一直在听用现代乐器,包括电子合成器所演奏的祭孔音乐,我们甚至可以称其为"传统",因为早在 30 年前那些虔诚善意的儒家主义者们就开始这么做了。在京剧中,旦角已经改由女声出演,而我们已经接受其为"传统"。现在的京剧乐队在表演时常常加入一个低音乐器(或者至少有阮的伴奏),同样地,我们也认为这种音乐是"传统"的。①

到底什么才是传统?传统应该以何种方式继承?口传心授的传统与现代科技进程中凸显出来的矛盾如何平衡?正如杜维明先生所讲的,"要想了解我们的传统文化,非常困难,我(杜维明)常常说是一种遥远的回响,听不到它的声音,看不到它的菁华,因为日常

---

① [荷兰]高文厚:《作为创新之路的中国古代音乐》,孙静、王艺译,《人民音乐》2008 年第 2 期。

用的价值标准全是西方的"①。

> 中国传统音乐文化……显然是在历史上发生与发展的,有些得以传承至今,有些则在历史长河中演化,有些甚至消亡。但是,中华数千年的古老文明已经深深地溶化在国人的血脉之中,因此,不可能烟消云散。有些传统可以很好地融入现代社会,有些则因现代人观念的变化,与现实有一定的矛盾性,究竟哪些是应该继承的,哪些是应该扬弃的,这首先应该是建立在对中国传统音乐文化的家底能够摸清楚,并加以分辨的情况下。②

法国哲学家亨利·柏格森认为,语言作为人的一种技术,它损害并削弱了集体无意识的价值观念。如果没有语言,人的智能会全部卷入其注意的客体。语言之于智能犹如轮子之于脚和人体。轮子使人的肢体更轻盈、快速地在事物之间移动,而卷入却日益减少。语言使人延伸和拓展,可它又使人的官能割裂。人的集体意识或直觉,由于言语这种意识的技术延伸而被削弱了③。他认为,只有靠直觉和沉思,而不是科学或理性,才能解开人类存在之谜④。韩锺恩曾在1998年为《音乐爱好者》杂志开设"临响经验"专栏,首创"临响"⑤一词。所谓"临响经验",并不是指一般意义的"听乐",而指亲历音响发生现场(音乐厅)的感性直觉和体验,并由此成就一种经验,这种"经验"(不仅包括自身的内在听觉积累,还包括自身参

---

① 杜维明:《一阳来复》,第57页。
② 项阳:《当传统遭遇现代》,上海音乐学院出版社2004年版,第2页。
③ [加]马歇尔·麦克卢汉:《理解媒介——论人的延伸》,何道宽译,商务印书馆2000年版,第115页。
④ [法]莫里斯·哈布瓦赫:《论集体记忆》,毕然、郭金华译,上海人民出版社2002年版,第21页。
⑤ 韩锺恩:《当"音乐季"启动之际:北交首演音乐会——并以此设栏"临响经验"》,《音乐爱好者》1998年第3期。

与作品之后所产生的外向的投射）可以看作是一种文化的还原，用胡塞尔的现象学来解释的话，就是"一种在场的经验通过意向显现一种不在场的意义"（韩锺恩）。因为作品呈现是一种不同元件组构、不同功能协同的"规模作业"，此临响，是亲"临"以过程表达所呈之音响（作品）①，因此，返回声音发生现场是获取"音响经验实事"（既不属于物理范畴的声音，也不属于心理范畴的听觉音响）的先决条件，以耳倾听，不仅是人们感知物理音响的方法和途径，更是获得音乐人文叙事的必要手段。他曾试图建立一种感性直觉体验与理性统觉的合式，来叙述音乐审美的方式。感性直觉所面对的是当下的音响事实，而理性统觉则对应于接受者的先验事实。所谓的先验事实，即音乐所对应的人文底蕴，即接受者在音响中移植的生命体验与生命经验的合式（见韩锺恩《音乐意义的形而上显现并及意向存在的可能性研究》）②。

张振涛认为，如果要让大家认同传统的声音概念，就必须把经过"艺术过滤"和"科学提纯"的声音拉回到原本的"粗糙的地面"上，哲学思考必须要和活泼泼的生命体验发生关联。回到声音原点去阐释中国人的声音概念，就是发现解释乡村世界真实的方式。想要走出误区，就要把声音放回自己的历史语境和传播脉络里，还其本真面目③。

在场的"临响"，与不在场的"勾联"，是处在不同空间中的"同听"状态。萧梅曾在《仪式中的制度性音声属性》这篇文章中也明确表达："若执仪者脱离了仪式场域，那么采访者要求他（她）们展演乐曲或长篇祷词是很困难的，因此，脱离语境的田野音声采录

---

① 萧梅：《回到"声音"并一再敞开》，《音乐艺术》2011年第1期。
② 转引自杨赛《从临响到直觉——论音乐美学的学科性质》，《人民音乐》2008年第6期。
③ 张振涛：《噪音：力度和深度》，曹本冶主编《大音》第五卷，文化艺术出版社2011年版。

要谨慎。"① 由此说明，任何声音现象都应该在声音对象的文化场景中得以检验。

二 重识传统：老何的鼓乐与他的耳音观念

笔者：何老师你现在在乐社里主要演奏啥乐器？

何：啥乐器我也奏哩。现在的年轻人都是我教，2012年到澳大利亚演出，那些曲子都是我教的，最早就是学吹笙，后来笛子，学的过程中又注意到老艺人的打击乐，我就开始背谱子。鼓乐就是个口传心授，老艺人给你工尺谱，你不背会不行。简谱的话，我个人认为是凭看呢，但是工尺谱你没办法。你像我黑板上写的《将军令》，那奏（就）是凭背呢。

在民间艺人的表演和传承经验中，听音和背谱是传统音乐最重要的，尤其是听的本事，决定了你在学艺的道路上能走多远。简谱的文本思维和工尺谱的听觉思维在何忠信的眼中有着根本的区别。

笔者：户县有个天主教堂，教堂里还是当地农民唱些民间曲牌，有个女的还用白布上写的简谱，这种情况在你们乐社里存在吗？

何：咱乐社里没有。你像西安唱词社他也是拿白布写哩。一写就挂在庙门口，看着唱，为啥呢？因为他背不过，他要照着念。写到纸上，今儿一带明儿一带就烂了，白布上方便，也好保存。我原来还在挂历上抄过谱子。鼓乐必须要经过手抄，我学的时候不但手抄，而且最后上正式本本儿，还要背抄。背抄不下来，你过段时间就忘了，必须背抄。（你看这本谱子，

---

① 萧梅：《仪式中的制度性音声属性》，《民族艺术》2003年第1期。

上百首曲子呢，总共三套，前天我上西安音乐学院韵曲全部韵完咧！）

背谱和抄谱（工尺谱）对民间艺人来说是硬功夫，而且抄谱一定是要背着抄，这么几十上百页的谱子，即使过了很多年，也不会都忘记。我想起了屈家营村抄谱的屈炳麟，这种听觉记忆一旦建立起来，他的稳定性和影响真的是一般人所不能及的！

由看谱—听音—背谱—韵曲，实际上完成了从入心—入耳—入心行为的双向反馈。通过看谱、听音和背谱，视、听觉的互通，进入过去时空的记忆当中，而韵曲则是把已经入耳、入心的音响材料外化成一种行为，通过当下时空的一种感觉和技术表达出来。

何社长告诉我，2005年他被邀请到中国音乐学院给资料室录音，接待他的是张天彤老师。当时，三架机器同时录像。他把所有曲子全部韵完，至今学校资料室还存有他的鼓乐碟片。何家营村的鼓乐到现在已有一千三百年历史了，安禄山叛乱以后，唐朝将军何昌期平叛之后在这里安营扎寨，把流落在民间的艺人请进军营里给当兵的教鼓乐。于是，何家营村的鼓乐也吸收了一些民间庙宇里的东西，平常到庙里在敬药王的地方唱，唱药王赞，赞药王孙思邈。也有观音赞，专门唱观音菩萨的。

笔者：何老师你说学习鼓乐背谱很重要，那你在背谱方面有什么诀窍没有？

何：我过去，老艺人给我往牌上一抄，然后听他韵两遍，韵两遍之后咱就不叫老艺人韵了。何生哲我这都叫爷呢。我说："爷，你奏包（就别）韵咧，我韵。"我韵，啥地方再不对咧，老艺人过去讲究中间不要掐几句韵，他还得从前边由头儿再韵。为啥咧？中间他韵不出来么。我给你韵两句。（唱）这中间有反复，本来老本儿上不标反复记号，就满哈（下）抄。所以老艺人韵谱时候你必须注意力要集中听，要不集中，老艺人要从头韵一遍很不容易的，要下功夫。再一个韵腔要好，要唱。你像现在我教这些娃们韵曲，要是从中间掐断，停一下，我就得把前面几句在心里默念，才能接上。

过去就是从头儿整个儿开始。过去你想，农民哪有识字的？能写工尺谱的就算有点文化的，一般人都是盲文（文盲），都是凭耳音灌呢。工尺谱你奏（就）是写好，他也认不得，就是凭听，反复韵曲反复练么，关键"耳音"要灌好，你要认得字，一上谱子一吃到字那就快了。基本上音韵听起差不多。

这里"灌耳音"是一个非常重要的概念，许多民间艺术都是这么传下来的，也就是听和记，集中注意力听、"要唱"、"在心里默念"，采访中几个鼓乐学习的关键词，都反映了听的重要，有声的听和无声的听（内心听觉）有效结合，耳、口、心一并发力，共同作用于对音腔的听觉记忆。民间音乐传承中"听"的传统，一方面是一种"亚文化"，不在精英文化的层面；另一方面，它又是一种隐性知识，无法上升到"概念"、"知识"的稳定形态。它必然导致人传人的口传相授方式，这是传统音乐的根本存在方式，即，以听入耳，以耳入心，在群体生命内部传承，其中，"听"起到十分关键的作用。

何：何家营这儿有个特点，小孩子三四岁直至到八十岁的老人，都能韵两句曲子。专业跟不专业是两回事，最起码他也知道。他就在音乐当中生活着哩，你像我们村前天才去世这个老汉，他根本就是个文盲，但是跟我也工尺工尺的哼哼呢，他也知道咋念，小娃们也会唱几句。

何家营从三四岁的孩子到八十岁的老人，都能韵两句曲儿。"他们就在音乐当中生活着哩！"说明声音环境的影响对于听觉的培养，以及音乐的学习和审美有着重要的意义。春秋时期楚国著名琴家伯牙曾拜师于成连，学琴三年仍未有高超的琴艺，于是师徒二人置身于蓬莱山，伯牙独自面对茫茫大海十几日，那里"群峰互峙，海水崩折，林木幽冥，百鸟哀号"。听着波涛汹涌的海浪声，悲号的鸟鸣声，望着葱茏的山林，偶遇钟子期听其音，遂得其情于山水。此种声音环境容易引发移情作用，把琴声、心声和自然之声融为一体。可见，环境的不同对听乐感受有必然的影响。东方如此，西方亦同，蒋孔阳先生曾提道："听音乐，各个民族的差异也十分明显。宽衣博带，坐在苏州式园林的水榭或亭子里，烧一炉香，泡一壶茶，轻轻地抚弄着古琴或古筝，唱一曲《春江花月夜》或《游园惊梦》，这是中国古代士大夫知识分子典型的艺术享受。反过来，穿着大礼服，打好领带，带着自己的妻子或情妇，坐在包厢里面，欣赏贝多芬的交响曲，或者观看莎士比亚的悲剧，则是西方人典型的艺术享受。"[①]歌以叙志，以歌记事，是很多民族的文化传统，尤其在少数民族中更为凸显。少数民族于长期的文化习俗中形成了相对稳定的、特征鲜明的声音元素，如蒙古族的长调短调、云南的纳西古乐、新疆维吾尔族的木卡姆、贵州的多声部无伴奏合唱侗族大歌，还有被称为铜鼓王国的贵州水族音乐等，这些都是民族伦理文化长期影响而生成的结果，也是民族身份认同的表现之一。而作为人口最多的汉族，其南北方音乐因为地理、环境、民俗、饮食文化等影响也有很大差异。

何：鼓乐就是口传心授，过去是传男不传女，传内不传外，

[①] 蒋孔阳：《中西艺术与中西美学》，蒋冰海、林同华编《美学与艺术讲演录续编》，上海人民出版社1989年版，第1页。

只给俺村人教,不给外村人教。现在社会变迁了,经济社会,男同志要管家人生活,加上现在我们地也没有了,为了维持这个鼓乐社,2002年招了一批女学员,这也是经过多年的努力才接收的一批新学员。1996年何均在的时候给我写了两个告示,往街道一贴,没召集来人。有个别女的想学的,她家里头不愿意。"人家鼓乐社都是男的,你一个女的学那奏(做)啥?"一直扛到2002年,我们到碑林文化局去演出,我找了八个女的给我扛旗,主要是让她们看看人家外社已经有女的了,我们社还没有。回来后就开始和村干部商量,让全村的妇女在隔壁这个场场子扭秧歌,买的录音机,头天晚上七八个人,慢慢一个礼拜后一百二十人,场场子转浑咧,转浑咧我看差不多,扭毕后我就号召她们,鼓乐社现在想招一批学员。谁愿意学鼓乐谁就报名,结果一次就报了五十多人。根据我的体会,这个鼓乐一般都是成双不成单,你一个人学不成,你奏(就)是会,你也把这曲子吹不经典。两个人奏可以互相比赛,互相听。咱俩同时吹这个曲子,你独独儿一个人吹不下来。这中间就是你不会的听我的,我不会的听你的,互相学习,这就是成双不成单。别的乐社我不知道,俺乐社是这样。在学习整套曲子的时候就得两人。像我当时学的时候一共有三十多人,最后就我一人坚持下来咧。每天老艺人给你韵两遍,然后我俩就要放声唱,鼓乐你不唱出来不行。老艺人韵曲时候唱的声奏(就)大。那五十多个女的经过半年学习之后,剩下三十多个韵曲的,再到乐器上之后又打了个绊子。当时乐器比较少,再加上有些家务事,后来留下了十三个女的。鼓乐这个环境复杂,你要适应这个土壤你就能生存,农村人不像单位人素质高。那十三个女的也把功夫下了,连续三年一年四季每天晚上排练两个小时,那是很感动人的。这些女的一般演出活动都能参加。

成双不成单，互相听互相学。

笔者：你当时学习鼓乐是怎么练习背谱的？现在乐社里有人不识谱吗？

何：首先一定要注意听，接着人家韵谱的时候你注意看，韵到啥地方，你就看到啥地方，只要你能跟上对照着，那就不容易。韵谱过程中的"哼哈"在谱子上是看不来的，这是韵曲过程中的技巧问题。谱子是死的，韵曲是活的，所以韵曲更重要。当然也不是每个曲子中都有"哼哈"。你比如我给你韵个《普天乐》（开始唱）。"哼哈"唱出来和拿乐器演奏出来还不一样，乐器演奏的"哼哈"必须用实字（代哼哈）在乐器指法上标出来，随时给他们要说呢。所以人家说韵腔唱出来比乐器韵出来好听，有味儿。

乐社里的人背谱，死记硬背。现在都有文化了，社里头人识谱。过去庙里头点蜡烧香敬神，家里头都是煤油灯，冬天老早天就黑咧，他们不可能天天晚上睡得早，就到庙里去，庙里头有讲神话的，有教鼓乐的，你想学了就坐跟前，光听，听着学哩。但是他又认不得字，就灌耳音，耳音是相当重要的。何家营村1800多人，之所以老少都能韵两句，说明他自小就受这个影响。有时候俺们吹笙，人家那些喜爱鼓乐的老人也不懂，光听，就给你说啥地方没吹好不对路。再一个，何家营村经常有些活动，村民们也经常听，时间长了感觉就出来了。你像这个学习鼓乐，本村的姑娘和外村的姑娘嫁到本村，学习效果奏（就）不一样。本村的姑娘奏（就）学得快。如果他先人奏（就）是搞鼓乐的，那学得更快，甚至连谱都不抄，不背。像俺村的老艺人何生贵（音），他对鼓乐相当喜爱，他的儿子不抄谱也不背谱，但是你吹头一句他就能接第二句。这奏（就）是俺农村人说的"胎教"。他主要是受听的影响，很重要。

北方音乐的代表像笙管乐、西安鼓乐都是先听会，再唱会，"哼哈"一直靠这样传承，而韵谱的先决条件就是靠听。何家营村从三四岁的孩子到八十岁的老人，都能韵两句曲，且不说专业与否，最起码也会唱，他们就生活在音乐当中。本村的姑娘和外村的姑娘嫁到本村，学习效果也大不一样。这不仅反映了声音环境的问题，还涉及听觉经验的培养，说明个人的音乐听觉思维主要是在潜移默化的习惯中，建立在一个文化（民族）群体的音乐思维习惯基础上的，并受到该文化（民族）群体音乐思维习惯的制约。这些习惯是先入为主的，并形成最初的音乐思维听觉经验、审美习惯，这种习惯也是影响最为持久的。在此影响下制造、产生出来的音乐文化信息（例如某种音乐形态、乐器、审美观念、趣尚等），一旦投入该文化（民族）群体文化传承的长河中，便可以传播甚久，并且可以在跨度相当大的时间、空间范围内保持某种"惊人的稳定性"[①]。

笔者：那韵曲每个人都韵的不一样，有没有个标准？

何：有。我教的时候，俺有录音带呢，是1953年杨荫浏的录音带。大家把录音一放，谱子往牌上一抄。我再照住牌上一韵，三对照着教。何家营村这你念错了，不行。我学韵谱，要人家老一辈艺人认可你韵的好才行。你像乐社那些人为啥韵不成曲？他韵得不准。咱也不说咱韵的好与坏，老人教的啥俺学个啥，一样就对咧。韵腔也不是说相当准，只要老一辈人觉得准就好着哩。还有音腔要好，唱得好。韵腔也不能胡变相，一定要"三对照"。基本上就没啥差异。差异主要是男女的气息差别，男的气饱一些，女的弱一点。男的能韵到位，女的韵不到位。合奏齐奏听不出来，单人演练的时候就听出来了。

---

① 修海林：《音乐学领域中的传播学研究》，《中国音乐》1993年第2期。

韵曲正如古琴中的打谱一样。中国传统音乐中常常有以身为度，以耳齐声的例子，尤其体现在古琴的"打谱"中。因为古琴谱中只标明了指法和弦位，而没有节奏，所以必须通过打谱这样的考古和翻译工作来把它进行还原和转化，成为有节奏、可传播的音乐。"节奏的最主要功能还在于它的情绪效应，而节奏的情绪效应明显特点是它的主观性。"① 因此，在这个过程中可能就会出现不同的理解和演绎。

笔者：农村是不是有讲究谱子要五十年手抄一次？咱这儿还这样吗？

何：有条件还是要抄一下好，我也抄，原样抄下来就好了。我抄谱都是背抄，但是在背抄之前需要演练好几回。我们常演的曲牌奏（就）是这一百多首，你看这谱子，总共三套，全部韵完得十个小时左右。有些曲不常练，慢慢奏（就）忘咧。

笔者：过去据说有用豆子来记节拍的，你们韵曲的时候有没有什么特殊的方法？

何：我听老人们说过去边韵谱边在肩膀上、腿上打，在身上拍位置呢，但我没见过。等我学的时候，都不拍了，我咋念你就咋念。

"在肩膀上、腿上打，在身上拍位置"，身体实践促成对声音的记忆，我几次采访的对象，都提到过这个问题，这与柯达伊的"手语教学"异曲同工。1986年英国人约翰·柯尔文首创手势（hand-sign）教学法，后来，匈牙利的作曲家、音乐教育家佐尔丹·柯达伊将其运用到无伴奏合唱的训练当中，并将手语教学法进一步传播发扬。手语教学可将单纯的声音形象、听觉形象通过肢体语言表达出

---

① 修海林：《音乐存在的听觉感知基础》，《中国音乐》1990年第3期。

来，转换成为一种视觉表演，辅以不同的空间位置和丰富的联想，最终使得音乐的学习更加直观、简单。

上海音乐学院萧梅老师曾对仪式音乐中的"迷幻"现象，及由此现象延伸出的"体验"和"缘身性"的问题进行过探讨，见其《"缘身而现"：迷幻中的仪式音声》。文中明确了人对于声音的体验，并非单向度地作用于听觉，而往往是以整个身体来感知它[①]。中国传统民间音乐中不乏利用腿部、腹部、肩部和脚来进行"听乐"和乐曲记忆的，人对于音乐的听觉体验是一个综合感知的过程，绝不是单一器官的纯粹知觉反应。作乐者个人的感知、觉受和表达都离不开"身体"的直接经验与体认。正如唐·伊德在他的《聆听与发声——声音的现象学》一书中所表达的："声音物理性地穿透我的身体，我以我之身躯，从骨头到耳朵，'听'到了它。"[②]

比如，置身于"冀中音乐会"的仪式现场，我们不仅能从那些笙、管乐师闭目正襟的吹奏姿态中感受到他们共同的虔敬，透过这些仪式化的姿态，还能追溯影响、支配这一身体姿态的隐蔽的意图。"离娄微睇兮，瞽以为无明"（《楚辞·九章·怀沙》），或许它是对历史上"目无明则耳聪"之瞽师作乐的效仿。在这种沿袭的仪规中，乐师奏乐的身体处于与历史关联的情境内，通过作乐的实践引发蕴含着的心性与感情[③]。

西非歌舞艺人等口头谱系传承人吟诵部族的谱系，族人聆听。因而凡是族人不愿意听的族谱，都会退出他们的保留节目，这些族谱终究走向消亡。政治上获胜者的族谱当然比失败者的容易传承。口传方式……使历史里不合时宜的部分容易被遗忘[④]。

---

① 萧梅：《"缘身而现"：迷幻中的仪式音声》，载曹本冶主编《仪式音声研究的理论与实践》，上海音乐学院出版社2010年版，第356页。
② 转引自徐欣《聆听与发声：唐·伊德的声音现象学》，《音乐研究》2011年第4期。
③ 萧梅：《身体视角下的音乐与迷幻》，《中国音乐学》2010年第3期。
④ ［美］沃尔特·翁：《口语文化与书面文化：语词的技术化》，何道宽译，第37页。

梅里亚姆的"概念—行为—声音"三重认知模式至今在人类学领域仍被广泛应用，对于音乐应该在文化中或作为文化被研究已经形成共识。中国音乐属于东方音乐文化类型，与西方音乐文化大相径庭，其音乐的"声音、概念、行为"存有许多差异。西方称"音乐是听觉的艺术"，而中国音乐不仅是听觉的艺术，也是"心觉"的艺术，甚至是"身觉"的艺术，包含有身体行为，戏曲中的手、眼、身、法、步，唱念做打的整体性中就包含身体行为表演，中国艺术中将书法称为"心画"（如唐代画家张璪的"外师造化，中得心源"成为中国画论史上的经典名句），这反映出中国文化中汉语语言形声文字音响所提供的复合意象，单个声音和单个笔画在音乐与书法中均不是单纯的听觉或视觉印象，其包含着音乐文化认知心理方面的特性[①]。

笔者： 古时候有斗乐比赛，现在还有没有？

何： 过去偷经学艺，想学点手艺混口饭吃，现在没有了，门大开着也没人来。过去南贤东西村两个村斗曲，一家不服气一家，到年关了，隔条河，你吹我吹，看谁吹得曲子多。单乐社一般不存在这事情，因为都是一个师傅教的。何家营鼓乐社接近俗派，壮丽的，民间化。周至南集贤村的接近道派，偏高雅。

笔者： 咱鼓乐社里有没有盲艺人？你接触过盲艺人吗？

何： 咱社里没有盲艺人。我进社的时候，十几个老艺人都六十多了，认不得谱，但人家都是耳音好都能吹。老艺人舌花子和指花子好，就是乐器上表现得自如，像"哼哈"在乐器上奏（就）表现得好。他奏（就）不会唱，不会唱会吹，他把音韵都记到脑子里头了。乐器是指法表现么，就十个窟窿，那简单。

---

① 管建华：《中国音乐的审美文化视野》，中国文联出版公司1995年版，第196页。

他奏（就）不唱曲不韵曲，所以不韵曲奏（就）搞不成。

关于"哼哈"，不同乐师有不同理解，同一乐师在演唱和在乐器上的表现也会有所差异，这不仅仅是听觉的原因，还包括如何以文本形式记录听觉。上海音乐学院音乐学系刘红教授曾在一次讲座中提出："音乐也是有口音的。"[①] 即同样的谱面符号反映不同的音乐内容和意义，其中可能蕴含着人体动作和行为过程的信息，同时也涉及不同的乐谱演绎以及文化传承和习惯问题。如何记录音乐声响，如何通过韵谱去解读这些声响的符号，涉及较为复杂的文化感受和或隐或显的文化寓意。

笔者：像你们没有固定的演出时间，那鼓乐目前的听众主要有哪些？

何：主要是政府安排些演出，下来奏（就）是喜爱鼓乐的这些人，人家有个大型活动了啥的，你给咱来弄。还有奏（就）是过年过节。过去鼓乐朝山进香，吹吹打打步行去，像这南五台，见庙都得吹，从这儿到南山一带的群众还都很喜爱。一年演出多了奏（就）是二三十回，少也奏（就）是十来回。俺们没有商业性的演出。

笔者：现在有的学校将非物质文化遗产引进课堂，你在长安二中给高一高二孩子们怎么教，教什么呢？

何：我啥乐器都教。鼓乐社里所有乐器都教，主要给高一的教，去年报名六十五个，能坚持排练和演出的奏（就）是五十个左右，一次去一堂课，一个小时。有的娃补课、复习也不一定都能来。

笔者：现在鼓乐社有固定的排练时间吗？

---

① 中国音乐学网，http://musicology.cn/lectures/lectures_7635.html。

何： 今年少，因为我要负责修房，盖这个演奏厅。不过有啥事一叫都奏（就）来了。一般就是周六周天排练。

与多数非物质文化遗产所面临的困境相似，在南塘轩的旁边，老何指着正在修建的演奏厅跟我说，省文化厅和当地政府共同资助了120万元用于这个演奏厅的建设，目的还是想把传统文化继续传承下去。可是现在的年轻人都愿意出去打工，不愿意学鼓乐，而老何目前是这个乐社里年龄最大的，他把前面的老一辈一个个都送走了，到现在还没人能接他的班，这很是让他担忧。虽说政府有一定扶持，但是艺人的生活还是相对窘迫，毕竟都是农民，不像吃"公家饭"（像城隍庙的乐社）的有退休工资。说起城隍庙的乐社，老何一脸羡慕的神情。

图 3-4 何家营鼓乐社新建的演奏厅（蒋晶摄）

笔者： 你们家孩子有没有学习鼓乐的？
何： 俺三孩子都会。俺儿子上五年级的时候就跟我到古文化节上、城墙上演出去了,上了六年级,他老师怕影响娃学习,就没让娃学了。俺女子也会。主要还是耳音、喜爱、坚持,那奏(就)能成。

图 3-5 2016 年 6 月 11 日西安鼓乐何家营传习所开馆当日(蒋晶摄)

中国传统音乐的"口语生成法则"(管建华语)形成了活态的音乐,作为世世代代"以心传心,以口传口"强调直觉体验和个人体悟精神保留下来的西安鼓乐,也以口传心授作为其传承的主要方式,经过漫长的历史积累,乐师对乐谱符号的内心读解和技术操作上侧重主观体验,如何最大化地解读乐谱中除骨干音之外潜在文本的含义,揭示和表现具有无限魅力的"韵"是中国传统音乐的精髓。西方化的专业教育难免会出现"千人一面"的现象,艺术的发展终究是多元的,何家营鼓乐社目前的传承也存在这样的问题。这种由精确的记谱技术固化了的传统音乐,以及因西方符号系统传递的东西,有别于民间传统节奏规律的信息,"哼哈"和古琴的"打谱"一样,都有一个转化和再创作的过程,而这个转化的过程是非常微妙的,也是最能体现创造性和多样性的。传统音乐有其特殊性,不以乐谱的形式凝固,所以就有即兴性,它也是动态发展变化的。朱光潜先生讲"节奏是主观和客观的统一,也是生理和心理的统一"①。事实上,无论"哼哈"还是"打谱",还有像山西大学音乐学院院长王亮教授提出的"润腔读谱法",都是内心音响外显于节奏的一种反映。文化作为一种活着的传统,附着在具体的传承者身上,体现在民间乐师对传统音乐的认知方式、表达方式和解释方式之中。

图3-6 西安鼓乐何家营传习所演奏厅内部(2016年6月11日)(蒋晶摄)

老何不止一次地提到的"耳音"问题,甚至是他所谓的"胎教",都表明了"听"对于音乐的学习和传承有着举足轻重的意义。上海音乐学院音乐学系王小龙在他的文章中就音乐教育过程中听的能力培养给予高度重视。他认为,传统的民间歌手和艺人大多是靠听,听的途径来自父母以及周边的生活环境。正如老何

---

① 朱光潜:《美学书简》,上海文艺出版社1980年版,第78页。

说的:"你像这个学习鼓乐,本村的姑娘和外村的姑娘嫁到本村,学习效果奏(就)不一样。本村的姑娘奏(就)学得快。"这不仅是听觉环境的问题,还涉及听觉经验的培养。听,之所以成就了这些民间艺术家,是因为它暗含了人的身心发展规律和科学的学习方法。但如今这原本是被认为常识的学习途径竟然渐渐地被遮蔽了,代之而起的是音乐元素的分析,以及"识谱教学"等环节[①]。近年来,新疆师范大学张欢教授推行的"双重乐感"的理论与实践已显成效,包括"以听觉为基础的风格训练"和"以技能为基础的表达训练"两个方面。这为中国音乐教育的转型发展提供了理论与实践结合的范例。

第三节 道教观人之听

一 八仙宫听乐

到八仙宫听科仪音乐是我一直以来的一个愿望,不仅是学术上的愿望,也是新年的祈盼。在新的一年来临之际,多数中国人希望踏进庙宇宫观祈求神的护佑。2015年初,再有半月就该进入中国农历新年了,我随母亲到了位于西安市东郊的八仙宫祈福,一方面希望住院已经一个多月的父亲能尽快好起来;另一方面祈福保佑全家人能在来年一切平安。怀揣心愿我们来到道教宫观"八仙庵"(也称八仙宫),刚入大殿,就听到一段合奏的道乐,近前一看,道士们正在例行他们每天须做的"日课"。真是太好了,经过允许,我迅速拿出随身的卡片机开始录像。

那天采录的这段《全真正韵》不是完整的一套,据说它的使用根据场合的不同而有长短的区分。在后来的采访中,我了解到他们的经师其实并不像那天这样只有七个人,而是十三到十五个人,且

---

① 王小龙:《听——音乐学习的基本方式》,《中国音乐教育》2005年第11期。

这其中也不都是出家人。

图 3-7 八仙宫道教科仪音乐（蒋晶摄）

图 3-8 八仙宫道长何宗银（蒋晶摄）

晚课结束后，我对八仙宫的道长何宗银进行了采访。

何宗银（1969—　），陕西西安万寿八仙宫①道士，全真龙门派家字辈第三十九代高功②。陕西省商洛市山阳人，生于天竺山，1987年在天竺山出家。他十几岁便开始与宗教结缘，后辗转到了八仙宫，二十岁出头开始随八仙宫前任道长学习音乐，在此修道已有二十一个年头。每日带领经师十余人做早课与晚课，此外参加一些法会、道场和经忏等，主要从事打击乐等法器③的演奏，除了打击乐器，他本人还会吹箫。

采访时间：2015年1月5日下午15时

被采访人：八仙宫何宗银道长（高功）（以下简称何）

采访人：蒋晶（以下简称笔者）

采访地点：西安万寿八仙宫（长乐坊北火巷12号）何道长屋内

笔者： 何道长您好，刚才听你们演奏了《全真正韵》大概有三十五分钟，请问全套下来得多长时间？

何： 这个很多了，分不同的场合，你刚刚听到的是我们在做晚课，我们出家人有早课（早上八点半）、晚课（下午三点），还有各种道场，阳事道场（用于祈福）和阴事（超度亡灵）道场，所用的道乐都不一样，像阴事道场下来得四五个小时，有

---

① 八仙宫又称八仙庵，是中国西北地区著名的道教建筑，也是西安最大、保存最完整的道教宫观，始建于宋朝，后经不断维修和扩建，现存的建筑基本上属清朝时期修建的，是陕西省第一批文物保护单位。万寿八仙宫，为道教主流全真派圣地。清光绪二十六年（1900），八国联军入侵北京，慈禧太后和光绪皇帝来西安避难时曾住八仙庵，赠银整修，并颁赐庙额"敕建万寿八仙宫"，八仙宫因此得名。

② 高功：位居各执事之首，主要是在斋醮科仪中发挥主导作用，一般均由德高望重的高道担任。

③ 道教通用的法器有两类：一类为仰启神仙、朝觐祖师以及为了驱恶镇邪的器物，如朝简（圭简）、如意、玉册、玉印、宝剑（法剑）、令旗、令箭、令牌（召遣神将之牌）、天蓬尺（法尺，为桃木长尺）、镇坛木等；另一类为各种打击乐器，如铙、铛、镲、铃、鼓、钟、螺、磬等，是显示法力的象征性器物。

七八十条韵呢，不同的韵调不同的赞子，不同的经文用不同的赞调，像《全真正韵》一共七十二条韵，做哪个道场用哪个韵，全国的道乐都是一样的。道教的音乐在古代也是属于宫廷的音乐，是很温和，听起来很安静的。一是表达了对神的尊敬，二是给人们展现了道教的教理，教义，用不同的科仪来表现我们宗教的色彩。你刚刚听到的晚课是我们每天要做的，出家人靠自身之功修自身之道，一个是不要忘了祖师爷，同时约束我们日常的行为。口上念到，耳要听到，心要想到。

图3-9 经师演奏现场（图片来自华商网）

正如何道长所说："口上念到，耳要听到，心要想到。"口出声，声入耳，耳入心。既是道乐的学习方式，也是修道之人应达到的"神听"境界。我们知道，道教音乐与艺术音乐有很大的不同，仪式中的敲打、演奏是体现仪式音乐功能的重要环节，一方面联系着支配行为的仪式观念；另一方面又联系着作为行为结果的仪式的音乐声音。强调信仰行为中的功能（"靠自身之功修自身之道，约束日常

153

的行为")以及仪式过程中的特定含义和象征意义("召唤神灵,表达对神的尊敬;给人们展现道教的教理,教义,用不同的科仪来表现宗教的色彩")。因此,仪式音乐具有信仰层面上的超自然性和权威性,它受制于历史文化,而不是审美愉悦[①]。长期致力于研究仪式音乐的香港学者曹本冶教授认为,音乐是仪式环节中连续性和整体性的重要构成因素,道教仪式音乐的功能主要是"通神、养生、遣欲和宣化"[②]。通过唱诵这种温和清淡、曲调古雅、旋律起伏不大、清风流水似的恬静道乐,营造一种缥缈虚无的氛围,增强信仰者对神仙世界的向往和崇敬,将其带入至玄至妙的无为妙境。"此音无所不辟,无所不禳,无所不度,无所不成,天真自然之音也。"(《度人经》)

《太平经》说:"音声者,即是乐之语谈也……""夫乐乃以音响召事,比若人开口出声,有好有恶,善者致吉,恶者致凶。""故举乐,得其上意者,可以度世;得其中意者,可以致平,除凶害也;得其下意者,可以乐人也,上得其意者,可以乐神灵;中得其意者,可以乐精;下得其意者,可以乐身;俱得其意者,上帝王可游而无事。乐起而刑断绝,精神相厌也。"[③]《太平经》认为乐可分为上乐、中乐、下乐,上乐又称至乐,与道紧密相关。而听乐的效果又可以分为三种不同的情况:得其上意,得其中意,得其下意。"意"在中国艺术中是一个非常重要的美学范畴,形可逝而意永存。物之用有穷,而物之意则无穷,自然界万物皆有意,尤其体现在乐当中。所谓"乐之音不可以是止于物音,声不可以是止于肉声,乐之调不可以是止于力的旋律"[④]。因此,上得乐之意者,心意相合,以乐沟通神灵,超脱尘世为仙;中得乐之意者,可以领悟乐之精神风尚,使社会达到安

---

① 张振涛:《噪音:力度和深度》,曹本冶主编《大音》第五卷,第3页。
② 曹本冶、朱建明:《海上白云观施食科仪音乐研究》,台北:新文丰出版公司1997年版,第380—381页。
③ 转引自赵晓培《道教音乐 无为的妙韵》,《中国宗教》2012年第5期。
④ 胡兰成:《中国的礼乐风景》,中国长安出版社2013年版。

定和平之境；下得乐之意者，可以悦己颐养身心。此处的"乐神"、"乐精"、"乐身"三层次不正是《文子》讲的神听、心听和耳听吗？

  笔者：听说今天演奏笙和笛的请假了，平常你们经师一共几个人啊？

  何：平常一共十个人。今天有人请假，以前还有演奏琵琶的。他们有的在这里修道一段时间，就往南方走了，还是因为经济方面的影响，南方给的工资高一些。今天你看到弹古筝的那个女孩儿没出家，还有一个吹笛子的，她们还在支撑着我们八仙宫的道乐，每天的日课和晚课就像你们上下班一样，其余的很多人都走了。八仙宫这个经师班，曾经从艺校招了一些专业人员。早课时，演奏《澄清韵》《举天尊》《清净经》等，悠扬的乐曲便会萦绕在八仙宫附近。

  笔者：何道长，我看您左手敲忏钟，右手敲堂鼓，两只手的节奏不一样，但配合得很好，看上去挺难的。

  何：鼓在经师里就是个领头的，我需要打出各种节奏，给他们不同的信号，我打鼓的快与慢就是要告诉他们下一步该怎么办，你就要准备好你的法器，因为好几个人都是一人同时操作两三个法器。那么接下来你要用什么韵调要非常清楚，什么时候起韵要能跟上。我们集合通常就以擂鼓的方式，时间长了，道士们就会根据鼓点的强弱来判断事情的缓急，早上的上堂鼓一敲，他们就到经堂肃容打坐，开始念诵。

  《太上助国救民总真秘要》载有："凡建醮道场行法事时，必先鸣法鼓。"[①] 鼓是经师乐中最重要的法器。"我们集合通常就以擂鼓

[①] 胡军：《致乐与治心》，中国音乐学网，http://yyxx.whcm.edu.cn/info/1015/1151.htm。

的方式,时间长了,道士们就会根据鼓点的强弱来判断事情的缓急。"听上去像是回到了"声光传播"的时代,其实这里面反映了一个听觉信号的培养和内化的问题。八仙宫不算是很大的道观,但经师里的道士们却习惯于听声行事,而非奔走相告,其中的原因,一方面是声音本身的传播速度快,范围广;另一方面通过日常的击鼓,听音辨事,训练道士们的听觉能力,这种能力是长期积累下来的彼此之间默契的体现,不仅反映在每天的科仪中,同时也融入了他们的日常生活。在此,鼓声成为表达宣告、集合、命令、警报等功能的载体。

笔者:何道长,可以了解一下您怎么走上学道乐这条路的呢?

何:这还是出于爱好和信仰。我出生于天竺山,从小信仰自由,对宗教喜爱,所以十七岁就出家开始学经、念经,中间到楼观台①住过两年时间,后来二十岁出头就来到了八仙宫,一直到现在都没有离开过这里。来到八仙宫我才正式接触道乐,那会儿闵会长(闵智亭)他们教学、办班,我就跟着师父学习。我弹唱这些不太会,但是所有的打击乐我都会,这也是之所以身为高功的一个原因。我统领整个法会如何去做,所以就得要求你什么法器都会打,韵子怎么配,熟能生巧才能得心应手。

笔者:二十多岁开始接触和学习道乐算年纪比较大了,但您现在已经是高功了,请问您那会儿是怎么学的呢?学不学谱子呢?

何:我就是跟着这个师父学一学,再跟那个师父学一学,边听边学。那会儿我们还不学谱子,我也不懂谱,就是口传心授的。到现在我也不识谱,我也觉得跟我打鼓好坏没有啥关系,

---

① 楼观台是中国道教最早的重要圣地,位于秦岭北麓中部周至县境内。

就是听，靠灌耳音。边听边模仿，它有那个韵调在里面。

识不识谱体现的是一个对文本理解的问题。"到现在我也不识谱，我也觉得跟我打鼓好坏没有啥关系，就是听，靠灌耳音。"何道长从个人的习乐经验出发，再次肯定了"听"比"看"更重要！对他来说语言、声音的力量比阅读、文字更有用，这或许就是声音作为音乐感性材料的根本原因，与耳朵之间的必然联系。

  笔者：那如果不识谱的话，会不会影响你的这种听觉记忆的保存？这种听觉记忆不会被固定下来，很有可能时间长了发生变化？

  何：那只能靠长年累月，不停地听和反复做法事，灌耳音。

听觉能力的培养，并非一朝一夕就可以达到某种程度，取决于个人的禀赋，更重要的还是长期的听觉积累和训练。

  笔者：你们经师里面有几个不识谱的？如果识谱的话，用的什么谱子？

  何：基本上都不识谱。个别识谱的就用简谱（从书柜里拿来《全真正韵》简谱集）。你看，这本简谱就是我们前任会长闵智亭"文革"后凭他脑子记忆唱出来（因为之前也没有谱子）恢复的，专门有人记谱，后来简谱传到全国，就统一了。我们做早课（也叫早朝）就和皇帝上朝一样，我们是给神仙上朝，召唤神灵，以求功德圆满，得道成真，来实现修行和养生之目的。晚课主要是超度亡灵。

经师里的道士们基本不识谱，个别识谱的也仅仅是会认简谱，

157

而不是相对复杂的工尺谱。可见，即使是在当代，文本对于他们的学习和传承并不显得如此重要，而靠听来传承不仅是人类文化最早的雏形，也是现今人类最重要的文化形态。正如前文所述，即使在文字出现后相当长的时间内，文本依然不能担当起人类文化传播的重任，而听觉才是人类文化传播的重要媒介。

笔者：您刚开始学习打鼓的时候是怎么练的？

何：我开始学的时候没上鼓练，就用手指在腿上、桌子上、床上比划。

"用手指在腿上、桌子上、床上比划"，与众多民间音乐艺人并无二致，何道长对音乐的学习，也利用了身体的实践来帮助记忆。正如中国的民族音乐学家曹本冶所说，我们可以考虑不同形态的声音作用，可以考虑身体运动中存在的内在听觉，以及舞蹈动作是否仅仅是"受乐者"？还是包括身体韵律的"乐"之本体成分？[①] 耳朵在此已然不是接受声音信息唯一的器官，而是整个身体都参与了乐音的听觉记忆。因此，我们可以肯定地说：音乐也是身觉的艺术。

采访之余，一个年轻的道士热心地给我介绍"道教之音"网站，告诉我半个月前他们赴兰州参加了第十四届道教音乐节，可以上这个网站了解更多的信息。谈起道教音乐，他饶有兴致地讲述了武当山道乐团何本灼的故事，何道长20世纪初生于湖北一贫苦的农民家庭，本灼乃其道名，何本灼属全真派，是道教法事科仪高功、经乐师。何道长幼年时帮人放牛，十三岁由叔父带到武当山金顶天合楼出家。随师父学习《四书》《五经》及道教经卷，亦学道教法事科仪

---

① 转引自萧梅《通过罗杰的观看：音乐与迷幻——论音乐与附体的关系》，《中国音乐学》2009年第3期。

经韵，对笛子学习颇为刻苦，因此笛子技术精湛娴熟。后来回乡务农，直到 1981 年重返武当山紫霄宫任经乐师，才正式从事道教法事科仪活动。1986 年至 1987 年间，湖北省文化厅、武汉音乐学院、《中国民族民间器乐曲集成湖北卷》编辑部等单位到武当山搜集武当山道教音乐时，他当时已经双目失明，但由于他对道教音乐的厚实功底，仍能与其他老道长配合默契，所以参加了录音录像，提供了许多宝贵资料。20 世纪 90 年代初，"武当山道教经忏乐团"正式成立，双目失明的他，不但在教习经忏乐团成员学习道教法事科仪中的踏罡步斗时，仍能跟随音乐准确地完成标准程序，而且还能听出道长的动作是否正确，令道长们很是敬佩，可见其道教法事科仪功底之深厚①。在此我想，对于一个经乐师来讲，看不看得见已经不重要了。"当一个人与古人建立'神会'的关系时，那他就成了他们的代言人和代表。在执行一个活生生传承者的创造行动中，我们即疏通了精神上的同侪以及暂时的同僚间的隔阂。"②

二 "可听"与"不可听"

"凡乐事，大祭祀，宿县，遂以声展之。"（《周礼·大司乐》）史料记载，古代凡是遇到祭祀一类的大事，必须要有声音，或召唤神灵，或告知众生，因此"乐"就成为必不可少的事项，而举乐之时"聆听"就显得尤为重要，一方面要捕捉声音现场所传达的信息；另一方面还需根据环境和场域进行拓展，听取现场以外的声音。与人类学休戚相关的田野活动尤是如此。美国纽约州立大学教授唐·伊德在他的《聆听与发声——声音的现象学》一书中对"聆听"的集中论述令我们以各种方式"听到了"声音所传达的意义。这种意义可能来自声音本身，也可能来自声音场域与环境，亦可能来自人的

---

① 李华涛：《浅谈武当山道教音乐》，道教之音网站，2013.1.09. 网址 daoisms.org。
② 杜维明：《一阳来复》，第 155 页。

内在听觉意象①。人、音乐和环境共同构成了审美经验的三要素，彼此相互交融相互依赖。

正如曹本冶教授所认为的，仪式音乐中的声音由听得到和听不到的有意义的声音构成，其中包括一般意义上的"音乐"……所谓的"仪式音声"（ritual soundscape）和"音声声谱"（acoustic spectrum），一方面可以容纳不同的音乐观，另一方面又将仪式音声作为仪式场域的整体性观照，以探讨其音声符号或要素的意义及其相互之间的联系。我们可以注意观察那无声的默诵对于"迷幻"（比如灵魂附体）状态的作用，进而贴近仪式中迷幻者的信仰和宗教情感的诠释。实际上，这种"听不见"的声音对信仰仪式的研究确实太重要了。②

更多的时候，对于声音，听者必须主动地在大脑中做出听觉选择——在这种时候，"听"这种看似感官性的活动其实已经上升为高度的智力活动。原来音乐确乎在"可听"的层面之外尚有"不可听"的维度！③

美国心理学家哲学家威廉·詹姆士在他的《宗教经验之种种——人性之研究》中称音乐是"进入神秘界的原始的口令"④，它具有一种"超言说性"，意指我们很难用语言或文字去描述听音乐者或恋爱者的经验，这种经验和体会只有过来人才能知道。"话语停止的地

---

① 徐欣：《聆听与发声：唐·伊德的声音现象学》，《音乐研究》2011 年第 4 期。
② 萧梅：《通过罗杰的观看：音乐与迷幻——论音乐与附体的关系》，《中国音乐学》2009 年第 3 期。
③ 杨燕迪：《巴赫的神秘：可听 VS 不可听》，文汇笔会，2015 年 2 月 10 日，参见 http://chuansong.me/n/1148235。
④ [美]威廉·詹姆士：《宗教经验之种种——人性之研究》，唐钺译，商务印书馆 2002 年版，第 409—411 页。

方，便是音乐的开始。"① 我们常常会用这段音乐听懂了或是没听懂来描述一种感觉体验，事实上音乐不存在懂或是不懂，只有喜欢与不喜欢，好听与不好听，当然这些感受都是非常个人化的。正如很多音乐学人所疑问的，我们如何用非音乐的文字语言去记录和表达我们听到的乐声？音乐以声音作为其感性材料，非语义性是其主要特征，如何用文字来进行叙述和修辞？这是一个不得不面对的困惑和矛盾问题。

> 在瓦尔德马·博格拉斯对楚克奇萨满的描写中，我们"听"到了各种丰富的声音是如何体现出进入萨满体内的"凯来特"神以及辅助神的：其主要标志是出现了阵阵新的声音，这新的声音假想是凯来特所特有的声音……他歇斯底里地喊叫，并变换音调发出奇怪的拖长的尖叫声……他常常模仿各种假定是他的专门助手神的兽和鸟的声音。如果某萨满……没有口技家的能力，凯来特就开始歌唱并用他的身体击鼓。唯一的区别在于音色方面，此时发音刺耳而且不自然，好像他变成了精灵。……在其他萨满身上，"凯来特"则是作为"体外之音"而突然出现。……我听见表现为回声的谈话声。它如实重复一切闹声和叫喊……在大多数情况下，口技表演一开始就具有戏剧的特征。许多"精灵"接连登场。他们向萨满讲话并相互交谈，寻机吵架，辱骂，相互斥责。毋庸赘言，一个时间只能有一种声音，因此，就是最紧张的对话，也包括一套一个接一个的插话。②

上海音乐学院萧梅老师近些年在对魔仪音声声谱的研究中，特别探讨了仪式中"听不到的音声"。以自己的田野体验，提出在魔仪音声

---

① 海涅语，转引自田青《禅与乐》，文化艺术出版社 2012 年版，第 67 页。
② 萧梅：《"巫乐"的比较：执仪者的身份与性别》，《民族艺术》2012 年第 2 期。

声谱的连续统中,可以补充两类"无声"的部分:一是可观(感)的"默声";二是虚拟的听觉空间。佛教中的神诵、心诵或魔仪中的默咒、默祷皆为第一类;而第二类则为执仪者或信仰体系内的参与者所拥有的内在听觉。"默声"虽然听不到,不能以耳辨识,但其能量却并非不能感觉。事实上存在着一种内在的时间度量,即某种可感的节奏和韵律。例如,魔婆在默咒的同时具有手诀或比画符箓的动作。伴随着这种动作过程,仪式行为的时间度量便可观察。这恰好回答了"仪式能否被听出?"这个问题。然而,就"无声"部分的第二种,"虚拟的听觉空间"来说,它具有一般审美领域的共性,更多地参与到一些审美活动当中,即本书第四章中所讨论的"听无"(弦外之音)。这种弦外之音对于不同的听赏主体来讲,又会产生不同的内涵和意义。萧梅在一篇与廖明君对谈的文章中说道:

> 我不只一次听魔婆们描述她们在"过海"中听到的惊涛骇浪。但作为观察者,我在现场只能听到她们歌唱的亢奋,以及看到她们为穿行风浪努力晃动的头颅和躯体。虽然在她们的提示下,我可以感觉或者依据某种心理期待去建构这一音声,但这种建构如果没有与仪式当事人对于可听的物理音响的共同指认,仍然是人各一耳,声声相异。①

巫的"闭眼"之视(听),可见"阳世"所不可见,其以"歌舞"传递无形世界的消息,正是其身处之世的需求②。作为仪式场域中的声音,不管可听与不可听,有声与无声,它都是包含在一个完整的信仰体系中,以整体姿态来呈现的。比如宗教科仪中的庄严作象,意专观想,身与口协,口与意符,意与身合,神诵心诵以促进仪式产

---

① 廖明君、萧梅:《"巫乐"研究的新探索》,《民族艺术》2008年第3期。
② 萧梅:《"巫乐"的比较:执仪者的身份与性别》,《民族艺术》2012年第2期。

生调节道场的气氛的力量，并将理念中的"道"（即"无"）蜕化为"有"的外展过程①。巫瞽大师和彝族毕摩具有一定的相似性。最早的以及当下仍然活跃的毕摩集中在四川大凉山的彝族聚集区，在这里，每户彝族每年都要举行三次以上的做毕仪式，毕摩有主持招魂、咒人、咒鬼、供奉亡灵和先妣、诵经祈福等仪式的特权。做毕时的说唱更是彝族民间特有的传统文化与音乐和文学的结合，神秘而变化无穷。

中国的仪式音声如此，西方对声音的崇拜和关注也体现在不同族群当中。美国民族音乐学家斯蒂夫·费尔德（Steve Feld）的博士学位论文《声音与情感：卡鲁里人的鸟、哭泣、诗与歌》，通过分析鸟鸣的声音、哭泣的声音、诗与歌的声音及其交响的形态，来探讨这些声音如何成为卡鲁里人观念中情感与诉求的具体表达及其文化系统的生成，作者以卡鲁里人"作为一只穆尼鸟"的基础隐喻展开挖掘出声音与情感之关系，在"声音—鸟—情感—社会"的关系序列中让我们"听"到了卡鲁里人的"声音世界观"②。卡鲁里人的"声音世界观"，包含了对情感的反映，对整个民族的文化解析。耳朵在此充当了"文化的器官"。由此也可以揭示出"听"是一种更具艺术潜质的感知方式——听觉不像视觉那样能够"直击"对象，所获得的信息量与视觉也无法相比，但正是这种"间接"与"不足"，给人们的想象提供了更多的空间③。"人的听觉体验始终在人对世界的历史构建此处中。"④南美土著部落的苏亚人对于听的理解让我们看到了另外一个族群对声音的崇拜。苏亚人有一种说法，他们认为聆听好的人，善知、善解并且举止得当。或许是动词"听"和"行为纯正"从写法上看上去很相近，一定程度上也表明了两者之间的

---

① 萧梅：《从 Music 到中国仪式之"樂"》，《思想战线》2011 年第 1 期。
② 萧梅：《回到"声音"并一再敞开》，《音乐艺术》2011 年第 1 期。
③ 傅修延：《听觉叙事初探》，《江西社会科学》2013 年第 2 期。
④ 萧梅：《回到"声音"并一再敞开》，《音乐艺术》2011 年第 1 期。

联系。知识，在其他社会或许认为与眼睛有关，与视觉有关，而对苏亚人来说却是听觉现象。学得不好或是学习困难的人则被认为拥有"肿胀的耳朵"[①]，由此看来，耳朵是知识和道德理解的通道，是正确行为的基本条件，与耳朵休戚相关的"聆听"对于苏亚人来讲，显得尤为重要。

作曲家瞿小松曾说：改变听的状态，也就是改变看世界的眼。如果我们固执地以自负的、学院的"我"这个视角看她、他、它，我们见到的，无非是经教化以及众多观念规范过的、局限的、狭小的、虚幻的"我"的投射。倘若我们能够直接面对这些不同于学院派的音乐，直接面对这些鲜活的心，直接面对赤裸的自然，以她看她，以他看他，以它看它，以赤裸的心，触摸它们、她们和他们赤裸的灵，我们将有可能真正倾听，将有可能真正听到，将有可能直接体味她、他、它独有的世界与魅力[②]。

第四节　学院专家之听

一　自然、生命、声音

我一直在思考，基于我理论部分关于"听"的阐述能否从实践层面展开来探讨听的问题应该是一个非常有意思的论域。能否借鉴民族音乐学的方法来观照？观念的史实与田野的事实相呼应应该会让本书更加坚实。在本书构思期间，幸运的是采访到了乔建中老师。乔老师在中国传统音乐研究领域几十年积累的丰富经验和个人成就，以及他对自己的田野对象几十年不间断的关注，学界有目共睹，我个人也非常敬佩和仰慕，期盼可以从乔老师那里听到不一样的声

---

① ［美］安东尼·西格尔：《苏亚人为什么歌唱——亚马孙河流域印第安人音乐的人类学研究》，赵雪萍、陈铭道译，上海音乐学院出版社2012年版，第98页。
② 瞿小松：《音声之道》，生活·读书·新知三联书店2014年版，第27页。

音，通过一些田野个案，挖掘民间传统音乐中特殊听的文化和现象的遗存。

一切进展得都很顺利，2014年11月27日上午9时，我在西安音乐学院乔建中老师的音乐工作室如愿对其进行了采访。一杯绿茶几句寒暄过后，我们的讨论在轻松而愉快的气氛中进行。

笔者：乔老师，我想请您谈谈中国传统音乐中关于"听"的这个问题。在您的田野调查中，是否遇到特殊听的现象、听的方式在现今社会还有遗存？

乔建中（以下简称乔）："听"的这个问题很重要。你想，没有文字之前，如何结构我们的文化？如何传承、如何创造文化？那就是靠听。第二个层面就是，文字发明以后，实际上很长一段时间，大部分人不识字，那么还是靠听来传承。

人类口语文化时期，常常又被称作"听文化"时期[1]。这个时期获取信息的方式主要是通过口耳相传的途径。《易经》讲："天行健……"是说大自然是有意志的，有生命的，有生命的地方就有声音。在"听文化"时期，聆听大自然是人类早期对社会最赋予想象力的一种行为和方式。大自然中每一种物质和材料都有其声音特性，人类也就是在不断地通过听来发现和了解把这种声音特性提升为一种艺术材料的可能性。风中摇曳的竹子，竹竿与竹竿相撞击而发出声音，一定是吸引了早期在山野中生活的人们，刺激了他们的听觉，于是聪明的人截竹为管，制成所谓的乐器，尝试在空心的管中吹入气流使之发声，慢慢发现了声音的变化，而这有可能就是演变成后来笛子、管子、箫一类的竹管乐器。原始社会初期以部落为单位的狩猎生活最为常见，打猎或部落间的战前准备，都是配合呼喊的声音来扬威

---

[1] 张晖：《网络时代的音乐听知觉训练》，《人民音乐》2010年第7期。

助阵,以通过听声建立强大的心理自信。作为我国特有的闭口吹奏乐器"埙",在世界原始艺术史中占有重要的地位,在现今舞台上仍可看到它的身影。据考察,埙的起源最初可能是先民们模仿鸟兽的叫声而制作,用以诱捕猎物的,可见原始文化中"听"是极其重要的感知自然和人际互动的方式。

通观人类文化史,有文字记载的历史不过五千年,就中华文明来讲,文字的书写不过三千年,但口语文化的传统至少延续了十万年。听觉文化不仅是人类文化最早的雏形,也是人类最重要的文化形态。即使在文字出现后的相当长时间内,文字也不能担当起人类文化传播的重任,听觉依然是人类文化传播的重要媒介。一方面固然是因为耳朵作为文化器官的重要性;另一方面则是因为识字能力的获得并不是天生就具有,需要靠后期专门的习得与训练才能获取,不像听力与口语那样可以在生活中日积月累而形成一种大众都具备的能力①。文字产生以后,我们可以通过文字记载的史料来还原和想象古人的生活及文化。"听凤凰之鸣,以别十二律"揭开了中国音乐史的篇章,首字便与"听"相关。《诗经》第一篇:"关关雎鸠,在河之洲。……窈窕淑女,琴瑟友之。……窈窕淑女,钟鼓乐之。"(《诗经·周南·关雎》)《关雎》中所记载的鸟鸣声、琴瑟声、钟鼓声,都是对听觉形象的描绘。"猗与那与,置我鞉鼓。奏鼓简简,衎我烈祖。汤孙奏假,绥我思成。鞉鼓渊渊,嘒嘒管声。既和且平,依我磬声。於赫汤孙,穆穆厥声"(《诗经·商颂·那》)。在这首商代祭祀祖先仪式现场所唱的颂歌中,多种声音交织出现:简简和渊渊的鼓声、嘒嘒清脆的吹管声、平和的磬声,从鼓乐到管乐再到击磬,最后鼓乐齐鸣,听觉感受贯穿始终,从文学角度来考察,简简、渊渊、嘒嘒、穆穆这些叠词和象声词的使用,似乎也具有听觉上的节奏感和律动感,有意思的是,《诗经》中很多此类双音叠词是人对

---

① 陆涛:《文化传播中的听觉转向与听觉文化研究》,《中州学刊》2014年第12期。

鼓声的听觉模仿，例如"鼓钟将将"，"鼓钟喈喈"（《小雅·鼓钟》）；"鼍鼓逢逢"（《大雅·灵台》）；"钟鼓喤喤"（《周颂·执竞》），将将、喈喈、逢逢、喤喤，是对不同的音色在听觉上有所区别，由此体现出古人对于听的重视一定是超过了看的。先秦时期的"听政"、"听讼"，西周的"听狱"都是面对面进行交流而达于汇通。除去史料记载，古代传说中也不乏关于"听"的故事，据说周幽王喜爱美人褒姒，因为褒姒不爱笑，所以为了讨得她的欢心让她笑，周幽王想出了各种各样的办法，发现她喜欢听破碎的声音，便摔碎陶器给她听，发现她喜欢听丝绸破裂的声音，又专门差人撕丝绸。陶器的破碎和丝绸的破裂都有声音，听到这些响声会笑，也说明了褒姒听知觉对声音的敏感。

东非草原上有一种最常见的树叫合欢树，因为树上的黑色果实中有个空洞，风吹过洞孔便会发出悠扬的哨音，所以也称"哨子树"。"肯尼亚人非常喜欢在大草原上听这种风吹合欢树的声音，好像听着合欢树在说话。在他们看来，风钻过果实洞孔弥漫开来的气流，就好比人的呼吸。那是自然的气息，有风就有声音，有声音就有生命。听到它，你就能感觉到自己还活着。"[1] 可见，声音对于接受不同文化教育的人们却有着惊人相似的感知体验！正是因为可以听，我们才能感受当下，感受存在，证明我是"在场的"。从这个意义上讲"在场"与"被听见"构成对自我存在的持续提示。

二 听与口传文化

我们现在生活的世界是神奇的电子媒介时代，科技的不断发展和全球一体化的影响，使得文化传播，包括音乐的传播，已从历史上的口语传播、体语传播、光电传播、图式传播等阶段逐渐过渡到了大数据的时代，手机、电脑、CD、mp3、硬盘、网络云盘等，如

---

[1] 萧梅：《从感觉开始——再谈体验的音乐民族志》，《音乐艺术》2010年第1期。

此多样化的存储和传播方式，在一定意义上履行着文化传承的责任，然而，相对于更多的音乐学习者和受众来讲，口传心授依旧是目前中国传统音乐最主要的传承方式。著名历史学家余英时说："传统是在不断阐释中存在的，经过阐释的传统才是有生命力的传统。"① 口传心授作为一种有生命力的传统，在古代社会，无论是在音乐传承的师徒制中，还是在音乐的族内教育、家庭教育、宫廷教育等传播行为中，都是居于主要地位的。在近代社会，口传心授的音乐传播行为在农村、在某些民族内部，甚至在现代教育体制中都还存在，但是对于社会大多数成员而言，新型音乐教育制度在传播行为上改变了以往师徒制的口传心授的传承关系。尤其是 20 世纪广播和电视的发明，使得音乐的传播无远弗届，人们不必依靠某种严格的师徒制，不必受限于距离的影响而去实现音乐的传播②。

无论是口传还是利用电子媒介来进行传播，我们都始终离不开听觉这个接收官能，分析民间音乐文化中听的现象、传播、建构和传承问题，我想通过一些真实的例子来展开讨论。

事例一

乔：前天我们到户县去考察一个天主教堂，这个教堂的成员都是当地农民，他们在做礼拜或者是举行一些大的活动时，一定要用音乐。虽然是天主教堂，但他们的音乐不是西方的圣咏，而是借用中国民间的曲牌：主要用笛子、笙、二胡、十面锣、鼓板，没有管子，这其中有四五个老人是第四代传人，他们完全靠工尺谱来传，先韵曲再演奏。另外几个妇女求简便，都挂着简谱看，这些简谱抄在白布上，专门有一个人负责给她们翻谱，比画着，她们照着吹。这些人当中有一个老头，他根

---

① 陈致：《余英时访谈录》，生活·读书·新知三联书店 2012 年版，第 207 页。
② 修海林：《音乐学领域中的传播学研究》，《中国音乐》1993 年第 2 期。

本不看谱，而且同时操作几个乐器。这说明这些曲子他都是先韵会，已经靠听觉在脑子里形成记忆。另外，他一个人同时操作多样乐器，这就说明听的记忆已经和生命融为一体了。所以，那天我就给其他人讲，你们要是永远看谱子，还得有人给你翻谱，那你的音乐永远是死的，不是活的。如果靠简谱来传，那不行，我建议你们跟这几位老先生一起学习韵曲。所以，我想说中国传统音乐里的传承方式就是靠听。

"听觉记忆"是一个非常复杂的问题，涉及生理、心理以及文化的层面，天主教堂班社里的这个老农正因为不看谱，依靠强大的听觉记忆，所以才能一个人同时操作多样乐器，说明乐谱的声音形象日积月累已经在他的大脑中形成了强大的稳定的记忆，虽然这个事例中并未呈现这种记忆是如何形成的，但我们已然看到了它的力量和不可替代性。

古人对"听"的强调是我们生活在现代的人所难以企及的，《庄子》里有一个"轮扁斫轮"的故事：

> 桓公读书于堂上，轮扁斫轮于堂下，释椎凿而上，问桓公曰："敢问，公之所读者，何言邪？"公曰："圣人之言也。"曰："圣人在乎？"公曰："已死矣。"曰："然则君之所读者，古人之糟粕已夫！"桓公曰："寡人读书，轮人安得议乎！有说则可，无说则死！"轮扁曰："臣也以臣之事观之。斫轮，徐则甘而不固，疾则苦而不入，不徐不疾，得之于手而应于心，口不能言，有数存焉于其间。臣不能以喻臣之子，臣之子亦不能受之于臣，是以行年七十而老斫轮。古之人与其不可传也死矣，然则君之所读者，古人之糟粕已夫！"（《庄子·天道》）

这里面其实也讲了一个口传的问题，口传主要还是靠听觉。做车轮要不紧不慢，结合实践才能得心应手，当然有的经验和技术是不可言说的，"世之所贵道者，书也……语之所贵者，意也，意有所随。意之所随者，不可以言传也"（《庄子·天道》）。大自然中事物的形状、声音、色彩都是可视可听的，但是，这种可以用语言文字来描述的视听并不是大道，真正的道无法表述，且真正懂得道的人只可意会，而不言说。如轮扁所言，就像我不能非常清楚地告诉我儿子，我儿子也不能明白地接受，所以我七十岁了还在一个人做车轮。既然"道"不可传，那么圣人已经去世，他们的思想精华也随之而去，我们看到的文字记载只不过是他们留下的糟粕而已。语言本身并无美可言，文字仅仅是传递和表达"意"的，故而就不必是慷慨激昂或精雕细琢的，但是，超语言的东西——内在的领悟、心灵的乐趣或转化的精神——无论是在美的创造还是美的欣赏中，都确是美的真正基础①。

千百年来，"口传心授"一直是中国传统音乐最主要的传承方式，这种传承方式决定了他的接受对象只能依靠"听"来完成对音乐内容的记录。"你们要是永远看谱子，还得有人给你翻谱，那你的音乐永远是死的，不是活的。"这里的"活"讲的就是韵谱，韵谱是活态的艺术，是即兴的发挥，不同的韵法，不仅反映了乐师个人对曲子的审美理解、审美体验和听觉记忆，同时也融入了对社会、对文化、对整个时代精神复杂的情感和体悟，将自己的感悟通过韵曲诠释出来。因此，韵曲是中国传统音乐文化的精髓。中国民间的音乐如此，作为文人音乐代表的传统乐器"古琴"也同样如此。古琴的传承也是老师一边弹，学生在旁边看和听，而且古琴一般是不念谱的，这就提高了听的难度和重要性。"韵曲"也好，"阿口"也罢，它们和古琴的打谱都有一定相通之处。前者使用工尺谱，它和古琴

---

① 杜维明：《一阳来复》，第192页。

的减字谱都没有形成音高和节奏的精确量化以及数字符号转码，没有形成欧洲五线谱记谱法那样独立的表情、速度、力度等规范体系。当然，中西方乐谱的形态差别涉及了两种不同的文化体系。中国传统音乐记谱的非确定性和非精确性，给演奏者们也带来了发挥的余地，并构成了一种约定方式，创造出谱面上没有规定的装饰、节奏细节等"彩腔"，形成韵曲。正如曹安和讲："中国有一个传统，神气在演奏，谱只是纲目，因而好手和次手差得很多，跟老师学的版本，一般都有些出入，或强调某一部分，或减去某一部分。"[①]

目前，古琴在很多学校的专业教育中都毫无例外地使用了五线谱或简谱与减字谱对照的双行谱。这首先需要把演奏精确地记录下来，将原来较为自由的节奏做规范化处理，或是以某一遍演奏录音作为记谱的依据，或者由琴家自己酌定一种奏法，而这种业经"固化"的琴乐的记谱，还会遇到一个明显的障碍，就是自古相传的韵律性节拍，很难用西洋的定量性节拍去规范，一向只承认琴乐有节奏而不承认其有板眼的前代琴家，必须更新观念，将古琴音乐的弹性节拍削足适履地纳入规范的 4/4、3/4、2/4、6/8 等拍子，或频繁地变换拍子来划小节线[②]。此种尴尬再次证明，五线谱虽反映了西方工业文明崇尚科学主义的原则，然而它对于中国传统音乐独有的"韵"味却显得无能为力。

事例二

屈家营音乐会的故事，像是中国音乐学界的一个神话，曾经一度掀起了学术领域的研究热潮。自 1986 年林中树进京"讨说法"被中国艺术研究院音乐研究所了解后，直到现在，音乐界从未停止过

---

① 管建华：《中国音乐的审美文化视野》，第 20 页。
② 郑培凯、张为群：《古琴的传承与开拓》，广西师范大学出版社 2014 年版，第 78 页。

对它的关注。"学者投入、媒体介入、官方支持、民间参与使这个村庄里发生的故事成了一种全新类型的社会事件。它是 20 世纪 80 年代田野调查重新开始的标志。"① 因为对屈家营音乐会这二十八年来的坚持、守望、保护、抢救和传承方面所做的贡献，林中树荣获 2012 年第一届太极传统音乐奖。

乔：1986 年，我到屈家营考察他们的音乐会，当时看到的谱子是 1948 年（也就是民国三十七年）抄的版本，抄得非常棒，到 1998 年就整整五十年了。农村有个习惯，就是五十年要重新抄一次谱子。当时林中树就多了个心眼，因为屈炳麟会写工尺字儿，他看屈炳麟身体越来越不好了，所以就把他请到家里悄悄地让再抄一遍谱子。这谱子有十三套大曲四十多个小曲，好几十页的。林中树每天让他老婆给捏饺子，做饭，一共抄了两份，村里留一份，自己留一份。这谱子抄完以后林中树还拿给我看，当时还给题了几句词，那会儿也没在意这个事情。等我去年再采访的时候，我才知道这份谱子在抄的时候，他根本就没有看原谱，全部凭记忆把它写下来的。所以这种听的记忆太厉害了！几天的时间抄这么大份谱子是很厉害的。就算从小拉小提琴，你让他把整个奏鸣曲写下来，也未必能行。

屈家营村鼓师屈炳麟的儿子，患有小儿麻痹，不能走路，在床上躺了一辈子。他不经常参加音乐会，就靠父亲韵谱给他听，掌握的曲子也最多，他后来教出来好几个人，其中有个就是现在北京智化寺的胡庆学②。智化寺的佛乐和屈家营的笙管乐

---

① 张振涛：《平原日暮——屈家营的故事》，《中国音乐学》2009 年第 3 期。
② 胡庆学，国家级传承人。从 1989 年开始学习屈家营笙管乐，一年多以后被智化寺收去随本兴师父学习了十多年的佛乐，后来本兴去世，胡就一直留在智化寺。他掌握民间的音乐，又熟悉寺庙里的佛乐，但是本兴师父去世后，他还未学完，五十六套曲子只学了二十八套。

是有渊源的。因为五十六套曲子未学完，所以现在胡庆学每次回村子还跟屈炳麟的儿子继续学习。

民间这种例子是很多的，像王向荣，他母亲就是一个很好的歌手。还有朱仲禄、羊倌石占民，等等。听的问题很大层面上是语言问题，小孩儿识字之前就已经会说很多话了，也是靠听的。过去像20世纪30年代的那些人，包括杨荫浏老师，他们小的时候不识字，但是已经把四书五经读完了，为什么？都是靠听，所以听就是一种文化传承。

40年代那会儿学音乐的一批人，在"文革"期间停了二十多年，等到1986年再恢复起来的时候，很多人都已经不记得了，但是乐队里有这么一个人，这个人木讷得很，不怎么讲话，笙管都不会，主要是打钹，这个人叫冯月波。因为第二年要到北京去演出一场音乐会，所以乐队必须要准备至少一个半小时的曲目，可是当时他们只有两三个曲子，所以要恢复其他的乐曲，演五套曲子再加上一个打击乐，一共六首曲子。同时我给他们在中央人民广播电台录音，录了十套，还有三套没恢复。他们这个很复杂，一套曲子奏二三十分钟呢，就是这个冯月波，他不会演奏，但是他会唱，一到大家想不起来相互争执的时候，他就唱出来，就他记得最全，所以说他救了整个乐社。冯月波说："我知道自己笨不会演奏，但是老师教了以后，我就念，躺下了我就拍着肚子念，走路就敲着腿念，把节奏打出来念。"他是靠这种方式，你看这个记忆多么牢固！那么这些记忆都是靠听的，他从来没有在乐器上演奏过，没有演奏实践，但是他和其他乐队的人一拨儿学的，二三十年了没有忘。

"躺下了我就拍着肚子念，走路就敲着腿念"，和我在前文分析的柯达伊手语教学是密切相关的，它广泛存在于民间音乐的习得和

173

传承中。唐代有"记曲娘子"张红红以小豆记拍和乐人"罗黑黑"隔帷听声的故事,也反映了其听觉的形象法转化。

> 大历中,有才人张红红者,本与其父歌于衢路丐食,过将军韦青所居,青于街廊中闻其歌者喉音寥亮,仍有美色,即纳为姬。其父舍于后户,优给之。乃自传其艺,颖悟绝伦。尝有乐工自撰歌,即古曲《长命西河女》也,加减其节奏,颇有新声。未进闻,先印可于青。青潜令红红于屏风后听之,红红乃以小豆数合记其拍。乐工歌罢,青入问红红如何。云:"已得矣。"青出,绐云:"某有女弟子,久曾歌此,非新曲也。"即令隔屏风歌之,一声不失。乐工大惊异。遂请相见,钦伏不已。再云:"此曲先有一声不稳,今已正矣。"寻达上听。翌日,召入宜春院,宠泽隆异,宫中号"记曲娘子",寻为才人。①

"记曲娘子"张红红以小豆记拍,以耳听记旋律,高超的乐曲记忆能力和感怀之心被后世文人多有传诵。同样的故事,在唐代笔记小说集《朝野佥载》卷五中也有记录:"太宗时,西国进一胡,善弹琵琶。作一曲,琵琶弦拨倍麁。上每不欲番人胜中国,乃置酒高会,使罗黑黑隔帷听之,一遍而得。谓胡人曰:'此曲吾宫人能之。'取大琵琶,遂于帷下令黑黑弹之,不遗一字。"

唐代宫廷艺人李谟,又作李牟、李子牟等,善吹笛。《国史补》卷下:"李牟秋夜吹笛于瓜洲,舟楫甚隘。初发调,群动皆息。及数奏,微风飒然而至。又俄顷,舟人贾客,皆怨叹悲泣之声。"元稹《连昌宫词》:"李谟压笛傍宫墙,偷得新翻数般曲。"诗注曰:"闻宫

---

① (唐)段安节撰,元娟莉校注:《乐府杂录校注》,上海古籍出版社2015年版,第53页。

中度曲，遂于桥柱上插谱记之。"① 可见，李谟也是拿着笛子，在墙外模拟，以动作、笛孔、听声来记曲。

事例三

2012年中国音乐学院冯志莲博士在对岫岩地区烧香艺人的考察②中，对潘家班（以潘作洪、袁德贵为代表）的师徒传承问题进行采访，了解到他们现今的学艺方式主要是以听录音、跟班贴鼓（贴鼓就是帮唱）为主。

冯志莲（简称冯）：你是怎么教他？

潘作洪（简称潘）：我是按我师父的方式教他，我先给他买个录音机，让他学。

冯：把你唱的录下来？

潘：哪有那个时间，就是在外边干活唱的时候就录了。

冯：让他记？

潘：让他听。

……

袁德贵（简称袁）：要说打鼓哈，那得靠"耳韵"。

冯：什么叫"耳韵"③？

袁：就是靠耳朵听。

冯志莲的考察对象"太平鼓烧香仪式"里的《火龙传》，一共5万字52个曲调3000多句，这在汉族里是很少见的。那这些仪式曲

---

① 《元氏长庆集》卷二十四，四部丛刊本。
② 冯志莲：《满汉融合背景下的岫岩太平鼓"烧香"仪式音乐研究》，博士学位论文，中国音乐学院，2014年，第36—38页。
③ 耳韵：指感音能力。http：hanyu.baidu.com. 出自杨朔《笛子吹出的故事》："女儿叫翠娥，生得很秀气，是个灵巧孩子，长年受到她爹爹的熏染，也爱摆弄笛子。耳韵极强，悟性又好，春天听见鸟啸，秋天促织唱，或是海潮的声音，翠娥都能吹进笛子里去。"

调他们是怎么学会的呢？就是靠听，跟着师父边听边学。尤其是51岁的潘作洪，因为要化解家中灾难，所以他从三十七八岁才开始跟老师学。目前，在周边所有班社里他是最杰出的，一套唱下来十几个小时，什么也不看。这样一种记忆我们多数人没有的。

因此，我感觉"听"在中国传统音乐中非常重要。

中国艺术研究院音乐研究所张振涛老师有多年的田野调查经验，在对霸州市张庄音乐会的李都岐师父[①]进行采访时，李师父回忆道：

> 1989年与会头张凤涛喝酒，聊起恢复音乐会的事。我说经卷没了，怎么恢复？1990年乐社恢复，我靠回忆，想起几句，就说几句，会里人就记几句，逐渐恢复了科仪。一个字不差是不可能，"焰口"一项，想了一年才成。《叹骷髅》中有"八最"，雷、云、雾、露、雨、霜等。我顺着这"八最"，想到风怎样、雷怎样……用这种方法，恢复了科仪。

诸多的田野案例和音乐史的发展，再次证明了听是一种文化传承！听可以形成一种文化记忆！

[①] 张庄音乐会的李都岐师父是天师正一派的出家道士。张振涛：《民间鼓吹乐社与寺院艺僧制度》，《音乐艺术》2006年第1、2期。

第四章　现代听之道的综合分析

——走向现代的听觉文化

　　加拿大传播学者和媒介理论家马歇尔·麦克卢汉称"中国文化比西方文化更高雅，更富有敏锐的感知力"，"耳朵和中性的眼睛相比是非常敏感的。耳朵没有宽容性，它是封闭的、排它性的；眼睛却是开放的、中性的，富有联想的"[①]。他曾经提出听觉空间理论，认为"耳朵并不像眼睛那样聚焦、透视和分割信息，所以听觉空间是有机、流动、发散的"[②]。我们可以一整天闭着眼睛什么也不看，却做不到捂着耳朵去逃避世界中任何的声音。生活在全球化与大数据背景的时代，我们被海量的信息所包围，在新媒体和自媒体快速运营的今天，我们享受着天南海北的新鲜事物和文化快餐的同时又作为新的传播者，使它进行循环消费。据中国社会科学网报道，2014年全球已经有多国开始利用声纹（声音）识别技术来开展工作，因为每个人的声音是独一无二的。例如在澳大利亚、新西兰、加拿大等国银行办理账务时只需要通过声音来进行安全认证；在美国的加利福尼亚州用声音来签署文件，即使你现在还在户外的高尔夫球场，也依然可以完成工作，毫无距离的困扰；

[①]　[加] 马歇尔·麦克卢汉：《理解媒介——论人的延伸》，何道宽译，第373页。
[②]　王敦：《流动在文化空间里的听觉：历史性和社会性》，《文艺研究》2011年第5期。

以色列机场研发出听"声"安检,等等①,语音识别和听音辨人技术或将实现。面对科技的飞速向前,我们步履匆匆,没有时间静下心来思考生命的意义、心灵的安放、道德与价值观的正确与否,以及如何追寻真理的脉搏。当下,讨论"听"之道的价值和意义,是一种对于现实生活无限延展的关怀与体察,是今天审美文化建设最根本的东西。

海德格尔认为,倾听的能力是人类最原初的解读世界的方式,倾听比看更关切人的存在的意义,只有通过倾听才能通达神性,使存在显现,使真理明了,使世界都统一到原始的"一",使天地人神成为一个整体②。

第一节 技术进步与听觉回归

现代化作为社会发展和历史转型中的一个必经之路,既体现了进步的态势,同时又包含着负面的文化后果,现代工业社会突出的问题是人的自我判断能力的弱化,大众文化对人的支配,对自主性的消融,抑制了人的主体自觉和创造性;艺术变成了工业产品,依靠技术和机械复制,已经缺少了艺术的本质和价值内涵,作品风格千篇一律;在天人关系问题上,生态环境被破坏,污染日益严重,等等。诚如一位哲学家所说:"19世纪的问题是上帝死了,20世纪的问题是人死了。"与注重工具理性相联系,现代文明往往以功利原则为社会运行的杠杆③。

传播技术的演进推动了文化艺术生产和接受方式的改变,由于

---

① 中国社会科学网,http://skpj.cssn.cn/hqxx/xkdt/xkdtnews/201410/t20141015_1363523.shtml,转载自新华网。
② 张宏宇:《海德格尔倾听的哲学思想》,硕士学位论文,黑龙江大学,2012年。
③ 杨国荣:《善的历程——儒家价值体系研究》,华东师范大学出版社2009年版,第404—405页。

录音和复制技术的发展，艺术作品的欣赏感知和传播方式也发生了革命性的变化，除了唱片、移动存储介质，像微信这样的大众社交媒体也在公众平台中添加音乐，瓦尔特·本雅明认为艺术史在某种意义上是机械复制的历史，现代科学技术无限多地复制作品，使传统艺术的"光晕"（在对艺术作品的机械复制时代凋谢的东西就是艺术品的光韵）消失，艺术原有的功能与价值也发生变化。艺术的全部功能颠倒过来。机械复制时代在人类历史上第一次把艺术品从对礼仪的寄生中解脱出来，获得了展示价值的主导地位；艺术接受从侧重膜拜价值的凝神观照的接受方式转变为侧重展示价值的消遣性接受方式。"通过复制来感受造成了灵光的衰退，我们已经到达了一个灵光消逝的年代。"① 复制带走了艺术品的灵魂，而增加的仅仅是它的展览性价值。尤其对于音乐来讲，音符之间的生命力和人类生存的反映不能通过复制来表达，因为音乐是情感和智慧的回声，从这种凝神观照当中，听众可以获得一种移情，以达到净化心灵的目的。

一　听觉转向与回归

已知第一位对声音做出思考的学者是古希腊数学家及哲学家毕达哥拉斯，对声音及噪声的探索，为他日后的研究打下了基础。他认为世界上首先是古希腊人对声音做出了严肃思考，古希腊人认识到声音是一种可以被研究的自然现象。毕达哥拉斯学派的数学音乐论最早产生了音乐中的和谐观念。对声音的研究，东西方从未停止脚步。人类文化的发展，从早期依靠声音的口语文化，到以文字为主的印刷文化，再到当今的图像文化，经历了至少三次大的变革。技术的进步和发展使我们进入了一个社会的转型期，越来越多的人

---

① ［德］瓦尔特·本雅明：《机械复制时代的艺术作品》，王才勇译，中国城市出版社 2002 年版。这里的"光晕"也写作"光韵"，见该书第 10 页。

面对新旧文化的变迁，充满了迷惘、惶惑、挣扎和浮躁。精神层面的危机促使我们从中国传统文化中寻找慰藉和解决之道，就像木心的诗歌《从前慢》中所表达的意境，"从前的日色变得慢，车，马，邮件都慢，一生只够爱一个人。从前的锁也好看，钥匙精美有样子，你锁了，人家就懂了"。这首诗在网络上多次转载，随后被谱曲并在2015年春晚由吕思清、刘欢、郎朗三人共同演出。这就像是一个信号，是否也意味着我们的音乐文化开始有意识向表达自我内心的听觉回归？

我们对音乐的欣赏，并不能仅仅"听止于耳"。老子有言："道之出口，淡乎其无味，视之不足见，听之不足闻。"（《老子·三十五章》）那些"听止于耳"的听众，其"听而可闻者"，声与音而已，而非意也。当他们津津乐道于乐音音响之时，他们与音乐艺术"听之不闻"的比音关系，已然失之交臂。当代很多大众的通俗音乐和流行音乐，正是把音乐蜕化为"听止于耳"的简单音声。这种所谓通俗音乐的简单性和重复性解除了听众所必须赋予欣赏音乐的任何精力负担和深入思考，剥夺了听众的主动精神，以其喧嚣的节奏和华丽的包装填充听众的空虚心灵，窒息听众的心理升华[1]。"耳目者，日月也；血气者，风雨也。日月失行，薄蚀无光；风雨非时，毁折生灾；五星失行，州国受其殃。""五色乱目，使目不明；五音入耳，使耳不聪；五味乱口，使口生创；趣舍滑心，使行飞扬。"（《文子·九守》）老子说："五色令人目盲，五音令人耳聋。"（《老子·十二章》）《管子》说："嗜欲充溢，目不见色，耳不闻声。"拉丁人说："荒诞即是失聪。"佛陀说："愚钝即是无明，无听。"这似乎已预示了现代人的集体失聪，人类的异化带来了"听"的危机：快节奏都市中喇叭的鸣笛声、人流的喧哗声、吆喝声、叫卖声、吵闹声随处

---

[1] 牛龙菲：《听之以心》，《乐道——中国古典音乐哲学论稿》之四，《星海音乐学院学报》2003年第1期。

都有，工业化的结果为我们增加了车流声、手机的铃声和音乐声、建筑工地轰隆的机器声、商场的广告声、音响声，自然的声音已经远离了我们，声音的世界被工业噪音、媒体垃圾、人类活动强烈遮蔽。艺术的声音已经被大大地污染，人们难以在纯美的声音宇宙生活。哲学的声音基本被遗忘，内在世界已经被物质化、平面化，人类不复有听的哲学问思。艺术教育被化约为简单的技能学习，音乐成就圣贤人格的功能被彻底丢弃。

当今的数字化时代，基于听觉的人类情感的表达也正在被数字化的表达所替代。人们正在用微博、微信、Facebook 等社交平台取代面对面的倾听和交流所伴随的情感。这种数字化媒介交流的互动性、即时性、刺激性，相比较面对面的互动交流，会有意无意地掩盖自己的真实感受，甚至伪装自己的情绪以契合数字化媒介的互动。中国新闻网 2015 年 2 月 28 日发文，据外媒报道，世界卫生组织警告说，由于年轻人喜欢戴耳机听音乐，或者去酒吧夜总会，全球 11 亿年轻人正在面对听力受损的危险，而我国是世界上听力残疾人最多的国家。研究表明，噪音是导致听力残疾的重要原因之一，更多的人把噪音定义为"不想要或不需要的声音"。随着手机、平板电脑等电子产品的普及，娱乐场所的增多，这种噪声性听力损伤的风险日益加大。同时，在数字传播技术日益成熟的今天，人们一边享受着便捷而丰富的听觉信息，一边自我封闭，逐渐减少甚至隔绝与外界的交流，对听觉声音的麻木导致人们精神世界的缺失。

我们知道，现在有很多软件是以声音为主要方式来和用户进行知识信息传达和沟通的，例如"喜马拉雅听书"、"播客"等，它支持网络在线收听或是离线下载收听，内容非常丰富，包括有声小说、相声、评书、新闻、音乐、英语、儿歌、儿童故事、养生、文化、历史等，我们仅仅通过听的方式就可以轻松获取大量的知识和娱乐，然而却进一步疏远了与他人的距离,活在自己的听觉文化圈中。因此,缺失了面对面的话语交流,媒介在给我们带来便利的同时,又成为人认识世界、认识他人的障碍。

法国当代著名学术与政治人物贾克·阿达利在他颇有影响力的《噪音:音乐的政治经济学》第一章"倾听"中,就开宗明义地指出:"两千五百年来,西方知识界尝试观察这世界,未能明白世界不是给眼睛看的,而是给耳朵倾听的。它不能看得懂,却可以听得见。"[1] 听的对象即声音,声音又可以分为乐音和噪音,目前比较准确的定义认为噪音就是人们不需要的声音。那乐音则可以理解为是被权力选择过的一种噪音,而整个音乐史就是噪音被接纳的历史。20世纪70年代中期加拿大作曲家R.穆雷·谢弗提出了"声音景观"的概念。谢弗创立了音景生态学。音景生态学作为一门新兴的科学,认识理解人类和音景之间的相互作用和反馈的重要性。音景生态学强调人类感知和听的价值。除了个人层面上审美的意义,更多人认为音景的重要社会价值包括创建一个地方的感觉,提供文化和历史遗产的价值,与景观感知互动,并连接人类和世界的本质[2]。对声音的研究一直持续,而噪音也不例外,多数情况下噪音是一种紧张的刺激,因此,医药公司有时候用噪音测试减压药品的效果。公元前3世纪的中国曾用噪音惩罚死刑犯(敲钟,不断地敲钟,直到犯人抓狂死去)。在这里,噪音是一种仪式化杀戮的拟像,代表了一种死亡的威胁,暴力的文化符号。噪音能激发应激激素的产生,比如皮质醇或肾上腺素[3]。噪音、政治,还有城市,在历史上共同发

---

[1] [法]贾克·阿达利:《噪音:音乐的政治经济学》,宋素凤、翁桂堂译,第1页。
[2] Purdue University by Sarah L. Dumyahn, "Theory and Application of Soundscape Conservation and Management: Lessons Learned from the U.S.", *National Park Service*, August, 2013, p.16.
[3] [美]加列特·基泽尔:《噪音书》,赵卓译,第39页。

展，几乎就是一条马路上长起来的[①]。

　　声音代表了一种权力。最强大的势力往往是声音最大的物种，至少我们所感觉到的有力的事物，它们的声音都很大。在莎士比亚的戏剧中，皇家人士登台常常伴随着高音双簧管的演奏。在古老的中国法庭上，判决总是伴着锣声。当马队从路上经过的时候，侍从也会敲着让人心悸的锣声，让我们"听"到父母官来了。在长达几个世纪的时间里，基督教世界中人类制造的最大的动静就是教堂的钟声，这也表明了教堂是最有权力的机构。人们普遍相信钟声具有驱逐魔鬼和防范自然灾害的能力，于是钟声也象征着一种权力，同时还代表一种社会地位，对于西方人而言，是否受洗礼，是否领圣餐，甚至性别的不同也会影响到教堂的钟声（私生子和弃婴在洗礼当天是不能敲钟的），更大的声音往往宣告一种男性的权力。19世纪法国乡村葬礼的钟声和埋葬的钟声并没有相同的宣告功能，通过级别来限定声音仪式，听者可以了解到死者的身份，通过钟声也能基本判断死者的财富地位及其家庭的慷慨程度。因此，由于钟声的力量和它无处不在的特点，声音的权力意义可见一斑。正如希特勒所言："如果没有扩音器，我们就无法征服德国。"机器反复广播瓦格纳的音乐激起民众的爱国热情。"钟声是宗教仪式的标志，尽管农民们也云集观看宗教仪式，但和钟声相比，他们更喜欢政府的乐器给公民发出的声音——最初这只是消防队队长的喊声……总之，在共和国的敌人取得胜利的地方，应该尽可能地限制使用钟，否则它会变成宗教狂热的乐器。"[②] "没有钟的城市就像瞎子没有木棒，驴子没有后鞴，母牛没有铙钹。"[③] 钟声作为一种文化符号，它影响了人们的感官回忆，影响了人们感受

---

　　① ［美］加列特·基泽尔：《噪音书》，赵卓译，第58页。
　　② ［法］阿兰·科尔班：《大地的钟声：19世纪法国乡村的音响状况和感官文化》，王斌译，广西师范大学出版社2003年版，"序"，第5、14页。
　　③ 同上书，第5页。

周围空间和时间节奏的方式,影响了人们对自我身份和所处地域的确立。

随着工业社会越来越注意其对自然环境的影响,噪音也和其他污染一样,随着全球化的发展而愈演愈烈。与此同时,国家间日益增加的产品和信息的交流有助于噪音问题的解决。爱尔兰尝试建立"绿色"高速公路系统,日本发起"一百个最好的声音"计划,欧盟正在进行噪音和健康问题的研究,印度的德里、加纳的阿克拉、美国纽约等地区,也尝试实施可行的噪音政策,等等。[1]

声音是领会人精神世界的首要文化工具。"天下万物生于有,有生于无"(《老子·四十章》),20世纪西方后现代作曲家约翰·凯奇登上舞台,打开琴盖静坐的经典"作品"(实际上更像是一种行为艺术)《4分33秒》(1952),全曲休止符的表演,让当下所有的声音成为演出的一部分,也可以看作一种倾听美学,是以最密切的环境声音的概念作为音乐的。美国作曲家亚当斯的音乐恰好认同了他的观点,即人们可以通过生态行为去理解我们对自然世界内正在发生的声音。曾获得2014年普利策音乐奖以及2015年格莱美最佳当代古典音乐奖的美国阿拉斯加作曲家约翰·路德·亚当斯(John Luther Adams)从20世纪70年代末开始,在创作中就已呈现出受自然界的启发,音乐中流动着对他的家乡——阿拉斯加自然声景的特别感受,音乐中的时间更多的来自一种直接经验。亚当斯没有试图采用色彩斑斓的,或雪景的音乐画面,而是努力捕捉冻土带的人类经验。具体来说,亚当斯试图代表"听无"计划的环境声音的经验,并在实践中将它称为"生态倾听"[2]。

很多学者认为约翰·凯奇的音乐创作思想及审美观念也曾受到

---

[1] [美]加列特·基泽尔:《噪音书》,赵卓译,第302页。

[2] John Luther Adams, "Composing the Soundscape", Ecological Listening in the Music of the degree of Master of Arts in Music, Tufts University, Graduate School of Arts & Sciences, May, 2015, p. 1.

佛教禅宗和道家学说的影响。这种"无声胜有声"的意境和认识，东晋陶渊明的"但识琴中趣，何劳弦上音"，比他早了大约一千五百年。审视 20 世纪西方思想的发展，明显的变化就是科学家和思想家开始将目光转向东方文化，在东方文化中寻找解决工业社会出现的种种精神问题的良方。约翰·凯奇认为，生活出现在每一瞬间，而这种瞬间又是经常变化着的，最聪明的做法就是要在人的思想还未来得及把它转变成某种合乎逻辑的、抽象的或象征的东西之前就立即张开人的耳朵并及时听到声音①。这实际上也强调了一种心灵的"顿悟"，这种"顿悟"与佛教的顿悟是一致的。为何凯奇要从东方文化中去寻找音乐审美的一种心理思维？正如王岳川所讲："一个民族的音乐实质上是一个民族的心灵史。"从西方大的文化背景来讲，现代工业化社会中出现的科学主义、机械主义和客观化思维方式割断了人精神家园的古老联系。而西方音乐机械本体技术结构、时间结构的机械性，音响与心理、生理根基的脱离等现象也开始显露出来。浪漫派和现代派对音乐解释的重点在音乐形式价值和技术价值上，使其更明显地表现了与东方音乐审美心理传统以及音乐"人格主义宇宙论"价值的相悖。纵观这些背景，就不难理解凯奇为何要在他的音乐中试图运用东方音乐审美心理的思维方式了②。

通过查看约翰·凯奇和加拿大作家谢弗的音乐文本，以及阿拉斯加当地文化传统精神信仰下亚当斯的作品，可以清楚地感知人与自然之间本基于统一。亚当斯的创作更深入地连接了我们对某一个地方作为自然的一部分的生态行为。虽然他的灵感来自他周围野生和开放的元素，然而，他唤起了远方无限自然的，身临其境的听音

---

① 《无确定性音乐及美学观念》，当代外国艺术编辑部《当代外国艺术》，文化艺术出版社 1984 年版，第 148 页。
② 管建华：《中国音乐的审美文化视野》，第 221 页。

体验及现场所产生共鸣的音调。亚当斯希望自己能够"超越山水画与色调,超越语言,隐喻和额外的音乐形象"[①]。可见,亚当斯认为人与自然没有从根本上分开。从这个角度看,人的活动构成了自然世界的一部分。因此亚当斯并不认为他的音乐是大自然的外部表现,而是作为自然界的一个方面。尽管亚当斯的音乐可能不能代表自然本身,但它确实反映了对大自然的特殊理解,并试图用环境音乐代表自然界中的人类经验。虽然亚当斯和谢弗都是以倾听作为生态实践模式,但其最终的目的是不同的。谢弗主要关心的是音景需要被关注和保护,而亚当斯的音乐则更多强调的是鼓励聆听模式,融入并反映聆听环境。亚当斯的音乐和他的信念,专注地倾听着我们周围世界的经验,最终是一个生态的行为。这种潜在的信念是使用了一些不同的音乐战略,是身体多元化的表达[②]。

倾听是一种心理功能,通过它,人们感知世界。声音景观的变化会显著影响社会整体的功能和生态系统以及人的动态,并产生不同的审美和情感反应。越来越多的艺术家,希望随着时间的推移,对自然和舒适的声音,简单的声音给予关注。然而,未来更多的电子声音、技术声音的到来,又对音景生态学提出了严峻挑战。

二 声音记忆

人的记忆有图像记忆、文字记忆、声音记忆、理解记忆和情感记忆五种,其中大多数人说的记忆都是声音记忆,然而由于声音的物理性和特殊性,人们往往对声音的记忆是比较差的,声音会与存在的意识和最初的记忆相混淆,同花香一样,让人片刻记忆模糊。即使如此,记忆的碎片仍可织起我们对已过岁月的想象和文化的建构。

---

① John Luther Adams,"Composing the Soundscape",Ecological Listening in the Music of the degree of Master of Arts in Music,Tufts University,Graduate School of Arts & Sciences,May,pp. 2,7.

② Ibid.,p. 87.

古诗中的声音记忆让我们更多的体验到自然之音。"春听鸟声，夏听蝉声，秋听虫声，冬听雪声，白昼听棋声，月下听箫声，山中听松风声，水际听欸乃声，方不虚生此耳。"张潮《幽梦影》反映了古人对听的重视，从直觉感受上升为艺术审美的精神愉悦。古代文人多思善感的心性与其敏锐的听觉很好地结合在一起，成为其创作诗文表达心志和情感的最主要动因，把对听觉的官能感知转化为可视的文字艺术，永远流传下来。

宋代文坛领袖欧阳修也写下一篇与声音和听觉有关的赋：

> 欧阳子方夜读书，闻有声自西南来者，悚然而听之，曰："异哉！"初淅沥以萧飒，忽奔腾而砰湃，如波涛夜惊，风雨骤至。其触于物也，鏦鏦铮铮，金铁皆鸣；又如赴敌之兵，衔枚疾走，不闻号令，但闻人马之行声。余谓童子："此何声也？汝出视之。"童子曰："星月皎洁，明河在天，四无人声，声在树间。"（《秋声赋》）

这篇文字是欧阳修五十多岁时在秋夜里触景伤怀之作，全文以"秋声"为引子，通过从听觉上升到视觉的转化来感悟秋声的无情，人生的不易。试问当下大多数人是否有过片刻类似的体验？静静地聆听大自然中的声音。能否更进一步在音乐中，聆听声音之外的感动？！古人的声音记忆通过诗文表达流传至今，而现代人的声音记忆乃至声音文化该如何保存，被后世所了解和传递呢？乡音的保存无疑是其中最重要的一条途径。

声音记忆可以唤起我们对一个时代的回忆和想象，成为一个时间或空间的典型标志。返回历史的现场，我们可以唤起声音中的地方记忆和国家形象。然而，"中国人不但追求人间的声音，而且追求乡音，所以中国人不但喜欢声乐，还偏爱与地域方言不可分割的当地声乐品种,于是陕北人培植了秦腔,河南人培植了豫剧,浙江人培植了越剧,苏州人培植了苏州评弹……"① 罗艺峰教授曾在一篇讨论音乐文化人类学的文章中举例说,秦腔是要"吼"的,不吼就不过瘾;川剧是要"叫"的,不叫就没有巴山蜀水的鬼气灵气;昆曲必是"吟"的,不吟就不会有吴侬软语的口香;越剧当然是"唱"的,不唱怎么能表现江南文化的特色?这些个"吼""叫""吟""唱"的文化行为,除了审美上的要求外,是不是也在隐隐地说明这些地方的人群还保存有古远的听觉习惯或说是音乐文化方式?也即是说,他们的声音文化是不同的,听觉方式也是不同的②。这些现象的存在,实在是非常需要我们去关注和思考的。用方言来演唱,展演的是一定区域内的民众生活图景,体现为一种文化的行为体系,也可以视为区域性"小传统"社会的缩影。这种浓郁的乡音乡情可以使我们获得一种文化归属感,此外,"乡音"还可延伸出关于中国人传统声音文化的现代价值,声音文化的身份、符号意义和文化内涵③。中央音乐学院钱茸教授对中国音乐的语言学曾做过研究,她认为,大多数人都知道方言对于传统音乐的重要性,然而我们的方言已经开始丢失,中国传统音乐的风格离开方言的根基是不可能存在的。现在好多地方连戏曲都用普通话唱,例如壮族、布依族,布依戏不用布依语演唱,都是用普通话,这样的状况太可怕了④。那么,中国人听的文化与现代化了的生活之间究竟有着什么样的关系?这是一个包罗万象的大问题,对于这样一个问题,论者不免见仁见智。

---

① 钱茸:《古国乐魂——中国音乐文化》,世界知识出版社 2002 年版,第 121—122 页。

② 洛秦著,罗艺峰导读:《音乐中的文化与文化中的音乐》,上海书画出版社 2004 年版。

③ 蒋晶:《陕西传统艺术的当代价值研究——以华阴老腔为例》,《四川戏剧》2014 年第 3 期。

④ 管建华、张天彤主编:《传统·民族·世界中国音乐学教授访谈录》,苏州大学出版社 2014 年版。

这里所谓的"现代化",就是人类生产方式由农业文明或者游牧文明逐渐过渡到工业文明的历史进程。毫无疑问,"标准化加复制"是它之所以与全球化关联的充分理由。于是,在"知识优先"的前提下,通过科学、技术、教育、训练等途径而取得进步,从而使得"现代化不能不具有世界性的弥散与扩张性质"①。海德格尔说:"从我们人类的经验和历史来看,只有当人有个家,当人扎根于传统中,才有本质性和伟大的东西产生出来。"② 然而,现代化疯狂扩张的同时,家、乡、国的结构性松动,使得空村现象愈演愈烈,农民进城,老无所依,家尚在,乡已虚,方言和乡愁已无对象!前人世界(传统)的消失,周遭世界(在世)的悬置,使得人诗意地居住已不可能!

现代听道的重建已迫在眉睫。

第二节 现代听道的重建

一 听觉退化:从音乐传播说起

人类对于声音是一个主动系统,而对于视觉则是一个被动系统。因为人们不但能听到声音还可以发出声音,而光只能是视觉接受,无法主动发出。相对于视觉来说,听更具有主观色彩,但人如果闭上眼睛,仍能听到乐声,这时人对于声音而言又是一个彻底被动的系统③。道家著作《化书》曰:"耳非听声也,而声自投之。"④ 声音从四面八方涌来,你不能选择听的对象,所以你可以拒绝视觉污染,但不能"塞听止闻"、"充耳不闻"。因此,从这个角度讲,在各种意

---

① 韩锺恩:《直接面对敞开:回到音乐——人文资源何以合理配置》,《星海音乐学院学报》2000年第1期。
② [德]海德格尔:《海德格尔选集》,生活·读书·新知三联书店1996年版,第1305页。转引自李剑《对人的生存境况的终极性反思——老庄与海德格尔的遇合》,《兰州学刊》2003年第6期。
③ 张家骙:《声学的发展》,《自然杂志》1979年第12期。
④ (五代)谭峭撰,丁祯彦、李似珍点校:《化书》,第16页。

识形态和精神产品中，音乐成为最有理由的，最好的宣教工具和集权制度最看重的法器。"音乐作为天地之和谐的体现，它引导我们遵循着天地间的基本秩序。"[①] 柷、敔、编钟、磬等是表现开始和终止的一套礼仪表演的合适的乐器，既要有力量的体现，又要有技术的娴熟，作为音乐表现"节奏"的乐器，始终在赋予礼仪的同时，以一种有秩序的方式进行着。我们现在讲和谐，"和"的字源是音乐，"谐"就是音乐，而获知它的途径"听"是很重要的修养造诣。

音乐揭示世界和人生的双重奥秘，并通过这种感性生命的揭示，展示有限生命获得无限精神超越的自由境界。钱锺书先生说："音乐不传心情而示心迹。"中国音乐艺术强调感物之心性——音乐与个体内在精神的对应，正是以唤起内心深沉的情感和超越日常语言与思想的道德良知，以造就人的心灵与人格而为其终极关怀。

任何文化，都必须传播，才能传之于人，行之于世，承之于后人。音乐的文化传播自然也不例外。任何传播，都是在人与人、人与物的关系中建立起来，并发生影响及作用，音乐传播总离不开人的行为的参与。从一般传播工具意义上讲，音乐传播媒介主要包括一些技术性的传播装置如录音设备、广播器材、电视、录音带、唱盘以及同样作为音乐传播符号载体的乐谱、乐书、乐琴等，这些传播媒介，既是人的发声、听觉器官的延长，也是人的音乐思维、观念的外化方式[②]。从《最炫民族风》红遍大江南北，《江南 Style》家喻户晓，到《小苹果》荣登全美流行音乐榜，我们的审美传统似乎一次次在被颠覆，我们的听觉审美理念在不停地刷新。《小苹果》的爆红，当然是音乐传播和接受双向作用的结果，但很大程度上，它暴露了想要迎合大众低级审美趣味的创作初衷。简单复

[①] 杜维明：《一阳来复》，第163页。
[②] 修海林：《音乐学领域中的传播学研究》，《中国音乐》1993年第2期。

古且有律动感的电音节奏,重复演唱没有大跳的旋律,伊甸园蛇舞的舞步给予视觉上的强化记忆,"我种下一颗种子,终于长出了果实,今天是个伟大日子,摘下星星送给你,拽下月亮送给你,让太阳每天为你升起。……你是我的小呀小苹果儿,就像天边最美的云朵,春天又来到了花开满山坡,种下希望就会收获"。简单大白话而且押韵的歌词朗朗上口,这都对它的爆红起到了推动作用,常常听到电台的节目音乐也用它作为背景一直陪伴至节目结束,正如阿多诺所说:"休闲音乐栖身在人们由于焦虑、工作和轻易的顺从而形成的沉默的缝隙里。它无处不在,在不知不觉间将沉迷其中的人们变成无声电影这一特定场合中出现的那种极度可悲的角色。"① 在中央电视台一个名为《青春梦想秀》的节目中,《最炫民族风》的曲作者张超被邀请上台,分享他的创作历程,他也是普普通通千万个拥有音乐梦想的大军中的一员。从《荷塘月色》创作初期开始,他曾拿着节拍器在荷塘边上,边走边揣摩文人散步的脚点,以求得乐曲的速度,到与《最炫民族风》节奏的"神同步",都反映了他想要迎合大众审美需要和文化的创作动机,因此,创作的结果是,他有了上至八十岁,下至两三岁的大批听众。《自由飞翔》也好,《最炫民族风》也罢,热衷于广场舞中用它们来伴奏的大妈们,似乎代表了一种集体的文化认同。我们暂且不论歌曲本身好听与否,然而它的传唱度以及作曲者本人的创作动机告诉我们,这样的歌曲就像是工业产品,作曲者本人更像是流水线上的"生产者"和"加工者",而不是艺术作品的创造者。这些作品是否真正具有审美价值?这是值得我们思考的。无论是流行歌曲的无厘头还是热衷于广场舞的大妈们,这些现象均充斥着作为现代听觉主体的现代中国人所经历的复杂的现代听觉现象和张力。

---

① Theodor W. Adorno,"On the Fetish Character in Music and the Regression of Listening", *The Cultural Industry:Selected Essays on Mass Culture*,NY:Routledge,2001.

理性主义至上的时代,导致了对科技、知识和文化的极度推崇,使得人们进入了视觉中心主义,听觉文化逐渐被边缘化、被淡化。20世纪初的标准化危机是:"重复"有着合法性却不能代表权力。音乐在重复面前彻底商品化,意义因此缺失,且变成可囤积之物。数字传媒时代所面临的听觉文化困境已经完全暴露出来,如何追问声音原初的审美价值是我们迫切需要思考的现实问题。越来越多的人开始反思和抱怨音乐品味的堕落,在常见的关于音乐品味下降的抱怨中,某些特定的说法总是反复出现。将当今大众音乐氛围判定为"堕落",诸如此类的忿恨和情绪化评价绝不少见。

阿多诺认为,面对文化工业产品,不单单是听觉主体丧失了选择的自由、责任感与有意识地感受音乐的能力,甚至包括其他的抵抗能力也不复存在,人们所能采取的姿态只是消极被动地接受,退化的听代表着一个日益壮大且无情的敌人,它不仅威胁到博物馆化的文化产品,而且危及音乐作为驯服冲动之场所的那种由来已久的神圣功能。于是,既作为惩罚,也作为束缚,音乐文化贬值的产品就屈从于粗野的游戏和施虐狂式的玩笑[1]。

二 作为大众文化的音乐

1875年贝尔发明了电话,这是人类发明史上的伟大创举,它为远距离传送声音提供了可能。两年后,爱迪生发明了留声机,也叫电唱机,使得电影告别了默片时代,电影这个"伟大的哑巴"因为留声机的发明而开启了有声片的历史。1920年美国匹兹堡西屋电气公司的成立被认为是世界上第一家真正的无线电广播电台,直到1927年美国华纳兄弟公司推出了第一部添加对白的电影《爵士歌王》,人类历史上第一部有声电影诞生。声音从无到有前后不过四十

---

[1] Theodor W. Adorno, "On the Fetish Character in Music and the Regression of Listening", *The Cultural Industry: Selected Essays on Mass Culture*, NY: Routledge, 2001.

余年，快速的发展见证了听觉文化在西方不断演进的过程。

我们知道，音乐作为声音的艺术，它的保存和传承从古时的口传心授，口口相传到乐谱记录媒介的出现，经历1878年爱迪生成立世界上第一家录音公司，之后全面进入唱片记录媒介时代，再到第三次浪潮的到来，电子记录媒介、计算机网络媒介和数字移动媒介的相继出现[①]，都让我们切身感受到科技力量的强大。随着技术的不断发展，现代科技扩展了我们的听觉，海量的信息使得我们的视觉也在相对延伸，我们听到和看到的比以往更多、更杂、更丰富。同时，音乐艺术形式也在不断地发生变化和革新。听的方式、听的内容、听的环境、音乐存在形式（音乐载体或介质）、音乐意义的赋予，以及听乐主体的不同，都会反作用于听觉元素所存在的文化空间，体现出空间与时间的交替和变更，展现出社会性与文化性的交融。例如网上就有所谓的"iPhone女"自弹自唱Lady Gaga的 *Poker Face* 的视频；"座机哥"利用两部座机电话上的数字按键来演奏莫扎特的《A大调奏鸣曲》；各种版本的《江南style》让鸟叔一夜之间红遍网络，歌曲取材自韩国的本土文化，但在对其文化背景不熟悉的西方国家也越来越流行，并引起了国际媒体广泛的关注，还有利用软件在手机或iPad上即时弹奏巴赫的"哥德堡变奏曲"且一音不差[②]。我们如何看待这种越来越常态化的听的现象呢？听觉的娱乐化倾向在这个时代愈演愈烈，音乐传播生态环境的改变令人担忧。可以清晰看到的是，现在的音乐厅已经很难听到纯正的中国古代音乐了。当今很多的中国音乐家为追求商业价值，常常求助于富于动感节拍，而且他们认为今天的音乐不仅仅是用来听的，更重要的也是用来看的。像现代流行歌星一样，一边扭动身体一边演

[①] 蒋晶：《新媒体视阈下的音乐传播——以"513教室"电子乐团为例》，《人民音乐》2014年第3期。

[②] 同上。

奏二胡和琵琶,这样可能比端坐在舞台上全神贯注地表演更能吸引观众①。如果在过去,听者只关注歌唱家的嗓音,而不关注她的身段身形,那么,对于今天的舞台演员而言,她的形体已经成为音乐的本质属性了。"听视"应用于这样一种典型知觉,在这之中,听觉受到了一个"视觉环境"的伴随、强化、协助,或者相反被其扭曲、干扰或至少引起变化,对听觉产生影响,在听觉上投射某些知觉内容②。日本有名的作曲家、钢琴家久石让的作品视听音乐会近几年在国内各大城市频频上演,主要演奏为宫崎骏的动画片所创作的配乐。既然是音乐会,自古就是以听为主,然而演出单上却把"视"放在了"听"的前面,显示出它的重点所在。演出形式基本采用交响乐团现场演绎加大屏幕播放动画片剪辑的片段,当然,笔者曾在北京音乐厅也看过一场"天空之城——久石让与宫崎骏动漫作品视听音乐会",现场是小型的室内乐团演奏与作为背景播放的动画片的音画同步。从听觉感受与心理的融合度来讲,并没有传统交响乐现场让人激动的感觉。至多就是把我们带入一个画面中的浪漫的童话世界。据悉,2019年3月,在广州又举办了宫崎骏与久石让经典动漫视听亲子音乐会,以"好听、好看、好玩"作为突出亲子音乐会的关键词。显然,音乐的听赏方式和意义已经逾越了传统的范畴。

视听联合,其运作并非如类似元素或相反元素的简单累加,而是一种混合,在此之中我们几乎分辨不出声音的部分,会产生很多来自视觉的"附加价值"。以一个音乐中存在的例子对照,就像非专业听众是不大可能从旋律生发出来的感情中,区分出一直"伴随"着感情而产生的和弦的,由此他会将实际上来自所有音乐部分及其

---

① [荷兰]高文厚:《作为创新之路的中国古代音乐》,孙静、王艺译,《人民音乐》2008年第2期。
② [法]米歇尔·希翁:《声音》,张艾弓译,第288页。

联合整体的感情或者感觉,仅仅归结于旋律线上,如同视听的情况,人们习惯于将一切归于视觉一样。在"听视"文化的状况中,比如在音乐会中,遵照文化传统,有意识的注意力是集中在倾听方面,"附加价值"则主要在另外一重意义上运转。……这一特别普遍出现的结果,对感觉主体来说,绝大部分时间都是无意识中产生的。要想有意识地识别并发现其中机制,需要我们将视听的混合拆解开,对同一片断中的声音与视觉化的东西进行隔离观察[①]。

在舞台和摇滚歌曲体裁中,音乐揭示了玄妙的早已舞台化的缩影——创造了"视觉歌曲",把音乐节奏变成看得见的、形象的歌手,是通过给她伴奏的音乐家手里乐器的动作来塑造,在音乐会的音乐中形成"乐器戏剧"[②]。从舞台效果上看,音乐视觉性丰富了音乐的表现力,并逐渐成为其内涵和风格形成的表达方式。一方面这源自音乐自身发展过程中的内部继承和创新;另一方面,恐怕更大的程度上与整个文化的视觉转向有密切关系。音乐已经从一种听觉艺术慢慢转变为类似于MTV式的视觉欣赏,越来越感官化,这种现象尤其存在于当下的流行音乐中,通过时尚的舞台包装,制造视觉消费,使得音乐逐渐异化。在这种场合下,音乐已经不再作为一种被凝神聆听的主题,相反,它实际上已经被降格为一种装饰性与屏蔽性相杂糅的奇异氛围,沦为视觉景观的一种"背景音乐"。一方面,它为演唱会罩上了一种合法性的"光晕",使演唱会有理由以"艺术"的幌子召集它的歌迷(前来消费);另一方面,演唱会上的"音乐"(实乃噪音)作为一道无形的屏障割断了现场与现实世界的联系,以便为歌迷提供一个逃避的空间[③]。正如赫胥黎担心的,我们

[①] [法]米歇尔·希翁:《声音》,张艾弓译,第289—290页。
[②] [美]B. H. 霍洛波娃:《音乐中的视觉序列与时空观念》,戴明瑜译,《交响》1994年第2期。
[③] 魏毅东:《视觉殖民与审美听觉失聪——视觉文化语境下的音乐及其命运》,《人民音乐》2010年第11期。

的文化成为充满感官刺激、欲望和无规则游戏的庸俗文化。这是赫胥黎在《美丽新世界》中的预言,然而这种预言已经慢慢变成现实。过度视觉化、欲望化的音乐势必会对音乐本身造成伤害,失去其固有的内涵、韵味和美感,从而走向平面和庸俗。

我们这个时代,已形成显著的文化景观,即主流文化的退却与大众文化的粉墨登场。首先,这里所谈到的大众文化其实是在一个特定范畴内的概念,并不一定完全准确。笔者认为,它主要指大工业化和全球化背景下兴起于都市里的,以传媒为介质和平台所生产出来的,被大众广泛认可和消费的文化形态和文化产品。在中国历史上,没有哪一个时代像今天这样,大众文化得到如此迅猛的发展,而来自官方的主流文化却受到如此猛烈的冲击。

流行音乐作为大众文化的代表,与其有着特别的缘分,它是我们了解当代社会意义与大众文化的钥匙和入口。无论从哪个方面看,大众文化都是一种感性文化。通俗性、趣味性、时尚性是它的特点,是商业价值的实现和个人欲求的满足[1]。

当然,毋庸置疑的是,大众文化的崛起,一方面它体现了我们这个时代不可抗拒的民主潮流;另一方面,它也反映了现代人自身要求感性发展的呼声。……然而,人若不能"克己",以为片面地执着于感性,就能真正获得快乐,得到发展,那也将大错特错。这给人类带来的只能是感性的沉沦和整个人性骇人听闻的堕落。这其实是反人道的[2]。同时我们应该看到,今天的大众文化有可能就是明日的主流文化,而今天的"雅文化"也有可能就成为明日的"俗文化",雅与俗并非一成不变,它是多元的,不同的时代赋予它不同的意义。

人与自然的异化是这个时代的特点,无限制的推崇和追随科学

---

[1] 修海林:《民族器乐的继承与开拓》,《人民音乐》1987年第7期。
[2] 樊美筠:《中国传统美学的当代阐释》,北京大学出版社2006年版,第127页。

技术的发展以满足自己的征服欲、控制欲和享受欲，已经让我们尝到了它的另一面。听觉的退化，听觉感受力的萎缩，反映了审美的钝化和迷失，结果就是集体失聪。阿多诺曾认为，现代工业社会所带来的人性分裂和人格丧失，只能通过艺术这种精神性的产品对它进行救赎和补偿。他从文化人类学的角度提出了一个更大的假定，他认为人的耳朵不像眼睛那样容易适应资产阶级的理性化的、高度工业化的秩序，"与视觉相比，普通的听觉是古老的（Archaic），它没有跟上技术发展的步伐"，因此，"听觉比视觉较多地保持着久远的、个人主义之前的集体特性"，而"眼睛始终是努力劳动和专心工作的器官，它捕捉着确定的对象"[①]。诚如贾克·阿达利所说，音乐的转变预言了社会关系的改变。有形的生产已被符号的交换所取代。演艺事业、明星制度、令人目不暇接的畅销曲，代表着一个深化的制度上与文化上的殖民。音乐让我们听得见种种转变，它迫使我们创造各个范畴和新的原动力，使如今已经结晶凝固，陷于罗网而垂死的社会理论得以再现生机[②]。伴随着种种反省、反思的过程，很多学者开始回归中国传统文化中寻找答案，像20世纪存在主义哲学的创始人马丁·海德格尔，更是对东方哲学，尤其是老庄哲学心怀敬意。

第三节　现代听道重建的意义

一　诗意的倾听

研究哲学的中国学者普遍认为，生活在不同时代的存在主义哲学家马丁·海德格尔的"世界"观念和老庄的"天人合一"思想是

[①] 赵勇：《从精神涣散到听觉退化——试析阿多诺的流行音乐接受理论》，《音乐研究》2003年第1期。

[②] ［法］贾克·阿达利：《噪音：音乐的政治经济学》，宋素凤、翁桂堂译，第6页。

有一定的对应关系的。海德格尔曾经和中国学者合作翻译过老子的著作，也受到其观念的影响。笔者认为，他眼中的"世界"正如老庄的"道"一般，以天、地、人的和谐与统一为目标。这也恰恰是人类生存的本质。"人生的意义不在于向世界索取什么，而在于原天地之美而达万物之理。"[①] 科技高速发展的时代，当人们被纷繁迷乱的世事俗务所烦扰，被城市中的各种声音蒙了耳，才想要回到先哲们那里寻找诗意与恬淡。我国有学者早在20世纪90年代初就已经撰文表示，海德格尔与老庄对人类与技术进步所带来的异化结果，都曾有过深切的忧虑和关注，然而，海德格尔并没有像老庄那样完全否定技术。他总说现代人无家可归，但对于究竟什么是家却语焉不详。

海德格尔并不是一个实用主义者，因此他认为现代技术是有功利性的，技术从根本上改变了人与世界的关系，但他并未完全抹杀技术。正如老庄否定一切人工制造的东西一样，从理论上讲，二者之间这种思想的相似性是深邃的，而且对于人类精神家园的终极追问，二者也是共通的。海德格尔用尽毕生的精力研究存在问题，本真的生存是诗意地栖居，栖居建立在人与物非有用性的守护关系上，如果人和世界仅仅遭遇于有用性的层面上，就会忽略更为本源的无用之用，会使原本充满诗情画意的生活蜕变为机械无趣的劳作，从而使人们再"看"不到土地，"听"不到鸟鸣，人之间的语言也变得枯燥无味，这意味着世界关系、人之间关系的内在意蕴和辉煌力量的消失，故海德格尔说："当人把世界作为对象性用技术加以建设之际，人就把自己通向敞开者的道路完完全全地堵塞了。"[②] 然而，海德格尔也清楚地认识到，人不可能完全地避免和杜绝技术的出现，这是人类所不能控制和阻挡的，我们唯有泰然面对，用音乐和诗等

---

① 张清民：《海德格尔与老庄》，《黄淮学刊》（社会科学版）1993年第1期。
② ［德］海德格尔：《海德格尔选集》，第433页。

艺术形式来引导大家，时常反思我们的日常生活，这样才会和谐。

老子讲"大音希声"，在他看来，真正伟大的音乐是不需要人工制造物理性的声音，而庄子谈天籁，否定有为之音，"擢乱六律，铄绝竽瑟，塞瞽旷之耳，而天下始人含其聪矣"（《庄子·胠箧》）。"虚静恬淡……万物之本也。"（《庄子·天道》）庄子认为，艺术是人为的技术，不仅不能完善和发展人性，反而会损伤人的真实生命，远离人的本真纯真状态。可见，二圣都觉得大自然的声音是最美的，万物之声是自取自成，因此具有自然无为的意义，世界万事万物在根本上都是有乐感的。正如王维的绝句："空山不见人，但闻人语响。"（《鹿柴》）这句富有禅意的诗告诉我们：大自然本来就是有各种各样的声音存在，山涧的溪流声、婉转的鸟鸣声、风吹花瓣的落地声，甚至是日月星辰斗转星移之声，似有似无，如梦如幻，只是我们遗忘了这个空寂的、宁静的、没有尘世之争的自然之声。

荀子讲"以学心听"，抱着学习的心境去听；张载云"知，犹与闻也。……物之相感也莫如声，声入心通，不待形见而早有以应之"[①]，尤其说明了声音的作用及其重要性，听辨声音，而后与心汇通，形成精神上以及生理上的感应，这样才能心领神会，领悟其微旨。听的世界总是和人的内心、人的情感紧密联系在一起，通过把听觉感知卷入情感，而融汇内心。正如钱穆所言："中国人一切皆贵一种共通性，而音乐尤然。每一吹奏歌唱，声入心通，使吹奏者歌唱者与听者，各有一份自得心，更何名利权力之种种杂念存其间。"[②]

关于声音瞬间的逃逸性及其与思维的联系，黑格尔曾经有过哲学意义上的思辨。他认为"听觉比视觉更是观念性的"，因为视觉让"所观照的对象静止地如其本然地存在着"，而听觉则"无须取实践

[①]（宋）张载撰，（清）王夫之注：《张子正蒙》，第181页。
[②] 钱穆：《现代中国学术论衡》，第296页。

的方式去应付对象，就可以听到物体的内部震颤的结果，所听到的不再是静止的物质的形状，而是观念性的心情活动"[1]。说话者的声音被自己和别人同时听见，这种不求助于任何外在性的内部传导，使声音成为一种最接近自我意识的透明存在，正是由于"透明"，往往容易被忽略。事实证明，我们已经忽略了太多，而且，我们真正忽略的不仅是物理的声音，还有他人的心声，生存的价值和意义。归根到底，听，是一种不可或缺的文化维度[2]。价值混乱，意义丧失，自我中心主义，是听觉萎缩的文化根源。这个时代，不但噪音制造的声音之墙妨碍了人们的听，更重要的是人们的心不再活跃于"听"这种动作，心灵空漠无根。不但肉耳的听被妨碍和阻挡，心耳的听也因颓废、价值观过度涣散、现代工作方式的机械化、休闲方式的模式化而丧失。

在我们生活的这个时代，人们普遍地不再相信奇迹、意义、永恒，不再倾听真理和启示，不再听信某种稳定的价值，不再聆听自然的天籁，蜷缩在自己的皮肤之下，作为一股散漫而盲目的自然力，任由现代社会的市场规则和机械规则摆布着，作为"单子"，他们不再竖起耳朵，诉求听与被听[3]。这些似乎可以预见的现象，恰恰是老子和庄子批判的立足点，他们认为文明的进步其实是对社会、对自然、对人性自然天成的一种偏离和违背，对大自然秩序的一种破坏。在他们看来，人的生存之境应是无为而无不为，朴散为器，回到人类最原初的状态。

听琴吟诗的高雅不再，短箫铙歌的古韵难留。音景的恶化导致现代人听觉能力萎缩到只对声音有两极反应："吵闹的"与"安静的"、被注意到的和没被注意到的、"好的"（喜欢的）和"坏的"

---

[1] ［德］黑格尔：《美学》第三卷，上册，朱光潜译，商务印书馆2012年版，第331页。
[2] 杨震：《当代听觉文化的现状与问题》，《学术论坛》2011年第11期。
[3] 同上。

（不喜欢的）。现代人用三层中空玻璃或背景音乐将"低保真"噪音挡在外边。音乐在这种状况下成为阻隔局部环境的"听觉香水"，不再是能动的听觉艺术表征……人们宁愿在耳朵外面构筑"音墙"来营造虚幻的自主感，而不愿聆听耳朵和内心真正的感受[①]。

二 音乐与时间

人类学家对时间的调查研究，显示出时间是社会性的构造而非一个普遍共享的概念。时间，作为社会相关的经验，是由社会和在其中活动的个人创造的[②]。人之所以为人，是因为时间让人有了一个从本质上比其他生命更深广、更可塑、可回旋出新的样式的意义生成结构。对于生活在南美土著社区的苏亚人来说，他们是用歌曲来标识时间的，再利用太阳、月亮和星象进行推算，苏亚人把一年分为旱季和雨季两个季节，因此也有了对应的歌曲：旱季歌和雨季歌，以建立一个季节的变换，从而界定新的时间和空间。可以看出，歌曲通过声音来演绎，声音创造了时间，声音是苏亚人时间重要的社会性的体现。

毫无疑问，音乐是时间的艺术，我们也在时间的流动中感受自我的存在。换句话讲，声音创造了时间，通过声音让我们感受到我是"在场的"。海德格尔认为时间是人们看待存在论问题的最基本和逃避不了的视域。它既不能通过空间关系，又不能通过概念范畴而得到理解；反过来讲，即空间与概念必须通过时间而得到领会[③]。而时间可以通过语言来体现，通过听觉来实现，只有在语言这个缘构成的域之中，存在者才作为存在者显现出来，人和世界才同样原初

[①] 王敦：《声音的风景：国外文化研究的新视野》，《文艺争鸣》2011年第1期。
[②] ［美］安东尼·西格尔：《苏亚人为什么歌唱——亚马孙河流域印第安人音乐的人类学研究》，赵雪萍、陈铭道译，第86页。
[③] 张祥龙：《海德格尔思想与中国天道：终极视域的开启与交融》，第137页。

地成为其自身①。这或许正好应对了那句名言：语言是存在之家。

声音创造了时间。著名哲学家，美学家苏珊·朗格在《情感与形式》一书中阐述道：音乐存在方式的本质，是一种"时间的幻象"。乐音在时间中的运动，常被人作为物理现象与真正的运动混淆起来，这种时间不是平时所说的物理的、时钟的时间，而是与人的内心体验相关的"主观时间"，或称为"心理时间"，比之物理的客观时间要广阔复杂得多②。苏珊·朗格认为"听"应该包含感官的听和精神的听两者。感官的听源于外界的刺激，是一种对声音感觉的直接体验，精神的听则是"心灵的工作，它开始于形式概念，结束于想象的感觉经验的完整呈现"③。精神性的听或者可以说就是一种音乐的内心听觉。音乐内心听觉一词在音乐界早已有之，它意指在内心（实际是头脑）所进行的音乐活动，尤其是内心听觉活动，它所涉及的心理过程主要是听觉意象，不过与感知、记忆以至想象和情感等心理过程亦有相当联系④。

"独坐幽篁里，弹琴复长啸。深林人不知，明月来相照。"唐代诗人王维在陕西蓝田辋川别业隐居时创作的这首《竹里馆》，其中的意象，恐怕是现代人精神上想要追求的理想境界。月色、琴声、竹林，清幽坐忘的心境，闲适的生活和意趣，听觉与视觉的交相辉映，既是古代文人的生活写照，也是我们想要栖居的诗意家园。重返听觉之思，建立现代社会的听道观念，才能从根本上消除文明和科学技术高速进步所带来的心理上的危机和干扰，还我们一个理想的栖居之地。

---

① 张祥龙：《海德格尔思想与中国天道：终极视域的开启与交融》，第165页。
② 张振涛：《20世纪中国大陆音乐教育的盲区——命运多舛的工尺谱》，见《风声入耳：张振涛音乐文集》，文化艺术出版社2010年版，第102页。
③ [美]苏珊·朗格：《情感与形式》，刘大基、傅志强、周发祥译，中国社会科学出版社1987年版，第158页。
④ 普凯元：《音乐内心听觉的心理学原理》，《交响》2000年第2期。

结　论

中国文化中有着极其发达的"听"的学问，古代如此，现代也是一样，中西方对于听的哲学和听觉文化的研究在当代已经越来越受到重视，在音乐、建筑、文学、传播学以及环境学等方面都有不同程度的关注。在世风日下的今天，我们有必要对于审美理论建设方面的问题给予积极关注，于我，于他，于她，于整个社会，都有重要的意义。通过本书的研究，可得出以下几个方面的结论。

一　中国听之道的历史特点

经典的千年共在性"simultaneity"，是中国传统里听的自觉意识一直保持的重要条件，"听之道"的历史才可能建立。一方面，这个"道"一直存在；另一方面它又保持了变化和沿革，使"听"在中国历史中始终是一个突出的问题。在中国历史的轴心期，关于听的基本观念和元范畴（元范畴指学科体系和逻辑的原点及终点，理论的原型）已经建立。汉唐时期，因为听的对象——胡乐传入和俗乐的发达，而形成了听的活动和观念的极大丰富，这在汉赋和唐诗中有极多鲜活的材料。魏晋时期的思想哲学背景，又造成了内听和心听的新传统，虚听和弦外之音的追求成为一时文人品格和水准的标志。到宋明，出现了明显的内转，大量《无声乐赋》出现，要求听无、听气、听虚、听韵，听出人心之妙用也出现了。近代由于审美理论的传入，艺术理论的普及，一方面艺术音乐成为听的最主要对象，审美认知成为唯一目的；另一方面民间音乐仍然是大量农民的听的对象，审美认知和对象化听知现象也存在。而现代音乐和所谓中国新音乐——以西方理论作曲而有中国风格的作品的出现，加之新媒体的袭来，造成现代听觉文化的巨大变化，听之道也发生了转型。

二 既是"听乐"，也是"听心"，"声与心通"

孔子"成于乐"，庄子的"听之以气"，都代表着音乐在人类历史上促成了人的自我精神觉醒和人格完成。现代社会，音乐更具有和谐人与人之间关系、治心养心的作用。而声音作为音乐的感性材料决定了它的感知方式是靠听。因此，音乐是直观的，它不假概念；音乐是直觉的，它不喜推理；音乐是可逝的，它就在当下。音乐是高度"可写的"艺术，可写性是听的创造性，因此听见的其实是你的内在世界和精神生活，自己的情感、智慧和心灵。

三 《文子》为我们提供了中国传统的听的哲学，并由此引申出圣人观念的问题

本书第一章从"听"的字源入手，梳理古人思维世界有关听的文献、听的警示，以期在后文重新召唤听觉意义及重要性。以"音乐"为文化现象的考量切入点，研究声音在文化中的作用，近年来渐渐得到文化研究学者们的重视。尤其在西方文化研究学界，越来越多关于声音的社会学、政治学、经济学意义被挖掘。学者们发现，听觉文化与视觉文化一样，既是社会文化和意识形态所生产出来的产品，同时又反过来参与再生产，共同构建我们的文化与意识形态本身[1]。《文子》"听"的观念系统，在声音文化方面为本书提供了线索和依据，

---

[1] 林诗雯：《从噪音到消音——孟京辉戏剧的听觉文化研究》，《中国图书评论》2014年第8期。

使我进入与之相关的材料,例如圣人观念的问题,从音乐思想史角度来观照存于古代文献中的听觉思想和文化。《文子》的思想贡献是十分突出的,值得我们今天去思考和研究。耳听听响,心听听情,神听听道。耳入心,心入神,神入道,道归一。听,记录了事物的过去,开启了事物的未来;听,打开了人性内宇宙,展开了思想的外宇宙。《文子》的警示再次提醒我们:耳听者多乎!心听者何在?神听者已死!

四 儒道两家不同的圣人观念

从圣人观念入手,讨论圣人观与听之道之间的密切关系之后,笔者发现儒道两家在此问题上有本质的区别。在中国发达的听觉文化里,一方面儒、道两家往往从圣人观出发去建立自己的听之道;另一方面又从超越了一般音乐的听之道去丰富自己的圣人观。"故心者,形之主也;神者,心之宝也。形劳而不休即蹶,精用而不已则竭,是以,圣人遵之不敢越也"(《文子·九守·守虚》)。我们能否这样理解,在中国文化里,因为声音的哲学性质和听的行为与目的的自觉选择,实听之理与虚听之道,共同建立了中国文化传统里听的哲学。

五 古琴中所体现出来的自况、他况和无声现象丰富了中国文化中听的哲学

古琴中涉及的听文化现象颇为丰富,笔者研读了有关于琴论、琴人、琴史、琴诗、琴曲等相关的文献,了解到古琴与中国传统的儒、道以及释家思想皆有密切联系,受此影响而产生的一些美学观念值得我们关注。音乐作为一种以声音为基础的文化现象,同时也是文化的产物,并受其制约,"音乐中必定体现了文化,文化中自然包含了音乐"[①],这样来说,音乐与文化就是相互内在,互为目的的。

---

① 洛秦著,罗艺峰导读:《音乐中的文化与文化中的音乐》,上海书画出版社2004年版。

因此，对音乐的分析和研究都不能离开文化这个维度，而作为中国最古老的乐器——古琴自然代表了中国最传统的文化及文人精神。古琴既自娱，又娱人，可以表达自听、互听甚至无听的不同角度，而"听"既是一种文化的行为，不仅包含着感知，也包含着哲学的启迪和感悟。

六 民间文化中特有的听觉现象成为我们关注的另一方宝地，为本书的写作提供了不同的线索和思路

借鉴民族音乐学的研究方法，笔者对不同身份的对象从不同角度进行采访，获得了第一手的研究资料和信息，并通过对相关文献的研读，拓宽研究视角，使得本书从纯理论的层面落地到实践和操作中来。

中国民间音乐中大量听的行为构成了特有的口传文化，成为一代接一代生生不息的重要方式。向天而歌的盲人音乐家艺术家们"以耳代聪"，用耳朵书写着人生的苦涩和欢愉；温和而肃穆的道教科仪音乐将众生的耳朵和神紧密联系在一起，法器的声音成为人神共敬的天籁。唱赞、念诵、默声，可听与不可听的声音，在此时都构成了仪式音声的整体，成为我们感知对象的全部。

七 听觉文化重建的价值意义

当代社会目前所反映出来的听觉涣散现象以及噪音问题已日渐凸显，作为大众文化的音乐，它所折射出的大众审美的集体退化愈演愈烈。笔者借鉴传播学的方法和加拿大理论家马歇尔·麦克卢汉的媒介理论，分析"图像主义"和视觉霸权向听觉转向和回归的原因及表现。

当代社会全球一体化和技术的革新并不是与听之道对立，因为听的对象，不仅是物理的声音，还有内心（他人及自己）的声音，

大自然的声音，甚至还有意念中的声音。而听者的姿态，才是决定听的内容之核心。海德格尔和道家的哲学精髓告诉了我们该如何去倾听，学会倾听和思考，我们才有可能诗意地栖居。这是审美文化建设的根本所在。

改变听的状态，请先改变心的姿态。

参考文献

一 古籍类

（战国）文子著，李定生、徐慧君校释：《文子校释》，上海古籍出版社 2004 年版。

（汉）郑玄注，（唐）孔颖达疏：《礼记正义》，北京大学出版社 1999 年版。

（汉）郑玄注，（唐）贾公彦疏：《周礼注疏》，上海古籍出版社 2010 年版。

（汉）董仲舒撰，凌曙注：《春秋繁露》，中华书局 1975 年版。

（汉）戴德：《大戴礼记》，四部丛刊初编本，上海商务印书馆 1928 年版。

（汉）扬雄著，李轨注：《法言》，《诸子集成》第七册，中华书局 1986 年版。

（汉）班固：《汉书》，中华书局 1975 年版。

（汉）许慎撰，（清）段玉裁注：《说文解字注》，上海古籍出版社 1988 年版。

（汉）应劭撰，王利器校注：《风俗通义校注》，中华书局 1981 年版。

（晋）崔豹：《古今注》，商务印书馆 1956 年版。

（晋）王嘉：《拾遗记》，中华书局 1981 年版。

（南朝梁）刘勰著，范文澜注：《文心雕龙注》，人民文学出版社 1962

年版。

（南朝梁）萧统编，（唐）李善注：《文选》，中华书局1977年版。

（唐）白居易撰，顾学颉点校：《白居易集》，中华书局1979年版。

（五代）谭峭撰，丁祯彦、李似珍点校：《化书》，中华书局1996年版。

（宋）郭茂倩：《乐府诗集》，中华书局1979年版。

（宋）朱长文著，林晨编著：《琴史》，中华书局2010年版。

（宋）李昉等：《太平御览》，文渊阁《四库全书》本。

（宋）苏辙：《老子解》，文渊阁《四库全书》本。

（宋）张载撰，（清）王夫之注：《张子正蒙》，上海古籍出版社2000年版。

（宋）魏了翁《尚书要义》，文渊阁《四库全书》本。

（宋）吴泳：《鹤林集》，文渊阁《四库全书》本。

（宋）员兴宗：《九华集》，文渊阁《四库全书》本。

（宋）马端临：《文献通考》，文渊阁《四库全书》本。

（元）郝经：《续后汉书》，文渊阁《四库全书》本。

（元）倪元璐：《儿易外仪》，文渊阁《四库全书》本。

（明）贝琼：《清江诗集》，《清江文集》，文渊阁《四库全书》本。

（明）王骥德著，陈多、叶长海注释：《曲律》，湖南人民出版社1983年版。

（清）王夫之：《船山全书》，岳麓书社2011年版。

（清）李渔著，李树林译：《闲情偶寄》，重庆出版社2008年版。

（清）曹雪芹：《红楼梦》，人民文学出版社1996年版。

（清）彭定求等：《全唐诗》，中华书局1992年版。

（清）傅恒等：《御纂诗义折中》，文渊阁《四库全书》本。

（清）郭庆藩撰：《庄子集释》，中华书局1982年版。

（清）王先谦撰：《庄子集解》，中华书局1954年版。

（清）阮元校刻：《十三经注疏·周礼注疏》，中华书局1980年版。

（清）汪烜：《立雪斋琴谱》，中国书店 2012 年版。

（清）汪烜：《乐经律吕通解·乐记或问》，续修《四库全书》本，上海古籍出版社 2002 年版。

安小兰译注：《荀子》，中华书局 2007 年版。

王国轩、王秀梅译注：《孔子家语》，中华书局 2009 年版。

石磊、黄昕：《商君书译注》，黑龙江人民出版社 2003 年版。

万丽华、蓝旭译注：《孟子》，中华书局 2007 年版。

陈鼓应：《庄子今注今译》（修订本），商务印书馆 2007 年版。

李山译注：《管子》，中华书局 2009 年版。

杨伯峻：《列子集释》，中华书局 2012 年版。

陈伯君校注：《阮籍集校注》，中华书局 1987 年版。

王利器：《文子疏义》，中华书局 2000 年版。

任法融：《周易参同契释义》，东方出版社 2002 年版。

张燕婴译注：《论语》，中华书局 2007 年重印版。

杨伯峻：《春秋左传注》（修订本），中华书局 1990 年版。

刘钊：《郭店楚简校释》，福建人民出版社 2003 年版。

詹锳：《文心雕龙义证》，上海古籍出版社 1989 年版。

俞志慧：《韩非子直解》，浙江文艺出版社 2000 年版。

张双棣：《淮南子校释》，北京大学出版社 1997 年版。

张双棣、张万彬、殷国光、陈涛译注：《吕氏春秋》，中华书局 2007 年版。

邬国义、胡果文、李晓路撰：《国语译注》，上海古籍出版社 1994 年版。

元娟莉校注：《乐府杂录校注》，上海古籍出版社 2015 年版。

张沛：《中说译注》，上海古籍出版社 2011 年版。

二 音乐类

《宋瑾教授访谈录》，管建华、张天彤主编《传统·民族·世界——

中国音乐学教授访谈录》，苏州大学出版社 2014 年版。

《无确定性音乐及美学观念》，《当代外国艺术》，文化艺术出版社 1984 年版。

《印度音乐文化及音乐教育研究——张玉榛教授访谈录》，管建华、张天彤主编《传统·民族·世界——中国音乐学教授访谈录》，苏州大学出版社 2014 年版。

《中国古代乐论选辑》，人民音乐出版社 1981 年版。

蔡仲德：《中国音乐美学史》，人民音乐出版社 1995 年版。

蔡仲德：《中国音乐美学史资料注译》（下册），人民音乐出版社 1990 年版。

蔡仲德：《中国音乐美学史资料注译》（增订版），人民音乐出版社 2007 年版。

陈聆群：《中国近现代音乐研究在 20 世纪》，《音乐艺术》1999 年第 3 期。

陈四海：《论先秦音乐艺术家——瞽矇》，《人民音乐》2009 年第 9 期。

崔莹：《后现代音乐及其美学问题研究》，博士学位论文，上海音乐学院，2010 年。

范煜梅：《历代琴学资料选》，四川教育出版社 2013 年版。

付林鹏：《"耳听为圣"与先秦乐官的听风习俗》，《民俗研究》2013 年第 2 期。

［荷兰］高文厚：《作为创新之路的中国古代音乐》，孙静、王艺译，《人民音乐》2008 年第 2 期。

管建华：《中国音乐的审美文化视野》，中国文联出版公司 1995 年版。

韩锺恩：《当"音乐季"启动之际：北交首演音乐会——并以此设栏"临响经验"》，《音乐爱好者》1998 年第 3 期。

韩锺恩：《直接面对敞开：回到音乐——人文资源何以合理配置》，《星海音乐学院学报》2000 年第 1 期。

胡登跳：《古琴演奏法序一》，龚一《古琴演奏法》，上海教育出版社 1999 年版。

胡兰成：《中国的礼乐风景》，中国长安出版社 2013 年版。

蒋晶：《〈文子〉音乐思想研究》，硕士学位论文，西安音乐学院，2006 年。

蒋晶：《陕西传统艺术的当代价值研究——以华阴老腔为例》，《四川戏剧》2014 年第 3 期。

蒋晶：《新媒体视阈下的音乐传播——以"513"教室电子乐团为例》，《人民音乐》2014 年第 3 期。

瞿小松：《音声之道》，生活·读书·新知三联书店 2014 年版。

李宝杰：《区域——民俗中的陕北音乐文化研究》，文化艺术出版社 2014 年版。

李华涛：《浅谈武当山道教音乐》，《道教之音》2013 年第 1 期。

李松：《"后集成"时代的音乐文化思维》，《对中国少数民族音乐文化传承的反思——"第三届全国高等音乐艺术院校少数民族音乐文化传承与学术研讨会"主题发言》，《中国音乐学》2013 年第 1 期。

廖明君、萧梅：《"巫乐"研究的新探索》，《民族艺术》2008 年第 3 期。

林诗雯：《从噪音到消音——孟京辉戏剧的听觉文化研究》，《中国图书评论》2014 年第 8 期。

刘承华：《倾听弦外之音——音乐美的文化之维》，安徽文艺出版社 2012 年版。

刘承华等：《江南文化中的古琴艺术——江苏地区琴派的文化生态研究》，南京大学出版社 2012 年版。

刘红庆：《向天而歌——太阳盲艺人的故事》，北京出版社 2004 年版。

罗艺峰：《从天人秩序到内在道德自觉：礼乐关系的思想史意义》，《交响》2015 年第 3 期。

罗艺峰：《思想史、〈中庸〉与音乐美学的新进路》，《南京艺术学院学报》（音乐与表演版）2014 年第 1 期。

罗艺峰：《音乐美学论集》，陕西人民教育出版社 1997 年版。

罗艺峰：《中国音乐的意象美学论纲》，《交响》1995 年第 2 期。

罗艺峰：《中国音乐思想史五讲》，上海音乐学院出版社 2013 年版。

洛秦：《从声响走向音响——中国古代钟的音乐听觉审美意识探寻》，《音乐艺术》1988 年第 2 期。

洛秦著，罗艺峰导读：《音乐中的文化与文化中的音乐》，上海书画出版社 2004 年版。

苗建华：《古琴美学思想研究》，上海音乐学院出版社 2006 年版。

牛龙菲：《乐道》，香港：中华书局 2012 年版。

牛龙菲：《听之以心》，《乐道——中国古典音乐哲学论稿》之四，《星海音乐学院学报》2003 年第 1 期。

普凯元：《音乐内心听觉的心理学原理》，《交响》2000 年第 2 期。

钱茸：《古国乐魂——中国音乐文化》，世界知识出版社 2002 年版。

施咏：《中国人音乐审美心理概论》，上海音乐出版社 2008 年版。

宋瑾：《"自况"的行为方式及其求索——从〈溪山琴况〉谈起》，《音乐艺术》2015 年第 3 期。

陶亚兵：《中西音乐交流史稿》，中国大百科全书出版社 1994 年版。

田青：《禅与乐》，文化艺术出版社 2012 年版。

田青：《琴心与佛心》，《中国文化》2010 年第 1 期。

汪毓和：《中国近现代音乐史》，人民音乐出版社 2005 年版。

王小龙：《听——音乐学习的基本方式》，《中国音乐教育》2005 年第 11 期。

魏毅东：《视觉殖民与审美听觉失聪——视觉文化语境下的音乐及其命运》，《人民音乐》2010 年第 11 期。

吴钊：《古乐寻幽——吴钊音乐学文集》，文化艺术出版社 2011 年版。

吴钊：《中国琴乐声韵的结合与变化——一种独特的旋律装饰形态》，《艺术学》1994 年第 11 期。

吴钊、刘东升：《中国音乐史略》，人民音乐出版社 1993 年版。

项阳：《当传统遭遇现代》，上海音乐学院出版社 2004 年版。

萧梅：《"巫乐"的比较：执仪者的身份与性别》，《民族艺术》2012 年第 2 期。

萧梅：《从 Music 到中国仪式之"樂"》，《思想战线》2011 年第 1 期。

萧梅：《从感觉开始——再谈体验的音乐民族志》，《音乐艺术》2010 年第 1 期。

萧梅：《回到"声音"并一再敞开》，《音乐艺术》2011 年第 1 期。

萧梅：《身体视角下的音乐与迷幻》，《中国音乐学》2010 年第 3 期。

萧梅：《通过罗杰的观看：音乐与迷幻——论音乐与附体的关系》，《中国音乐学》2009 年第 3 期。

萧梅：《仪式中的制度性音声属性》，《民族艺术》2003 年第 1 期。

修海林：《"乐本体"思维模式在秦汉道家音乐思想学理性思考中的存在》，载罗艺峰主编《汉唐音乐史第二届国际研讨会论文集》，中央音乐学院出版社 2013 年版。

修海林：《"人"与"艺"：中国传统音乐教育两种体系的存在与启示》，《音乐研究》1994 年第 2 期。

修海林：《对茅原〈仲德周年祭〉一文中有关〈声无哀乐论〉研究评价的答复》，《南京艺术学院学报》2005 年第 4 期。

修海林：《关于中国音乐双文化现象的若干思考》，《音乐研究》1993 年第 3 期。

修海林：《民族器乐的继承与开拓》，《人民音乐》1987 年第 7 期。

修海林：《先秦道家音乐学术思想的主要特征——以〈吕氏春秋〉诸篇为例的分析》，载罗艺峰主编《汉唐音乐史首届国际研讨会论文集》，中央音乐学院出版社 2011 年版。

修海林：《音乐存在的听觉感知基础》，《中国音乐》1990 年第 3 期。

修海林：《音乐学领域中的传播学研究》，《中国音乐》1993 年第 2 期。

修海林：《音乐学之统合：有关〈声无哀乐论〉音乐美学思想评价的若干问题》，上海音乐出版社 2008 年版。

修海林：《中国古代音乐史料集》，世界图书出版公司 2000 年版。

徐欣：《聆听与发声：唐·伊德的声音现象学》，《音乐研究》2011 年第 4 期。

薛艺兵：《流动的声音景观——音乐地理学方法新探》，《中央音乐学院学报》2008 年第 1 期。

薛艺兵：《神圣的娱乐：中国民间祭祀仪式及其音乐的人类学研究》，宗教文化出版社 2003 年版。

杨燕迪：《巴赫的神秘：可听 VS 不可听》，文汇笔会，微信公众号：ibihui。

叶明春：《中国古代音乐审美观研究》，人民音乐出版社 2007 年版。

张晖：《网络时代的音乐听知觉训练》，《人民音乐》2010 年第 7 期。

张蕙慧：《嵇康音乐美学思想探究》，文津出版社有限公司 1997 年版。

张祥龙：《孔子的现象学阐释九讲——礼乐人生与哲理》，华东师范大学出版社 2009 年版。

张振涛：《20 世纪中国大陆音乐教育的盲区——命运多舛的工尺谱》，《风声入耳：张振涛音乐文集》，文化艺术出版社 2010 年版。

张振涛：《吹破平静——晋北鼓乐的传统与变迁》，文化艺术出版社 2010 年版。

张振涛：《平原日暮——屈家营的故事》，《中国音乐学》2009 年第 3 期。

张振涛：《噪音：力度和深度》，曹本冶主编《大音》第五卷，文化艺术出版社 2011 年版。

章华英：《宋代古琴音乐研究》，中华书局 2013 年版。

赵晓培：《道教音乐 无为的妙韵》，《中国宗教》2012 年第 5 期。

赵勇：《从精神涣散到听觉退化——试析阿多诺的流行音乐接受理论》，《音乐研究》2003 年第 1 期。

郑培凯、张为群：《古琴的传承与开拓》，广西师范大学出版社 2014 年版。

三 著作论文类

《复旦学报》（社会科学版）编辑部：《中国古代美学史研究》，复旦大学出版社 1983 年版。

白欲晓：《圣、圣王与圣人——儒家"崇圣"信仰的渊源与流变》，《安徽大学学报》（哲学社会科学版）2012 年第 5 期。

陈复华主编：《古代汉语词典》，商务印书馆 2005 年版。

陈国女：《哥特小说与声音》，江西师范大学听觉与文化学术研讨会论文集，2015 年。

陈来：《古代思想文化的世界》，生活·读书·新知三联书店 2002 年版。

陈仁仁：《圣义及其观念溯源》，《伦理学研究》2011 年第 6 期。

陈文洁：《荀子的辩说》，华夏出版社 2008 年版。

陈致：《余英时访谈录》，生活·读书·新知三联书店 2012 年版。

陈智勇：《先秦时期的听觉文化》，《殷都学刊》2005 年第 3 期。

杜维明：《现代精神与儒家传统》，生活·读书·新知三联书店 1997 年版。

杜维明：《一阳来复》，上海文艺出版社 1997 年版。

樊美筠：《中国传统美学的当代阐释》，北京大学出版社 2006 年版。

樊美筠：《中国传统美学的当代阐释》，北京大学出版社 2006 年版。

傅修延：《听觉叙事初探》，《江西社会科学》2013 年第 2 期。

葛刚岩：《〈文子〉成书及其思想》，巴蜀书社2005年版。

顾颉刚：《"圣""贤"观念和字义的演变》，载《中国哲学》第1辑，生活·读书·新知三联书店1979年版。

韩钟恩：《声音的规定性与音乐的艺术特性》，《福建艺术》2004年第4期。

何兆武、步近智、唐宇元、孙开太：《中国思想发展史》，湖北人民出版社2007年版。

胡宝珍：《挽歌诗：魏晋文人生命的哀歌》，《河北师范大学学报》（哲学社会科学版）2001年第4期。

蒋孔阳：《中西艺术与中西美学》，蒋冰海、林同华编《美学与艺术讲演录续编》，上海人民出版社1989年版。

金惠敏：《论"内通"非"通感"——道家通感论与钱锺书的误读》，《"听觉与文化"学术研讨会论文集》，江西师范大学叙事学研究中心，2015年。

巨才：《辞赋一百篇》，山西人民出版社1994年版。

李剑：《对人的生存境况的终极性反思——老庄与海德格尔的遇合》，《兰州学刊》2003年第6期。

李志刚、冯达文主编：《思想文化的传承与创新》（修订版），巴蜀书社2007年版。

梁启超：《饮冰室诗话》，人民文学出版社1959年版。

卢苇菁：《魏晋文人与挽歌》，《复旦学报》（社会科学版）1988年第5期。

陆涛：《文化传播中的听觉转向与听觉文化研究》，《中州学刊》2014年第12期。

路文彬：《论中国文化的听觉审美特质》，《中国文化研究》2006年秋之卷。

路文彬：《视觉文化与中国文学的现代性失聪》，安徽教育出版社2008

年版。

敏泽：《中国美学思想史》下卷，湖南教育出版社 2004 年版。

蒲震元：《听绿：美学的沉思——蒲震元自选集》，北京广播学院出版社 2004 年版。

钱穆：《现代中国学术论衡》，生活·读书·新知三联书店 2005 年版。

钱锺书：《管锥编》第二册，生活·读书·新知三联书店 2008 年版。

钱锺书：《管锥编》第三册，中华书局 1979 年版。

史成芳：《诗学中的时间概念》，湖南教育出版社 2000 年版。

唐君毅：《中国哲学原论·原道篇》（上册），中国社会科学出版社 2006 年版。

陶秋英编著：《宋金元文论选》，人民文学出版社 1984 年版。

王敦：《流动在文化空间里的听觉：历史性和社会性》，《文艺研究》2011 年第 5 期。

王敦：《声音的风景：国外文化研究的新视野》，《文艺争鸣》2011 年第 1 期。

王敦：《听觉文化研究：文化和审美研究的一个新角度》（摘要），"美学与文化生态建设"国际论坛，2010 年 9 月。

王文章主编：《中国非物质文化遗产保护论坛论文集》，文化艺术出版社 2006 年版。

王小盾：《夜对于上古中国人的意义》，江西师范大学听觉与文化学术研讨会论文集，2015 年。

萧涤非等：《唐诗鉴赏辞典》，上海辞书出版社 1983 年版。

杨国荣：《善的历程——儒家价值体系研究》，华东师范大学出版社 2009 年版。

杨赛：《从临响到直觉》，《人民音乐》2008 年第 6 期。

杨震：《当代听觉文化的现状与问题》，《学术论坛》2011 年第 11 期。

叶朗：《中国美学史大纲》，上海人民出版社 2002 年版。

尹振环：《我国最早的听德、听术、听制》，《周秦社会与文化研究——纪念中国先秦史学会成立 20 周年学术研讨会论文集》，陕西师范大学出版社 2003 年版。

袁行霈主编：《中国文学史》第二版第二卷，高等教育出版社 2012 年版。

张丰乾：《"听"的哲学——以"圣""智"为线索》，李志刚、冯达文主编《思想文化的传承与创新》（修订版），巴蜀书社 2007 年版。

张宏宇：《海德格尔倾听的哲学思想》，硕士学位论文，黑龙江大学，2012 年。

张家骎：《声学的发展》，《自然杂志》1979 年第 12 期。

张建业主编：《李贽文集》第一卷，社会科学文献出版社 2000 年版。

张清民：《海德格尔与老庄》，《黄淮学刊》（社会科学版）1993 年第 1 期。

张祥龙：《海德格尔思想与中国天道：终极视域的开启与交融》，生活·读书·新知三联书店 1996 年版。

张义宾：《中国古代气论文艺观》，山西人民出版社 2003 年版。

赵保佑主编：《老子思想与人类生存之道——2010 洛阳老子文化国际论坛文集》，社会科学文献出版社 2011 年版。

赵雅丽：《〈文子〉思想及竹简〈文子〉复原研究》，北京燕山出版社 2005 年版。

中国文化书院讲演录编委会：《论中国传统文化》第一集，生活·读书·新知三联书店 1988 年版。

朱光潜：《美学书简》，上海文艺出版社 1980 年版。

四 译著类

［德］马克思：《1844 年经济学—哲学手稿》，刘丕坤译，人民出版社 1979 年版。

[德]瓦尔特·本雅明：《机械复制时代的艺术作品》，王才勇译，中国城市出版社 2002 年版。

[德]埃克哈特：《埃克哈特大师文集》，荣震华译，商务印书馆 2003 年版。

[德]卡尔·达尔豪斯：《音乐美学观念史引论》，杨燕迪译，上海音乐学院出版社 2006 年版。

[德]齐美尔：《社会学：关于社会化形式的研究》，林荣远译，华夏出版社 2002 年版。

[德]黑格尔：《美学》第三卷，上册，朱光潜译，商务印书馆 1996 年版。

[法]亨利·路易·柏格森：《时间与自由意志》，吴士栋译，商务印书馆 2007 年版。

[法]阿兰·科尔班：《大地的钟声：19 世纪法国乡村的音响状况和感官文化》，王斌译，广西师范大学出版社 2003 年版。

[法]贾克·阿达利：《噪音：音乐的政治经济学》，宋素凤、翁桂堂译，上海人民出版社 2000 年版。

[法]莫里斯·哈布瓦赫：《论集体记忆》，毕然、郭金华译，上海人民出版社 2002 年版。

[法]米歇尔·希翁：《声音》，张艾弓译，北京大学出版社 2013 年版。

[法]卢梭：《论语言的起源——兼论旋律与音乐的模仿》，吴克峰、胡涛译，北京出版社 2010 年版。

[法]陈艳霞：《华乐西传法兰西》，耿昇译，商务印书馆 1998 年版。

[法]克洛德·列维-斯特劳斯：《看·听·读》，顾嘉琛译，中国人民大学出版社 2006 年版。

[古希腊]柏拉图：《蒂迈欧篇》，谢文郁译注，上海人民出版社 2005 年版。

[加]马歇尔·麦克卢汉：《理解媒介——论人的延伸》，何道宽译，

商务印书馆 2000 年版。

［美］苏珊·朗格：《情感与形式》，刘大基、傅志强、周发祥译，中国社会科学出版社 1987 年版。

［美］安东尼·西格尔：《苏亚人为什么歌唱——亚马孙河流域印第安人音乐的人类学研究》，赵雪萍、陈铭道译，上海音乐学院出版社 2012 年版。

［美］加列特·基泽尔编著：《噪音书》，赵卓译，重庆大学出版社 2014 年版。

［美］B. H. 霍洛波娃：《音乐中的视觉序列与时空观念》，戴明瑜译，《交响》1994 年第 2 期。

［美］威廉·詹姆士：《宗教经验之种种——人性之研究》，唐钺译，商务印书馆 2002 年版。

［美］詹姆斯·格雷克：《信息简史》，高博译，人民邮电出版社 2013 年版。

［美］沃尔特·翁：《口语文化与书面文化：语词的技术化》，何道宽译，北京大学出版社 2008 年版。

［美］成中英：《合外内之道——儒家哲学论》，中国社会科学出版社 2001 年版。

［美］程贞一：《黄钟大吕：中国古代和十六世纪声学成就》，王翼勋译，上海科技教育出版社 2007 年版。

［美］牟复礼：《中国思想之渊源》（第二版），王重阳译，北京大学出版社 2016 年版。

［英］里斯特编著：《达·芬奇笔记》，郑福洁译，生活·读书·新知三联书店 2007 年版。

五　网络类

国学导航—刘子，http：//www.guoxue123.com/zhibu/0301/00liuz/008.

htm。

中国社会科学网，http：//skpj.cssn.cn/hqxx/xkdt/xkdtnews/201410/t20141015_1363523.shtml。

古文观止鉴赏辞典，http：//www.zxls.com/book/gwgz/mydoc190.htm。

汉典，http：//www.zdic.net/c/3/a0/186444.htm。

中国音乐学网，http：//yyxx.whcm.edu.cn/info/1015/1151.htm。

六 英文文献

Adorno, Theodor W., "On the Fetish Character in Music and the Regression of Listening", *The Cultural Industry: Selected Essays on Mass Culture*, NY: Routledge, 2001.

Dumyahn, Sarah L., *Theory and Application of Soundscape Conservation and Management: Lessons Learned from the U.S. National Park Service*, Purdue University, August, 2013.

Hanslowe, Thomas, *Ecological Listening in the Music of John Luther Adams*, the degree of Master of Arts in Music Tufts University, Graduate School of Arts & Sciences, May, 2015.

Levin, David Michael, *The Listening Self*, Routledge, 1989.

Merriam, Alan P., *The Anthropology of Music*, Northwestern University Press, 1 edition, 1964.

Schafer, Raymond Murray, *The Soundscape*, New York: Destiny Books, 1993.

附录　文渊阁《四库全书》论"听"文字辑录*

本附录涉及文渊阁版《四库全书》中关于"听乐"的检索：四库分类：经部、史部、子部、集部、附录；共617卷，716个匹配。在经部、史部、子部、集部分别搜索"耳听"共1082卷，1179个匹配。"心听"共587个匹配。"神听"共462卷，504个匹配。"目听"共151卷，160个匹配。"色听"共183卷，199个匹配。涉及"观乐"的内容大多和季札观乐有关，"尤其是以编悬为其特征的金石钟磬之乐，是古人观乐重点"[①]。"听德"在《四库全书》经、史、子、集中有涉及179卷，共211个匹配。"听术"在《四库全书》中有6个匹配，但无相关可用材料。"听声"有570卷，656个匹配。"听风"有660卷，735个匹配。

一、《四库全书》中关于"听乐"的检索

（一）经部，易类。《儿易内仪》《儿易外仪》

此数言者，皆本于《复》者也，《复》初九，曰：不远《复》，此言灰应时而飞，不愆迟也。六二，休《复》，此言半出为和也，休之为言，于徐安美也。六三，频《复》，厉，频数也，奋骤洊促，猛

---

* 此处使用的是电脑安装的单机版文渊阁《四库全书》。在"国学导航"网站下载，2014年的数据。

① 见牛龙菲《乐道》，香港：中华书局2012年版，第159页。

起而尽。此言全出为猛气，故凶也。九四，中行独《复》。此言至日中气，又宫中声，生气无偶，故曰：中行，又曰：独也。六五，敦《复》无悔，敦则厚重而迟言，虽迟，终应亦无悔也。上六，迷《复》，此言灰飞不出，为气之衰，故曰：有灾。□用行师终有大败，师出以律，律不应，故师败。以其国君凶，宫气竭，故君凶也，十年不克征者。王令言所称"宫声往而不返也"。观乎《豫》，曰：利建侯，行师则知其声为耆功而作，《济》《屯》建侯行师，御寇艰危之会，惨结沴生，非乐不解者也。《国语·周语下》曰："听乐而震，观美而眩，患莫大焉。"《书》曰："於！予击石拊石。"《诗》曰："我客戾止，永观厥成。"《乐记》曰："疾疢不作，而无妖祥。"《周礼》曰："大合乐以致鬼神，凡此数言者，皆通乎《豫》者也，《豫》，初六，曰：鸣《豫》，凶。此言乐不可极，鸣《豫》则流湎忘本，故凶也。六二，介于石，不终日，此以石为众音所依，石居乾位……"

（二）经部，书类。《书纂言》卷一

尧在位一百载矣，殂落，死也，死者魂气升于天，故曰殂。体魄降于地，故曰落。丧，为之服也。父曰"考"，母曰"妣"。三载：子为父服则斩衰三年，为母服则齐衰三年也。四海甸服，千里之外，四方诸侯之民也，遏绝密静也，八音，金石丝竹匏土革木八音之乐器也。案《仪礼》：圻内之民，为天子服齐衰三月，圻外之民无服。今百姓应服三月者，如服考妣三年之丧，四海应无服者。耳不听乐，盖虽无服，而若有心丧者焉。此尧圣德广大，恩泽隆厚，故近而国中之民，远而天下之民，思慕之深至于如此也。

（三）经部，书类。《书义断法》卷一

乐有六律，而后被之五声。有五声，而后播之八音。声音之道与政通。故察乐声者，可以知治乱也。诗歌协于五声，而达乎上下，古者陈诗以观民风，故出纳人声者，可以知邪正也。人声之精者为言,出纳五言以协于五声,则治乱可察,律吕可得闻矣。予欲闻而汝司听,盖舜之所望于大臣者如此。

(四)经部,诗类。《诗缵绪》卷十七

言乐声之和肃雍,我客以下,言其人神之和也。先祖以下,则言听乐者祖听客观,所谓神人以和也。乐至此极盛,而尽美矣。永谓可行之久远,举我客之永观,则当时后世之观者可知矣。成而可观,观而可永,则乐之始作也,岂可以浅……

(五)经部,诗类。《读诗略记》卷四

孔子曰:齐衰苴杖者不听乐,非耳不能闻也。黼黻黻裳者不茹荤,非口不能味也。服使然也。由此言之,先王所以齐俗化民衣服其要矣。郝楚望曰:幽厉奢侈,都人士化之,士女游冶,膏首袨服,如后世高髻大袖之谓"服妖",诗人所以兴刺也……

(六)经部,诗类。《御纂诗义折中》卷十四

然也。淑人君子以善养人之君子也。孟子曰:以力服人者,非心服也,以善养人然后能服天下。是故教人以礼,则民逸。威人以兵,则民劳。逸则闻音而生乐,劳则听乐而生哀,哀乐之感,祸福之应也。然则诗之允怀淑人其故可想矣。

(七)经部,礼类,周礼之属。《周官集传》卷三

不举谓若杀。礼而不备物,听乐为自贬损,如《礼》曰:岁凶,年谷不登,君膳不祭肺,后世亦有减膳彻乐之文,所谓:乐以天下,忧以天下也。王燕食则奉膳赞祭……

(八)经部,礼类,周礼之属。《周礼注疏删翼》卷十四

《续志》:五行生于阴阳,分为十二律,转生六十,所以纪斗气,效物类也。天效以景,地效以响,即律也。阴阳和则景至,律气应则灰除,是故天子常以日冬夏至,御前殿合八能之士,陈八音,听乐均,度晷景,候钟律,权土灰,放阴阳,冬至阳气应,则乐均清,景长极,黄钟通,土灰轻而衡仰。夏至阴气应,则乐均浊,景短极,

蕤宾通，土灰重而衡低。进退于先后五日之中，八能各以候状闻太史封，上效则和，否则占。候气之法，为室三重，户闭涂衅，必周密布缇缦室中，以木为案，每律各一，内庳外高，从其方位，加律其上。以葭莩灰抑其内端，案历而候之，一气至者灰去。王伯厚曰：《月令·章句》曰：古之为钟律者，以耳齐其声，后不能则假数以正其度，度数正则音亦正矣。钟以斤两尺寸中所容受升斗之数为法律，以分寸长短为度……

（九）经部，礼类，周礼之属。《钦定周官义疏》卷四

通论王氏安石曰：祭祀致齐不御内，不听乐，不饮酒，不膳荤，丧者则弗见也，刑者则弗见也，不蠲则弗见也，盖不以哀乐欲恶，贰其心又去物之昏愤，其志意者所以致精明之至，以交神明也。

（十）经部，礼类，仪礼之属。《读礼通考》卷五十二

如祖考妣，改此句为不胜永慕，旁亲不用，追远感时。一句止。云：不胜感怆。谨以牲醴，用申奠，献尚飨，是日不饮酒，不食肉，不听乐，黪布素服以居，夕寝于外……

（十一）经部，礼类，仪礼之属。《读礼通考》卷一百八

国有伦而众乡方矣，公族之罪，虽亲不以犯有司，正术也，所以体百姓也，刑于隐者，不与国人虑，兄弟也，弗吊弗为，服哭于异姓之庙，为忝祖远之也，素服居外，不听乐，私丧之也，骨肉之亲无绝也。

（十二）经部，礼类，礼记之属。《礼记注疏》卷三十七

凡音者，生于人心者也。乐者，通伦理者也。（伦，犹类也。理，分也。分，扶问反。）是故，知声而不知音者，禽兽是也。知音而不知乐者，众庶是也。唯君子为能知乐。（禽兽知此为声耳，不知其宫商之变也。八音并作，克谐曰乐。谐，户皆反。）是故，审声以知音，审音以知乐，审乐以知政，而治道备矣。是故，不知声者，不可与言音。不知音者，不可与言乐。知乐则几于礼矣。礼乐皆得，

谓之有德。德者，得也。（幾，近也。听乐而知政之得失，则能正君臣民事物之礼也。）

（十三）经部，礼类，礼记之属。《礼记集说》卷九十一

郑氏曰：知乐则幾于礼者。幾，近也。听乐而知政之得失，则能正君臣民事物之礼也。

（十四）经部，礼类，礼记之属。《礼记集说》卷一百十

长乐陈氏曰：先王之于祖宗，迎来则乐作，情在于乐也，送往则乐阕，情在于哀也。舜之作乐，祖考来格。周之作乐，先祖是听。乐以迎来，如此则送往可知矣。一阴一阳，天之道也；一哀一乐，人之情也。君子合诸天道，岂他求哉？反吾情而已矣。此主祭祀而言，故禘有乐，而尝无乐，郊特牲兼飨食而言，故飨、禘有乐，而食尝无乐。

（十五）经部，礼类，礼记之属。《礼记纂言》卷二十四

及时。将祭君子，乃齐。齐之为言，齐也，齐不齐，以致齐者也。是故君子非有大事也，非有恭敬也则不齐，不齐则于物无防也，耆欲无止也，及其将齐也，防其邪，物讫其耆，欲耳不听乐。故《记》曰：齐者不乐，言不敢散其志也。心不苟虑，必依于道，手足不苟动，必依于礼。是故君子之齐也，专致其精明之德也。故散齐七日以定之，致齐三日以齐之。定之之谓齐，齐者精明之至也，然后可以交于神明也。

（十六）经部，礼类，礼记之属。《礼记大全》卷十一

孔子曰：射之以乐也，何以听？何以射？何以听，谓射者何以能不失射之容节，而又能听乐之音节乎？何以射，谓何以能听乐之音节而使射之容与乐之节相应乎？言其难而美之也。

（十七）经部，礼类，礼记之属。《日讲礼记解义》卷二十八

孔子尝曰：射之以乐为节也，何以听乐之音节而使与射容相应，又何以修射之容节而使与乐音相应，甚矣！礼乐交得之难也。孔子

227

又曰：士未有不习于射者。

（十八）经部，礼类，礼记之属。《日讲礼记解义》卷四十二

钟声铿，铿以立号，号以立横，横以立武。君子听钟声，则思武臣。石声磬，磬以立辨，辨以致死。君子听磬声，则思死封疆之臣。丝声哀，哀以立廉，廉以立志。君子听琴瑟之声，则思志义之臣。竹声滥，滥以立会，会以聚众。君子听竽、笙、箫、管之声，则思畜聚之臣。鼓鼙之声讙（同"喧"），讙以立动，动以进众。君子听鼓鼙之声，则思将帅之臣。君子之听音，非听其铿锵而已也，彼亦有所合之也。此言听乐之道也。号，号令也。横，充满也。声磬之磬，当作磬，言其声磬磬然也。廉，廉隅也。滥者，揽聚之义。畜聚之臣，谓节用、爱人、容民、畜众者，非谓聚敛之臣也。讙，讙嚣也。子夏言：古乐之足以感人也久矣！听之而恐卧者，亦未有得于心耳。是故，钟声铿，以远达而立号，号令严，斯气盛，而可以立横，横斯奋发，而可以立武，故君子听钟声则思得武臣。石声磬以坚，确而立辨，辨义斯，决以致死，故君子听磬声则思得死封疆之臣。丝声哀，以细密而立廉，廉斯有分辨，而可以立志，故君子听琴瑟之声则思得志义之臣。竹声滥，以繁杂而立会，会斯广，有所及而可以聚众，故君子听竽笙箫管之声则思得畜聚之臣。鼓鼙之声讙，以振作而立动，动斯勇，往而可以进众，故君子听鼓鼙之声则思得将帅之臣。然则君子之听音，固非特听其铿锵而已，彼亦必有所契合于心，是以各致其思而不能已也。案：乐器之音所以昭德，所以导和，而子夏乃云然者。盖恐文侯湛于淫乐，而忽封疆之忧，惑于声色而忘文武之士也。

（十九）经部，礼类，礼记之属。《钦定礼记义疏》卷五十

正义郑氏康成曰：几，近也，听乐而知政之得失，则能正君臣民事物之理也。孔氏颖达曰：音由声生，先审识其声，然后可以知音。乐由音生，先审识其音，然后可以知乐。政由乐生，先审识其

乐，然后可以知政。所以审乐知政者，乐由音声相生，声感善恶而起。若能审乐，则知善恶之理。行善不行恶，习是不习非，而知为政化民，政善乐和，音声皆善，人事皆无僻，则治道备具矣。方氏慤曰：声杂而为音，故审声以知音。音比而为乐，故审音以知乐。声音之道与政通，故审乐以知政。此皆由粗以致精，故每言审焉。马氏睎孟曰：礼者，中也。乐者，和也。中以和为用，和以中为体。故知乐则可以幾于礼。辅氏广曰：审声以知音，审音以知乐，顺而下之，自源以寻流也。审乐以知政，逆而上之，自末以反本也。审始形之声，以知他日之乐，审已成之乐，以知前日之政。如表里形影之不诬也。应氏镛曰：伦理之中，皆礼之所寓，知乐则通于礼矣。不曰"通"而曰"幾"者，辨析精微之极也。是故，乐之隆，非极音也，食飨之礼，非致味也，清庙之瑟，朱弦而疏越，壹倡而三叹，有遗音者矣。大飨之礼尚酒，而俎腥鱼大羹不和，有遗味者矣！

（二十）经部，礼类，礼记之属。《钦定礼记义疏》卷五十二

孔氏颖达曰：自此以下至合之也，明魏文侯与子夏问答，古乐今乐之异，端冕冕也。凡冕服，其制皆正幅，袂二尺二寸，祛尺二寸，故称端也。言古乐何以朴素如彼，使人不贪至于卧，新乐何以婉美使人嗜爱，不知其倦也。张氏守节曰：著冕衣端同色，故曰：端冕听古乐也。此当是庙中听乐。玄冕，祭服也。

（二十一）经部，礼类，礼记之属。《礼记述注》卷十六

注曰：幾，近也。听乐而知政之得失，则能正君臣民事物之礼也。《疏》曰：伦，类也。理，分也。乐得则阴阳和，乐失则群物乱，是乐能经通伦理也，阴阳万物各有伦类分理者也。

（二十二）经部，礼类，三礼总义之属。《三礼图集注》卷五

《左传》说：晋侯与齐侯燕，设投壶，此必言大夫士礼，知非诸侯者。案：燕礼大射，每事云：请于公此记言。主人请宾，故知非诸侯也。每人四矢四筭亦三耦而止，数筭如数射，筭告请之，令听乐之节，

229

先饮不胜,后庆多马,一如射礼,其所用乐,亦与射乐相兼乃备。

(二十三)经部,礼类,通礼之属。《仪礼经传通解》卷二十七

君臣有节度,则万物昌,无节度则万物亡,亡与昌正相迫,故谓之镈。柷、敔者,终始之声,万物之所生也。阴阳顺而复,故曰柷。承顺天地,序迎万物,天下乐之,故乐用柷,柷,始也。敔,终也。一说笙、柷、鼓、箫、瑟、埙、钟、磬也,如其次。笙在北方,柷在东北方,鼓在东方,琴在南方,埙在西南方,钟在西方,磬在北方也。声五音八何?声为本,出于五行,音为末,象八风,故《乐记》曰:声成文谓之音,比音而乐之,谓之乐也。景王将铸无射而为之大林,贾侍中云:无射,钟名,律中无射也,大林,无射之覆也,作无射而为大林,以覆之。其律中林钟也。或说云:铸无射而加以林钟之数,益之,昭谓:下言细抑大陵,又曰:听声越远。如此,则贾言无射有覆,近之矣。单穆公曰:不可,夫钟不过以动声,又单音善动声,谓合乐以金奏,而八音从之,若无射有林,耳不及也。夫钟声以为耳也,耳所不及非钟声也,犹目所不见,不可以为目也。夫目之察度也,不过步武尺寸,乐若无射复有大林以覆之,无射阳声之细者,林钟阴声之大者,细抑大陵,故耳不能听及也。非法钟之声也,若目之精明所不能见,亦不可以施目也。耳目所不能及而强之,则有惑之,失以生疾也,之间其察色也。不过墨丈,寻常之间,耳之察和也。在清浊之间,其察清浊也,不过一人之所胜,是故先王之制钟也,大不出钧,重不过石,律度量衡于是乎生,小大器用于是乎出,故圣人慎之。今王作钟也,听之弗及,比之不度,钟声不可以知和,制度不可以出节,无益于乐,而鲜民财,将焉用之?夫乐不过以听耳,而美不过以观目,若听乐而震,观美而眩,患莫甚焉!夫耳目心之枢机也,故必听和而视正,听和则聪,视正则明,聪则言听,明则德昭,听言昭德,则能思虑纯固。以言德于民,民歆而德之,则归心焉。六尺为步,贾君以半步为武,

五尺为墨，倍墨为丈，八尺为寻，倍寻为常，清浊律吕之变也。黄钟为宫则浊，大吕为角则清，胜音升胜举也，钧所以钧，音之发也，以木长七尺，有系之，以为钧法，百二十斤为石。律，五声，阴阳之法也，度，丈尺也。量，斗斛也。衡，有斤两之数生于黄钟。黄钟之管，容秬黍千二百粒，粒百为铢，是为一龠，龠二为合，合重一两，故曰：律度量衡于是乎生也。出于钟也。《易》曰：制器者尚其象，小谓锱铢分寸，大谓斤两丈尺。耳不及知其清浊也，不度不中钧石之数，耳不能听，故不可以知和，节谓法度量衡之节焉，用之焉，枢机发动也，心有所欲，耳目为之发动，习于和，正则不惑也……耳闻和声则口有美言此感于物也，心有所欲耳目为之发动也。

（二十四）经部，礼类，通礼之属。《五礼通考》卷七十二

天子常以日冬夏至，御前殿，合八能之士，陈八音，听乐均，度晷景，候钟律，权土灰，考阴阳。又曰：候气之法，为室三重，户闭，涂衅必周，密布缇缦。室中以木为案，每律各一，内庳外高，从其方位加律其上，以葭莩灰抑其内端，案历而候之，气至者灰去，其为气所动者，其灰散，人及风所动者，其灰聚。殿中候用玉律十二，惟二至乃候，灵台用竹律六十，候日如其律。

（二十五）经部，礼类，通礼之属。《五礼通考》卷一百十四

食肉不茹，荤不吊丧，不听乐，凡凶秽之事，皆不得预，专致思于祭祀。

（二十六）经部，礼类，通礼之属。《五礼通考》卷二百六十二

诸侯绝期而公族有死罪，素服居外不举，不听乐，如其伦之丧，况所生之，痛如斩者乎？

（二十七）经部，春秋类。《左氏传说》卷九

所谓："歌永言，声依永，律和声"，庶几声义交相发。然鲁工之所歌，乃未删之诗，而今之诗，已经孔子删定，故鲁为季札歌诸国之风，置豳于秦魏之前，然札随所歌品评，又有可议者。如歌

《小雅》之诗则曰："周德之衰乎。"至后世文中子则曰：孰谓季札子知乐《小雅》？乌乎！衰其周之盛乎。《小雅》之一诗，季札以为周之衰，而文中子以为周之盛，盖是中子错看了当时鲁史乐工为季札歌诸国之诗。欲观历代之乐，一时之间，每国不过歌一两篇而已，若使其于风、雅、颂一一遍歌，则虽穷年越岁，歌亦未能毕，岂一朝一夕之间乐工能尽歌之乎？札所听者，乐工偶歌变风，故札随所歌言之，且如歌唐，季札则曰：其有陶唐氏之遗民乎？不然何其忧之远也？这只是歌《蟋蟀》一篇，分明以此，知文中子亦错观了这二段，又须看得次序与今之次序不同，以此知孔子删诗，大段移转，以季札之言考之，声音尚可想见。如歌《秦》则曰：此之谓夏声，此则全以声论，非《无衣》《小戎》之所可见。札当时观乐一一品评之，札见舞《韶箾》则曰：若有他乐，不敢请已。杜预以为，鲁用四代之乐，故及《韶箾》，而季札知其终，然其义似不止此，要皆不必如此说。盖《韶》之乐，虞舜之时最和气之所聚，观《益稷》之篇所载，其和可以想而知之，故《韶》最为尽善美，虽善如《云门》亦不能出此。札一闻之，有感于中，其曰不敢请已者，非谓听乐欲止于此，言其乐无加于此也。正如孔子在齐闻韶三月不知肉味之意相类。能知此意，则知札观乐之意，此殆未易以言语训诂求也。

（二十八）经部，春秋类。《三传折诸》之《左传折诸》卷二十七

札听乐而辨六国之兴衰，独不知吴之将亡而默，无心救乎？彼不欲以其身殉鸥夷也。伯夷则不然，其为夫差之叔父也，必为比干。吾故曰：札，智人也，得老氏之精而用之者也。

（二十九）经部，五经总义类。《十三经义疑》卷五

于物无防事可应也，于邪物则仍防齐则虚中以治之，不应他事，况邪物乎？耆欲无止，只是下文听乐之类与纵欲不同。

（三十）经部，五经总义类。《朱子五经语类》卷六十六《礼七》

律骨只吹得中声为定，季通尝截小竹吹之可验，若谓用周尺或

羊头山黍,虽应准,则不得中声,终不是。大抵声太高则噍杀,低则啴缓,牛鸣盎中,谓此又云:此不可容,易杜撰。刘歆为王莽造乐,乐成而莽死。后荀勖造于晋,武帝时即有五部之乱。和岘造于周世宗时,世宗亦死。惟本朝太祖神圣特异,初不曾理会乐,但听乐声,嫌其太高,令降一分,其声遂和。唐太宗所定乐及本朝乐,皆平和,所以世祚久长。笑云:如此议论又却似在乐不在德也。

(三十一)经部,四书类。《孟子注疏》卷二上

独乐乐,与人乐乐,孰乐?(孟子复问:王独自作乐,乐邪?与人共听乐,乐也?)曰:不若与人。(王曰:独听乐,不如与众共听之乐也。)曰:与少乐乐,与众乐乐,孰乐?(孟子复问王,与少之人共听乐,乐邪?众人共听乐,乐也?)曰:不若与众。(王言不若与众人共听乐为乐。)

(三十二)经部,乐类。《乐书》卷三十二《祭统》

君子非有大事也,非有恭敬也,则不齐,及其将齐也,防其邪物,讫其嗜欲,耳不听乐,故《记》曰:齐者不乐,言不敢散其志也。

(三十三)经部,乐类。《乐书》卷五十一

大丧廞其乐器,及葬奉而藏之,大旅则陈之。笙师之于乐器,大丧则廞之而不作,以不听乐故也,及葬,奉而藏之。以葬也者,藏故也。大旅,则陈之,馔处而已,不必苴县故也。

(三十四)经部,乐类。《乐书》卷一百九十七

这部分也有很多关于"服不举乐"和"殡葬不举乐"条目的记载。

(三十五)经部,乐类。《苑洛志乐》卷九

无益于乐,而鲜民财将焉用之,夫乐不过以听耳,而美不过以观目,若听乐而震,观美而眩,患莫甚焉。

这点同二十三,而且在经部,乐类。《御制律吕正义后编》卷七十九里面也有相似内容。

（三十六）经部，乐类。《乐律全书》卷二十五

哭临之时，排列班次，亦是乐师统帅之也，凡乐官掌其政令，听其治讼，所属乐官皆听乐师管束，有罪听其处断。

（三十七）经部，小学类，训诂之属。《别雅》卷一

《荀子·哀公》篇：资衰苴杖者不听乐。

（三十八）史部，正史类。《魏书》卷七十八

兄弟内除，明哀已杀，小功，客至主不绝乐。听乐则可……

（三十九）史部，正史类。《旧唐书》卷一百十六

幼闻乐善之旨，延陵听乐，早得知音之妙。

（四十）史部，正史类。《旧唐书》卷一百九十下

琴觞之余，间以文咏，率情而书，语无雕刻。所著《季子听乐论》《蹇士赋》，为高人所称。

（四十一）史部，正史类。《宋史》卷一百三十一

重明上寿用乐攸始，而臣下听乐乃在君父之先。

（四十二）史部，编年类。《续资治通鉴长编》卷三百五十九

常少卿韩宗道等言：奉敕，差充皇帝贺北朝生辰国信使副，所有沿路过界，未经山陵、祔庙、礼毕，应干礼仪、服饰等，伏乞下有司裁定，诏如到界首，北朝接伴须要吉服听乐，仰再三辞免，若坚不听从，亦许依嘉祐八年贺北朝生辰使李受等过界，在仁宗丧制体例权改吉服。

（四十三）史部，编年类。《续资治通鉴长编》卷三百八十四

国子监主簿只通管杂务，诏将来明堂礼毕，御宣德门，肆赦所有诸班马队、御龙、直步队，为未听乐更不呈引。

（四十四）史部，编年类。《续资治通鉴长编》卷四百二

君子之于丧服，以为至痛之极，不得已而除之，若以开乐，故特设宴，则似除服而庆贺，非君子不得已而除之之意也。臣伏请，虽至七月其开乐，宴亦更不作，惟因事则听乐，庶合先王礼意。左

司谏吕陶言：伏闻国朝故事祥禫，既除有开乐一宴，近来中外宣传谓：已择日排办，旦夕必行此礼，臣愚尚穷疑之。盖自春徂夏，旱暵为灾，陛下忧劳恐惧，避殿减膳，精诚祈祷，夙夜不遑，以至过自贬损，权罢受册，务答天心，冀享嘉应，此乃旷古未有之事，天下幸甚。今群臣屡拜封章，乞从礼听乐，陛下批诏，未蒙允许，乃是未有开宴之期，而中外相传皆谓宴在旦夕，似于事体未便。伏乞宣谕有司，一就坤成节赐宴，则于礼文亦非，疎简内可以隆二圣慈孝之德，外可以称上帝眷佑之意。又言英宗朝八月宴，后苑刘庠言，去日食近，非畏天之意，特为罢之。神宗朝四月将宴，富弼以灾异为言，亦蒙嘉纳。今旱暵之疹虽已消弭，而天道尤宜钦畏，愿陛下以无灾而惧，为德天下幸甚。壬寅，诏近臣文武百僚，累表请听乐，虽已降旨，勉从所请，而有司援引故事，欲开乐宴于禁中福宁殿，次紫宸殿。乃者旱灾责躬省过，今天意始有消，复而又神宗皇帝禫除，未远何可遽，特开乐为宴，宜行寝罢其用乐。

（四十五）史部，编年类。《资治通鉴后编》卷一百二十七

若曰而必听乐，是于圣经为悖理，于臣节为悖义，岂惟贻本朝之羞，亦岂昭北朝之懿哉？

（四十六）史部，纪事本末类。《绎史》卷二十二

《尸子》：周公酒肉不彻于前，钟鼓不解于县，听乐而治国，无劳事焉。

（四十七）史部，纪事本末类。《左传纪事本末》卷五十一

饮食不致味，听乐不尽声，求以报吴。

（四十八）史部，政书类，通制之属。《文献通考》自序

然宝常虽不能制乐以保隋之长存，而犹能听乐而知隋之必亡。

（四十九）史部，史评类。《历代名贤确论》卷二十一

至于听乐辨列国之兴亡，审贤知世数之存没，挂剑示不言之信，避国保无欲之贞。

（五十）子部，儒家类。《黄氏日抄》卷二十一

此章载子夏答魏文侯，以古乐为德音，今乐为溺音，人君听乐，音各有所合，随其所感，思国家人材非为一己滔，乐补。

（五十一）子部，儒家类。《思辨录辑要》卷一

古人行礼必听乐节，升车则闻和鸾，行路则闻佩玉。

（五十二）子部，儒家类。《思辨录辑要》卷二十一

朕称制行礼听乐耳，至于国家大事……

（五十三）子部，杂家类，杂考之属。《鼠璞》卷下

荤，见于法令，乃禁五辛，虑耗散人之气，间其精诚，与禁饮酒、听乐、嗜欲、悲哀一同，欲其致一之妙通于神明耳。

（五十四）子部，杂家类，杂考之属。《困学纪闻》卷十三

隋万宝常听乐泣曰：乐声淫厉，而哀天下不久将尽，隋之不久，不待听乐而知也。师尚父曰：以不仁得之，以不仁守之，必及其世。使隋用宝常之言，复三代之乐，其能久乎？宝常之先见不逮房。

（五十五）子部，杂家类，杂品之属。《遵生八笺》卷十五

世人悦于听乐，而无味于琴者，悦其声之淫耳。乐用七音而二变与宫徵联用，故声淫而悦耳。琴用五音变法甚少且罕联用他调，故音虽雅正不宜于俗。然弹琴惟三声：散声、按声、泛声是也。泛声应徽，取音不假按抑，得自然之声，法天之音，音之清者也。散声以律吕应于地。

（五十六）子部，杂家类，杂纂之属。《类说》卷五"师延奏曲"

师延，乐人也，拊一弦琴则地祇皆升，吹玉律则天神俱降。当轩辕时，已数百岁，听乐声审国兴亡。纣欲杀之，师延奏《清商》《流徵》《涤角》之音，纣曰：淳古远乐，非予可听。更奏迷魂淫魄之曲，乃得免过。

（五十七）子部，类书类。《御定渊鉴类函》卷一百六十一

故观礼则体敬，听乐则心和，然后知反其性而正其身焉，取律

于天以和声，采言于圣以成谋，以和邦国，以谐万民，以序。

（五十八）子部，小说家类，异闻之属。《分门古今类事》卷二"审音知变"

明皇一日闻奏《霓裳曲》，不乐，取笔记之于前殿之槛。高力士乘间请之。帝曰：朕所记，殿柱半月后当有叛者，朕听乐知之。夫五音克谐，无相夺伦，早来之音，宫声弛而商声重，角声散，徵声废，羽声漓。宫弛者君弱也，商重者臣强也，角为民而散则流徵，为事而废则乱羽，为物而漓则浮。又商音焦，焦者灰之象，其应主兵，吾忧边臣将叛，天下将乱，主弱而臣强也。帝又取蓍布，卦得《离》曰《重离》二明相继，上离白虎，下离青龙，白虎道路神；皆西方之物，吾将西游矣。

（五十九）集部，别集类。《湖山类稿》序

《王昭君》皆马上自作曲，钟仪之絷南冠而操土音，自作乐使人听乐，孰乐？或谓作者之悲，不如听者之乐，听者之乐，复不如旁观者之悲也。

二、《四库全书》中关于"耳听"、"心听"连在一起的检索（在经史子集附录）：只有一条匹配

（一）史部，别史类。郝经《续后汉书》卷八十七下上

故君子于乐以观德焉，非徒听其声音而已也。然而八音皆取于物，而不及人者，主道成德，皆本人心，心之邪正，皆兆乎气，气之盛衰，皆发乎声，感而为喜怒哀乐，形而为治乱安危，至于大动天地，幽格鬼神，兆开乎先，而莫之能御。故八音在物，听音在人，扣之击之，吹之鼓之，而后听之以耳，又听之以心，既听之以心，又听之以气。察邪正，辩阴阳，审胜负，知得失，穷万化之原，见天地之心，以施八政而合人声。故舜曰：予欲闻六律五声八音在治忽，以出纳五言，汝听五言，则人声也，而责之以听，故乐以人声

为本，声以善听为主，耳听、心听、气听、声听，非惟调音制器以为乐，达诚畅和以通神。

三、《四库全书》中关于"耳听"、"目听"连在一起的检索（在经史子集附录）：有7条匹配

（一）经部，书类。《尚书要义》卷十九"君牙　冏命　吕刑"

惟貌有稽，即《周礼》"五听"，察其貌者即《周礼》"五听"辞听、色听、气听、耳听、目听也。郑以为：辞听，观其出言，不直则烦。色听，观其颜色，不直则赧。然气听，观其气息，不直则喘。耳听，观其听聆，不直则惑。目听，观其眸子，视不直则眊。

基本同下文：

（二）经部，书类。《尚书埤传》卷十五

《周礼》以五：辞听，狱讼。辞听、色听、气听、耳听、目听也。郑注：辞听，观其出言，不直则烦。色听，观其颜色，不直则赧。然气听，观其气息，不直则喘。耳听，观其听聆，不直则惑。目听，观其眸子，视不直则眊。王樵曰：经文貌字，该气色耳。目盖以询鞫核其言。因察之于视、听、气、息之间也。心在辞则情，在貌不暇相顾。

（三）经部，五经总义类。《十三经义疑》卷六"五声听狱法"

《秋官》有辞听，色听，气听，耳听，目听。古人诚朴，民情可求也。今则曲而巧者，反似可信。直而愚者，反似可疑。欲以五声听之，非十分明慎不可！

（四）史部，别史类。《尚史》卷一百三

小司寇以五刑听万民之狱讼，附于刑。用情讯之，至于旬乃弊之，读书则用法。凡命夫命妇，不躬坐狱。凡王之同族。有罪不即市。以五声听狱讼求民情，曰辞听，色听，气听，耳听，目听。以八辟丽邦法附罚，曰：议亲之辟，议故之辟，议贤之辟，议能之辟，议功之辟，议贵之辟，议勤之辟，议宾之辟。以三刺断庶民狱讼之中，曰：讯群臣，讯群吏，讯万民，听民之所刺，宥以施上服下，服之刑。岁终则令群士计狱弊，讼登中于天府，正岁帅其属，而观刑象，令以木铎，曰：不用法者，国有常刑。令群士乃宣布于四方，宪刑禁，士师掌国之五禁，曰：宫禁，官禁，国禁，野禁，军禁。以五戒先后刑罚，曰：誓用之于军旅，诰用之于会同，禁用诸田役，纠用诸国中，宪用诸邦鄙。

（五）子部，类书类。《御定佩文韵府》卷八十四之一

听 他定切，待也，聆也，谋也。又青韵。

韵藻 **天听** 《书》：天视自我民视，｜｜自我民听。《蜀志·秦宓传》：张温曰：天有耳乎？宓曰：｜处高而｜卑。《诗》云：鹤鸣于九皋，声闻于天。若其无耳，何以听之？《晋书·石崇传》：陛下｜｜四达，灵鉴昭远。方干《过姚监故居诗》：谩言昨叹离｜｜。**民听** 见上。《左传》：｜｜不惑，而后用之。**师听** 《书》两造具备，｜｜五辞。**勿听** 《书》：无稽之言｜｜。《论语》：非礼勿视，非礼｜｜。**念听** 《书》：诞作民主，罔可｜｜。**视听** 《书》：三曰｜，四曰｜。《后汉书·苏竟传》：俗儒末学，醒醉不分，而稽论当世，疑误｜｜。《庄子》：无｜无｜，抱神以静。韩愈《东都遇春诗》：得闲无所作，贵欲辞｜｜。**神听** 《诗》｜之｜之，终和且平。钱珝《册淑妃为皇后文》典一申而百｜｜，礼一行而万国欢。又《魏志·陈思王传》疏曰：臣之愚蔽，固非虞、伊，至欲使陛下崇光被时雍之美，宣缉熙章明之德者，是臣慺慺之诚，窃所独守，实怀鹤立企伫之心，敢复陈闻者，冀陛下倘发天聪而垂｜｜也。《文子》：学问不精，听道不深。故上以｜｜，学以心听，不学以耳听。韦昭《吴鼓吹曲》：发｜｜，吐英奇。《云笈七签》：真人以｜｜，听可尊也，圣人以身教，教可珍也。**参听** 《礼记·大司寇》：以狱之成，告于王，王命三公｜｜之。**侧听** 《礼记》毋｜｜，毋噭应。《汉书·隽不疑传》：暴胜之知不

239

疑非庸人，深接以礼意，问当世所施行，门下诸从事皆州郡选吏。｜｜不疑，莫不惊骇。《魏志·明帝纪》注：帝与朝士素不接，即位后，群下想闻风采，居数日，独见刘晔，语尽日。众人｜｜。晔既出，曰：秦皇、汉武之俦，才具微不及耳。《韩诗外传》孔子鼓瑟，曾子、子贡，｜门而｜。沈约《北齐明堂乐歌》：躬鞠如在，｜｜无声。韩偓《地炉》诗：｜｜空堂闻静响，似敲疏磬袅清音。**妇听** 《礼记》：父慈、子孝、兄良、弟弟、夫义、长惠、幼顺、君仁、臣忠十者谓之人义。《左传》：晏子曰：礼之可以为国也久矣，与天地并。君令臣共、父慈子孝、夫和妻柔、姑慈，礼也。**五听** 《周礼·小司寇》：掌外朝之政，以五声听狱讼，求民情，一曰：辞听。二曰：色听。三曰：气听。四曰：耳听。五曰：目听。张衡《周天大象赋》：顿顽司于｜｜车骑参于八屯。谢庄《改定刑狱表》：……**辞听** 见上。**色听** 见上。**气听** 见上。……硑然闻之，若雷霆之声庄子颜回问道于孔子，子曰：汝一志无以耳听，而以心听，无以心听，而以｜｜。**耳听** 见上。《战国策》：苏秦将说楚王，路过洛阳，父母闻之，清宫除道，张乐设饮，郊迎三十里。妻侧目而视，倾｜而｜。嫂蛇行匍伏，四拜自跪而谢。《汉书·伍被传》：民皆引领而望，倾｜而｜。《后汉书·马融传》：目晒鼎俎，｜｜康衢。又《卢植传》：天下聚目而视，攒｜而｜。《隋书·儒林传》刘炫少以聪敏见称，左画方，右画圆，口诵目数｜｜，五事同举，无有遗失。《唐书·张廷珪传》：受命伊始，华夷百姓清｜以｜，刮目以视，冀有闻见。《亢仓子》：贤人，用则四海之内明目而视，清｜而｜，坦心而无郁。《荀子》：厌目而视者，视一以为两，掩｜而｜者，听漠漠以为汹汹。《淮南子》塞｜而｜，清浊掩目，而视青黄其离聪明亦远矣。魏明帝《长歌行》：静夜不能寐，｜｜众禽鸣。梁武帝求谠言，诏百辟无沃心之言，四聪阙飞｜之｜。朱松诗：南风吹好句，历历韵松竹。虽云天｜｜，拟以幽梦续。南唐后主秋莺诗，老舌百般倾｜｜，深黄一点入烟

240

流。……**目听** 见上。列子、亢仓子能以耳视｜｜，曰吾能视听不任耳目，而不能易耳目之用。苏轼《闻正甫表兄将至》诗，｜｜不任耳，踵息殆废喉。**道听** 《论语》：｜｜而涂说，德之弃也。**同听** 《孟子》：耳之于声也，有｜｜焉。《白虎通》：乐在宗庙之中，君臣上下｜｜之，则莫不和敬；族长乡里之中，长幼｜｜之，则莫不和顺；在闺门之内，父子兄弟｜｜之，则莫不和亲。**反听** 《史记·商君传》：｜｜之谓聪，内视之谓明，自胜之谓强。《后汉书·王允传》：内视｜｜则忠臣竭诚，宽贤矜能则义士厉节。《越绝书》：范蠡以内视若盲，｜｜若聋。《春秋繁露》：聪明圣神，内视｜｜。

这部分至少还有十页，涉及几十种"听"，包括偏听、兼听坐听、外听、内听，等等。

四、《四库全书》里面涉及"观听"的有 1663 个匹配

（一）看和听。汉扬雄《太玄·释》："次二，动于响景。测曰：动于响景，不足观听也。"清厉鹗《三月十三日游清华寺》诗："置身万松颠，心旷肃观听。"

（二）专指听。《后汉书·马援传》："（援）闲于进对，尤善述前世行事。每言及三辅长者，下至闾里少年，皆可观听。"

（三）借指耳目。清唐甄《潜书·权实》："譬之优偶之戏，衣冠言貌，陈事辨理，无不合度，而岂其实哉！以娱人观听也。"

（四）看到和听到的。《韩非子·内储说上》："观听不参则诚不闻，听有门户则臣壅塞。"晋左思《蜀都赋》："车马雷骇，轰轰阗阗，若风流雨散，漫乎数百里间，斯盖宅土之所安乐，观听之所踊跃也。"宋曾巩《自福州召判太常寺上殿札子》："变革因循，号令必信，使海内观听，莫不震动。"《好逑传》第十八回："行查若此，似无可议；但县臣后任，只系耳闻，未经目击，不足服观听之心，一时难以定罪。"

（五）引申为舆论。《后汉书·阴识传》："富贵有极，人当知足，

夸奢益为观听所讥。"宋苏轼《贺杨龙图启》："伏审新改直职,擢司谏垣,传闻迩遐,竦动观听。"

五、无听：指不纳忠言

《逸周书·史记》："昔者县宗之君,佷而无听,执事不从。"孔晁注："不纳忠言。"

六、与"神听"有关的条目

（一）经部,诗类。《诗说解颐》正释卷十五

而惟笃朋友之义,务求其和,虽有小忿,亦不计也。和平以德,言心之所安,即是神听也。

（二）史部,诏令奏议类,诏令之属。《唐大诏令集》卷六十七

然欤,又虚心好静,神听无声。

（三）史部,地理类,古迹之属。《洞霄图志》卷六

然圣人以身教也,真人以神听也。以身教,故不悦道之华,以神听,故不逐言之迹。今营一亩之宫,筑环堵之室,既勤朴斫,又涂墍茨轮焉。奂焉,惟欲其美而身有玉,庐心有绛,宫脾有黄室,肺有皓庭,面有赤宅耳,有三门,喉有十二楼,两眉,有紫户青房,七窍有金关玉钥,皆自已之堂也,而不能媷也,指三洞十二部为教母。

（四）子部,类书类。《太平御览》卷六百五十九

又曰：上士学道,受之以神,中士受之以心,下士受之以耳。以神听者通无形,以心听者知内情,以耳听者闻外声。

（五）子部,类书类。《天中记》卷二十二

文子问道。老子曰：学问不精,听道不深,凡听者,将以达智也,将以成行也,将以致功名也,不精不明,不深不达,故上学以神听,中学以心听,下学以耳听。以耳听者,学在皮肤,以心听者,

学在肌肉，以神听者，学在骨髓。故听之不深，即知之不明，知之不明，即不能尽其精，不能尽其精，即行之不成……

（六）子部，类书类。《御定渊鉴类函》卷三百一十八

又曰：上士学道受之以神，中士受之以心，下士受之以耳。以神听者通无形，以心听者知内情，以耳听者闻外声。

（七）子部，道家类。《老子解》卷上

神昏而不治，则神听于魄。耳目困以声色，鼻口劳于臭味，魄所欲行而神从之，则魄常载神矣。故教之以抱神载魄，使两者不相离，此固圣人所以修身之要。至于古之真人，深根固蒂长生久视，其道亦由是也。

（八）集部，别集类。《九华集》卷二十三

圣人观于神而不累也，出于众而不谋也。故心听于气，气听于神，神听于道。其出也，其入也，不得而知也。

（九）集部，别集类。《鹤林集》卷三十六

仙圣之所重，惟教耳。然圣人以身教也，真人以神听也。以身教，故不悦道之华，以神听，故不逐言之……

（十）集部，别集类。《清江文集》卷二十四

善听者不以耳听，而以心听，而以神听，以神听者上也，以心听者中也，以耳听者下也。假于耳曷若会之心，会之心曷若极乎神欤。听松之顷，信其不徒以耳也。

七、《四库全书》中关于"神听"的材料

子部，道家类。《列子》卷四

陈大夫聘鲁，私见叔孙氏。叔孙氏曰："吾国有圣人。"曰："非孔丘邪？"曰："是也。""何以知其圣乎？"叔孙氏曰："吾常闻之颜回，曰：'孔丘能废心而用形。'"陈大夫曰："吾国亦有圣人，子弗知乎？"曰："圣人孰谓？"曰："老聃之弟子，有亢仓子者，得聃之

道，能以耳视而目听。"鲁侯闻之大惊，使上卿厚礼而致之。亢仓子应聘而至。鲁侯卑辞请问之。亢仓子曰："传之者妄。我能视听不用耳目，不能易耳目之用。"鲁侯曰："此增异矣。其道奈何？寡人终愿闻之。"亢仓子曰："我体合于心，心合于气，气合于神，神合于无。其有介然之有，唯然之音，虽远在八荒之外，近在眉睫之内，来干我者，我必知之。乃不知是我七孔四支之所觉，心腹六脏之知，其自知而已矣。"鲁侯大悦。他日以告仲尼，仲尼笑而不答。

后　记

本书以关键词"听"作为自己的研究对象，以专题形式呈现，期望能就一个小的切入点展开较为开阔的学术视野。从现有成果看来，一般性讨论听觉文化问题的论文和著作，不仅产生了，而且还形成了热点，近年来更是得到学界的关注，但检索国内外音乐学术文献，却很少发现专门讨论和研究中国文化里"听的传统"的论著。这似乎真是一个"被遗忘的课题"。这也使我更加坚定了对"听"的问题的研究。值得一提的是，本书的研究视阈并不仅仅局限于古代音乐史，而是力求在众多丰富的材料中涉及多学科的观照。

本书是在我的博士学位论文基础上加以修改而完成的。这里最该感谢的莫过于业师罗艺峰教授。已是古稀的先生，面对几十万字的书稿仍斟字酌句，小到标点符号，大到文章架构，多次易稿，这份感激只言片语岂能表达！您的治学精神让我受益终生，并使我充分理解和感受到，在当下社会作为一名教师应有的追求和那份平静与快乐。在此，我深谢以忱，愿吾师罗艺峰先生桃李满园，身体康健！在本书付梓之际，想起北京求学时光，我要感谢中国音乐学院的樊祖荫、修海林、刘勇等老师，你们是我在学术道路上的榜样和力量。感谢同窗好友杨琛、宋克宾、喻意、马英珺、周振亚、余兆欣等对我的帮助，每每想起"我们的田野"和"学术午餐"，总是我青春最美的回忆！

感谢我目前工作的单位西安外国语大学，加入这个大家庭十年有余，您见证了我的成长和成熟。我也越来越多地体会到领导和同事对我的关心和帮助，没有西外的支持，这本书也不会顺利出版。

本书在写作期间还应该感谢的，就是一直陪伴着、体会着我喜怒哀乐的默默无闻的家人了。三年时间父亲两次脑出血，入院、转院、陪护一直都是母亲和爱人替我分担了本该属于女儿应尽的责任，每每想到这些，我不禁潸然泪下。穿梭于长安和京城之间成了家常便饭，然而，中风偏瘫最终还是在父亲的身体上留下了创伤。生活的重担更多地落在了母亲身上。而我，作为一个妈妈，对孩子投入的精力有限，还累及母亲为我照看儿子，对他们的亏欠希望来日慢慢弥补一二。此时此刻，只能用文字感恩父母对我的无限体谅和包容！感恩我的先生一直尊重我的选择，支持、理解和帮助我。

本书在修改期间，正值我在纽约做访问学者，有时间静下心来思考书中架构和脉络。囿于专业知识水平和写作能力，书中还会有若干谬误及不准确的地方。请大家不吝赐教！这里，特别感谢我远在英国的同事王敏为我审阅书稿中不当之处。

完稿之时，抬头看看窗外正在觅食的松鼠，它是那样的灵动、活泼，窗外一片好风景……祝愿本书能在教学、学术科研中发挥一点作用，对我来说将是莫大的鼓励和荣耀。

再次感谢所有帮助过我的人，愿你们永远平安，健康！

2018 年 5 月 30 日
记于纽约